दीपक बजाज बेहद लोकप्रिय प्रेरक वक्ता, भारत के अग्रणी सफलता प्रशिक्षक व उच्च प्रदर्शन कोच और दो पुस्तकों के नंबर वन बेस्टसेलिंग लेखक हैं।

व्यक्तिगत कायाकल्प के महारथी दीपक पिछले दो दशकों से लोगों को उनके सर्वश्रेष्ठ स्वरूप तक पहुँचाने के लिए प्रेरित और सशक्त बनाने के मिशन पर हैं। वे मानव व्यवहार और सफलता के मनोविज्ञान के विशेषज्ञ हैं, जो न सिर्फ़ जानकारी, टूल्स और रणनीतियाँ देते हैं, बल्कि लोगों के विश्वासों, मान्यताओं तथा भावों की गहराई में जाकर भी काम करते हैं, जिससे त्वरित परिवर्तन और स्थायी रूपांतरण होता है। 100 से ज़्यादा देशों के लाखों लोग उनकी पुस्तकों, लाइव ईवेंट्स, ऑनलाइन कोर्सेस तथा वीडियो से अपने सपने ज़्यादा तेज़ी से हासिल कर पाए हैं।

दीपक की पुस्तकें *बनिए नेटवर्क मार्केटिंग मिलियनेयर* और *एचीव मोर, सक्सीड फ़ास्टर* पूरे डायरेक्ट सेलिंग उद्योग में सबसे ज़्यादा पढ़ी जाने वाली तथा अनुशंसित पुस्तकें हैं। इन पुस्तकों का अनुवाद 8 भाषाओं में हो चुका है और इन्हें हर डायरेक्ट सेलर के लिए अनिवार्य मार्गदर्शिका माना जाता है।

दीपक की लाइव ईवेंट्स और ऑनलाइन कोर्सेस को उनके अविश्वसनीय परिणामों के लिए पूरे विश्व में मान्यता मिल चुकी है और 11 लाख से ज़्यादा लोग उनके प्रशिक्षणों में हिस्सा ले चुके हैं। कई पत्रिकाओं में उन पर लेख प्रकाशित हुए हैं और उन्हें बेस्ट डायरेक्ट सेलिंग ट्रेनर 2020, बेस्ट डेब्यू ऑथर ऑफ़ द इयर 2018 तथा बेस्ट एंटरप्रेन्योरशिप ट्रेनर ऐंड कोच आदि पुरस्कार मिल चुके हैं। वे कई ईवेंट्स में नियमित रूप से मुख्य वक्ता रहते हैं और उन्हें डायरेक्ट सेलिंग उद्योग का प्रकाशपुंज माना जाता है। वे कई अग्रणी कंपनियों के परामर्शदाता भी हैं तथा उनकी बिक्री व प्रदर्शन को कई गुना बढ़ाने के तरीक़े सुझाते हैं।

18 वर्ष से ज़्यादा के व्यापक वैश्विक अनुभव के साथ दीपक बजाज स्वयं एक ब्रांड बन चुके हैं और उन्हें डायरेक्ट सेलिंग उद्योग का महारथी माना जाता है।

आप उन्हें सभी मुख्य सोशल मीडिया चैनल्स पर फॉलो कर सकते हैं और उनकी वेबसाइट www.deepakbajaj.biz पर और अधिक जानकारी पा सकते हैं।

बनिए सोशल मीडिया मिलियनेयर

अपना ब्रांड बनाने और ऑनलाइन डायरेक्ट सेलिंग बिज़नेस बढ़ाने के सुझाव और तकनीकें

दीपक बजाज

MANJUL
मंजुल पब्लिशिंग हाउस

MANJUL

मंजुल पब्लिशिंग हाउस

कॉरपोरेट एवं संपादकीय कार्यालय

• द्वितीय तल, उषा प्रीत कॉम्प्लेक्स, 42 मालवीय नगर, भोपाल-462 003

विक्रय एवं विपणन कार्यालय

• सी-16, सेक्टर 3, नोएडा, उत्तर प्रदेश, 201301

वेबसाइट : www.manjulindia.com

वितरण केन्द्र

अहमदाबाद, बेंगलुरू, भोपाल, कोलकाता, चेन्नई,
हैदराबाद, मुम्बई, नई दिल्ली, पुणे

यह हिन्दी संस्करण 2021 में पहली बार प्रकाशित
द्वितीय आवृत्ति 2021

ISBN 978-93-5543-016-8

Cover design © PealiDezine, peali.duttagupta@gmail.com

मुद्रण व जिल्दसाज़ी : न्यूटेक प्रिंट सर्विसेस-इंडिया

समर्पण

यह पुस्तक आपमें से प्रत्येक को समर्पित है, जिसके पास न सिर्फ़ सपने हैं, बल्कि उन सपनों की ख़ातिर काम करने की प्रेरणा तथा समर्पण भाव भी है।

मैं इस पुस्तक के ज़रिये आपके सपनों तक पहुँचने की यात्रा में आपकी सहायता करना चाहता हूँ। यह पुस्तक प्रेरणा, जानकारी, तकनीकों तथा समाधानों की एक टूल किट है, जिस पर अमल करके आप अपनी सफलता की रफ़्तार को तेज़ कर सकते हैं।

पिछले दो वर्षों में सफलता के नियम पूरी तरह से बदल गए हैं। कोविड ने परिवर्तन की गति को बहुत तेज़ कर दिया है और इसने हमें कई अमूल्य सबक़ भी सिखाए हैं। यह पुस्तक अपने आप में संपूर्ण व्यक्तिगत तथा व्यावसायिक कायाकल्पकारी टूल है, जिसकी मदद से आप इस नए बदले हुए संसार में सोशल मीडिया पर भारी सफलता हासिल कर सकते हैं।

मैं एक गाँव में बड़ा हुआ था, सरकारी हिंदी स्कूलों में पढ़ा था, वित्तीय चुनौतियों से जूझा था, नौकरी छोड़कर उद्यमिता में उतरा था, मुझसे ग़लतियाँ हुई थीं और मैंने दोबारा शून्य से शुरू किया था... मैंने यह सब खुद झेला है और मैं जानता हूँ कि यह कैसा महसूस होता है। मेरा यक़ीन मानें, हर महान व्यक्ति ने शून्य से शुरुआत की थी और रास्ते में मुश्किलों तथा अस्वीकृति का सामना किया था। मैं जानता हूँ कि आपके भीतर महानता के बीज हैं और यह पुस्तक आपके अंदर छिपी महानता को सबके सामने लाने की मेरी कोशिश है।

अब तरक़्क़ी करने का आपका समय है।

अपने सपनों को साकार करें।

अजेय बनें।

दीपक की पुस्तकों व कोर्सेस पर फ़ीडबैक

"दीपक बजाज भारत के अग्रणी डायरेक्ट सेलिंग विशेषज्ञ हैं। वे लोगों को दिखाते हैं कि वे अपनी ज़िंदगी कैसे बदल सकते हैं।"

— श्री सोमप्रकाश, उद्योग राज्य मंत्री, भारत सरकार

"मिलियनेयरबनने का लक्ष्य रखने वाले हर डायरेक्ट सेलर और अन्य लोगों को यह पुस्तक पढ़नी चाहिए।"

— कैलाश भटट्ड़, सीईओ - माइ लाइफ़स्टाइल मार्केटिंग ग्लोबल प्राइवेट लिमिटेड

"13 वर्षों के अनुभव और 8 लाख से ज़्यादा फॉलोअर्स तथा प्रशिक्षुओं के साथ दीपक अपनी बेस्टसेलिंग पुस्तकों, ऑनलाइन कोर्सेस, ट्रेनिंग प्रोग्राम्स तथा मुफ़्त वीडियोज़ के ज़रिये डायरेक्ट सेलर्स के उत्थान के लिए अथक श्रम कर रहे हैं।"

— डायरेक्ट सेलिंग टुडे मैग्ज़ीन

"दीपक बजाज नेटवर्क मार्केटिंग के क्षेत्र में भारत के नंबर वन विशेषज्ञ, उद्यमिता परामर्शदाता, लाइफ़ कोच, कायाकल्पकारी प्रशिक्षक और प्रेरक वक्ता हैं।"

— इनविंसिबल मैग्ज़ीन

"नेटवर्क मार्केटिंग में बड़ी सफलता कैसे हासिल करें, इस विषय पर सर्वश्रेष्ठ पुस्तकों में से एक। यह टीम के साथियों के लिए आदर्श उपहार है, ताकि वे व्यवसाय में गंभीर बन जाएँ।"

— मुबीन मुहम्मद

"दीपक की पुस्तकें नेटवर्क मार्केटिंग की गीता या कुरान जैसी हैं।"

— डॉ. अख्तर ख़ानवाला

"दीपक सर के कोर्स मिलियन डॉलर लॉटरी जैसे हैं और वो भी बहुत कम क़ीमत में। ये सर्वश्रेष्ठ प्रोग्राम्स हैं, जिन्हें आप कर सकते हैं।"

— सुवीर सिंह

"जब भी मैं अपने सोशल मीडिया अकाउंट्स खोलता हूँ, तो वे हर बार नोटिफ़िकेशन्स से भरे होते हैं। मुझे इतनी सारी लीड्स और प्रॉस्पेक्ट्स मिलने लगे हैं कि मैं कई बार तो यह सोचने लगता हूँ कि मैं इस सबको सँभालूँगा कैसे। मुझे दीपक बजाज के सोशल मीडिया ऐंड ऑनलाइन बिज़नेस मास्टरी कोर्स से उम्मीद से बहुत, बहुत ज़्यादा मिला है।"

— सच्चिदानंद त्रिपाठी

"दीपक बजाज के प्रशिक्षण का सबसे अच्छा हिस्सा डुप्लीकेशन है। मेरी पूरी टीम उनके विचारों को आसानी से दोहराने में सक्षम है।"

-रश्मि सक्सेना

"आपको एक बड़ा बिज़नेस बनाने के लिए जिस मानसिकता, योग्यताओं और टूल्स की ज़रूरत है, वे सभी एक ही कोर्स में शामिल हैं - अल्टिमेट नेटवर्क मार्केटिंग मास्टरी।"

— शुचि कैरे

"मैं अपने 20 साल के नेटवर्क मार्केटिंग करियर में जो नहीं सीख पाया, वह मुझे दीपक बजाज के अल्टिमेट नेटवर्क मार्केटिंग कोर्स में मिल गया। यह अलौकिक चीज़ है।"

— जयप्रकाश मौर्य

"दीपक बजाज के कोर्सेस केवल बिज़नेस बनाने के बारे में ही नहीं हैं। वे यह भी बताते हैं कि सही तरीक़े से जीवन कैसे जिएँ। इसने मेरी ज़िंदगी के हर पहलू को पूरी तरह से बदल दिया है।"

— किरण जॉन

"यह एक पुस्तक डायरेक्ट सेलिंग में सफलता दिलाने के लिए काफ़ी है।"

— मुकेश सिंह

"अब मैंने बीच में रुकना छोड़ दिया है। इस महान पुस्तक की मदद से मैं 10 साल आगे पहुँच गया हूँ।"

— लोमेश चौधरी

"यह पुस्तक उन सभी लोगों की मदद करेगी, जो अपने जीवन में वाक़ई कुछ करना चाहते हैं।"

— महेंद्र सिंह रावत

"दीपक बजाज का सोशल मीडिया कोर्स करने के बाद सोशल मीडिया का मेरा डर ग़ायब हो चुका है और मेरा बिज़नेस तूफ़ानी रफ्तार से बढ़ रहा है। कोर्स के बारे में जो वादा किया गया था, मुझे उससे बहुत ज़्यादा मिला है।"

— सुप्रिया कोठाड़िया

"दीपक सर का कोर्स करने के बाद मैं बिलकुल अलग इंसान बन गई हूँ। मेरे आस-पास का हर व्यक्ति मेरी तारीफ़ करता है कि मैं बहुत बदल गई हूँ और मेरा व्यवसाय भी बढ़ रहा है।"

— नर्गिस सुल्ताना

"इसमें मुझे अपने सारे सवालों के जवाब मिल गए। इसने मेरे व्यवसाय को रॉकेट जितनी तेज़ी से ऊपर उठाया है।"

— नीतू जिंदल

"यह एक ऐसी पुस्तक है, जो अमीर बनने के सपने देखने वाले सभी लोगों का जीवन बदल सकती है और उनके सपने पूरे कर सकती है।"

— हर्षदा निकाम

"दीपक सर का कोर्स करने के बाद मैं अपने भीतर सकारात्मक वाइब्स महसूस कर रहा हूँ, जो मुझे पहले कभी महसूस नहीं हुई थीं। अल्टिमेट नेटवर्क मार्केटिंग मास्टरी कोर्स सिर्फ़ व्यावसायिक परिणामों के बारे में ही नहीं है; यह तो समूचे जीवन का कायाकल्प करने वाला कोर्स है, जो जीवन के हर क्षेत्र में आपकी मदद करेगा।"

— वीरेन जुमानी

"मैं सोशल मीडिया पर विश्वास के साथ वीडियो बना रही हूँ और पोस्ट कर रही हूँ। मुझे लीड्स मिल रही हैं और मैं अपना प्रॉस्पेक्टिंग पूल भी बना रही हूँ।"

— जाह्नवी सिंह

"सबसे अद्भुत पुस्तक, जो मैंने आज तक पढ़ी है। इस पुस्तक ने मेरी सोच बदल दी। इसे पढ़ने के बाद अब मैं बिलकुल ही अलग इंसान बन गई हूँ। मैं यक़ीनन मिलियनेयरबन जाऊँगी!"

— अलका पी.

"यह पुस्तक नेटवर्क मार्केटिंग की बाइबल, भगवद्गीता और कुरान है। इसे पढ़ने के बाद किसी दूसरी पुस्तक को पढ़ने की ज़रूरत ही नहीं रह जाती।"

— अरुण सिंह

"उत्कृष्ट पुस्तक। जितनी प्रशंसा की जाए, कम है! पुस्तक के हर पन्ने में सामग्री के मोती बड़ी सुंदरता से सँजोए गए हैं।"

— गौरव मेहरा

"नेटवर्क मार्केटिंग का वन स्टॉप सॉल्यूशन। इसे पढ़ना उन लोगों के लिए अनिवार्य है, जो ग़लतियों से बचना चाहते हैं और ज़्यादा तेज़ी से सफल होना चाहते हैं।"

— विजय तेतरवाल

"शुरुआत करने वालों, सक्रिय लोगों, विशेषज्ञों और प्रशिक्षकों - सभी के लिए अद्भुत पुस्तक।"

— प्रदीप चौधरी

दीपक बजाज की डायरेक्ट सेलिंग यात्रा

दीपक बजाज गाँव के शर्मीले लड़के थे, लेकिन इसके बावजूद वे डायरेक्ट सेलिंग उद्योग के शिखर पर पहुँच गए। इतना ही नहीं, बाद में वे अग्रणी डायरेक्ट सेलिंग प्रशिक्षक और परामर्शदाता भी बने। उनकी सफलता की यह यात्रा हर एक के लिए प्रेरणा और शक्ति का स्रोत है। दीपक अपनी छोटी शुरुआत के बाद काफ़ी आगे तक आ चुके हैं और यह इस बात का जीता-जागता सबूत है कि स्पष्ट सपने, पूर्ण विश्वास, सही जीवनमूल्यों और संपूर्ण समर्पण से कितना कुछ हासिल किया जा सकता है।

दीपक का जन्म हरियाणा के एक छोटे से गाँव में सरकारी कर्मचारियों के परिवार में हुआ था और वे हिंदी मीडियम सरकारी स्कूलों में पढ़े। जब दीपक की उम्र 8 साल की थी, तब उनके पिताजी कैन्सर के साथ दो साल तक संघर्ष करने के बाद परलोक सिधार गए। दीपक का बचपन काफ़ी मुश्किलों में बीता, क्योंकि उन्हें बहुतेरी वित्तीय चुनौतियों का सामना करना पड़ा, जीवन में बहुत से समझौते करने पड़े और सामंजस्य बैठाना पड़ा। लेकिन उन वर्षों में भी दीपक का एक सपना था - *"किसी दिन मैं बड़ा आदमी बनूँगा।"*

बड़े बनने के संकल्प के साथ दीपक ने कैट की परीक्षा पास की और एक अग्रणी मैनेजमेंट इंस्टीट्यूट से एमबीए किया। दीपक ने एक शीर्षस्थ ऑटोमोबाइल एमएनसी में सेल्स की नौकरी से शुरुआत की और तेज़ी से तरक़्क़ी करते हुए रिकॉर्ड समय में रीजनल मैनेजर के पद पर पहुँच गए। यही वह समय था, जब मई 2006 में किसी ने उनके सामने डायरेक्ट सेलिंग बिज़नेस का प्रस्ताव रखा। अगले 13 महीनों तक कई लोग डायरेक्ट सेलिंग बिज़नेस का प्रस्ताव लेकर उनके पास आए, लेकिन वे राज़ी नहीं हुए।

28 जून 2007 को उन्होंने अपनी नौकरी के साथ डायरेक्ट सेलिंग बिज़नेस पार्ट-टाइम शुरू करने का निर्णय लिया। उन्होंने इसे एक आक्रामक योजना के साथ शुरू किया, जो आज 90 दिनों के गेम प्लान के रूप में पूरे संसार में मशहूर है।

उन्होंने अगले तीन महीनों तक बिना थके दिन-रात लगातार काम किया, डायरेक्ट सेलिंग में कई रिकॉर्ड बनाए और तीन महीने बाद 30 सितंबर 2007 को अपनी कंपनी की नौकरी से इस्तीफ़ा दे दिया। दीपक बिक्री में उत्कृष्ट थे, लेकिन उन्हें डायरेक्ट सेलिंग का कोई अनुभव नहीं था। उनके पास प्रशिक्षण कार्यक्रम नहीं थे और उनकी टीम के साथी उनकी कामकाजी शैली का अनुकरण नहीं कर सकते थे। इन कारणों से उनका व्यवसाय लुढ़ककर शून्य पर पहुँच गया। अगले 9 महीने दीपक के लिए किसी बुरे सपने की तरह थी, क्योंकि इस दौरान उनके परिवार को भारी वित्तीय संकट झेलना पड़ा। यह इतना मुश्किल दौर था कि कोई दूसरा आसानी से हार मानकर इस व्यवसाय को छोड़ देता और कई बार तो दीपक का मन भी यही करने के लिए डगमगा रहा था। लेकिन घुटने टेकने के बजाय दीपक ने ज़्यादा कड़ी मेहनत की और इस दर्शन के साथ आगे बढ़ते रहे कि जो चीज़ आपको तोड़ती नहीं है, वह ज़्यादा शक्तिशाली बनाती है।

वे इस व्यवसाय के विद्यार्थी बन गए और पूरे संसार के सर्वश्रेष्ठ सफल लोगों से सफलता की आदतें सीखने लगे। उन्हें जितनी ज़्यादा अस्वीकृतियाँ मिलीं, उन्होंने अपने प्रशिक्षण और विकास में उतने ही ज़्यादा समय और धन का निवेश किया। इसके बाद उन्होंने ऐसे प्रोग्राम और सिस्टम बनाए, जिनके बारे में उद्योग में पहले कभी नहीं सुना गया था। इनकी मदद से उन्होंने व्यवसाय में एक के बाद एक कई कीर्तिमान बनाए। जब वे अलग-अलग जगहों पर व्यवसाय फैलाने लगे, तो राह में कई चुनौतियाँ आईं और उनकी कई टीमें नाकाम रहीं, लेकिन हर असफलता से सबक़ सीखकर उन्होंने अपने सिस्टम को ज़्यादा बेहतर बनाया। उन्होंने ऐसे अनुकरणीय टूल्स बनाए, जिनका इस्तेमाल अपने व्यवसाय को बढ़ाने के लिए कोई भी, कहीं भी कर सकता था, चाहे उसकी उम्र, पृष्ठभूमि, स्थान, शिक्षा, लिंग या वित्तीय स्थिति कैसी भी हो। इन सिस्टम्स और टूल्स ने उनके बिज़नेस को इतना बढ़ा दिया कि जनवरी 2009 से उन्हें पैसिव इनकम होने लगी।

अलग-अलग नेटवर्क मार्केटिंग कंपनियों के लाखों लोग उनके टूल्स व सिस्टम्स का इस्तेमाल करके अपने सपने पूरे कर चुके हैं और अपनी कंपनियों में शिखर पर पहुँच चुके हैं। उनकी दो पुस्तकें *बी अ नेटवर्क मार्केटिंग मिलियनेयर*और *एचीव मोर, सक्सीड फ़ास्टर* पूरी डायरेक्ट सेलिंग उद्योग में सबसे ज़्यादा पढ़ी जाने वाली तथा अनुशंसित पुस्तकें हैं। इन पुस्तकों का अनुवाद 8 भाषाओं में हो चुका है और हर कंपनी में डायरेक्ट सेलर्स को बिज़नेस शुरू करने से पहले इन पुस्तकों को पढ़ने की सलाह दी जाती है। ये पुस्तकें ऐसी रणनीतियों, टूल्स, तकनीकों और जानकारी से भरी हैं, जो किसी को भी व्यवसाय तथा जीवन में भारी हासिल करने में सहायता कर सकती हैं।

डायरेक्ट सेलिंग में 15 वर्षों के अविश्वसनीय अनुभव के साथ दीपक अब ख़ुद एक ब्रांड बन चुके हैं और उन्हें डायरेक्ट सेलिंग उद्योग की जीवित किंवदंती माना जाता है। उन्हें 2020 में बेस्ट डायरेक्ट सेलिंग ट्रेनर का पुरस्कार मिला है। कई पत्रिकाओं में उन पर लेख प्रकाशित हुए हैं और उन्हें बेस्ट डेब्यू ऑथर ऑफ़ द ईयर 2018 पुरस्कार तथा बेस्ट एंटरप्रेन्योरशिप ट्रेनर ऐंड कोच आदि पुरस्कार मिल चुके हैं। 10 जून 2018 के बाद से वे पूरे संसार के डायरेक्ट सेलर्स तथा डायरेक्ट सेलिंग कंपनियों को परामर्श व प्रशिक्षण देकर डायरेक्ट सेलिंग उद्योग के कल्याण और विकास के लिए सक्रिय काम कर रहे हैं। 100 अलग-अलग देशों के 10 लाख से ज़्यादा लोग सोशल मीडिया पर उनके काम को सक्रियता से फ़ॉलो कर रहे हैं। वे अंतरराष्ट्रीय एनएलपी मास्टर प्रैक्टिसनर हैं और उन्होंने अमेरिका, सिंगापुर, यूरोप, बैंकॉक तथा भारत में विश्व के सर्वश्रेष्ठ प्रशिक्षकों से प्रशिक्षण लिया है।

व्यक्तिगत कायाकल्प के महारथी दीपक पिछले दो दशकों से लोगों को उनके सर्वश्रेष्ठ स्वरूप तक पहुँचने के लिए प्रेरित करने और सशक्त बनाने के मिशन पर हैं। वे मानव व्यवहार और सफलता के मनोविज्ञान के विशेषज्ञ हैं, जो न सिर्फ़ जानकारी, टूल्स और रणनीतियाँ देते हैं, बल्कि लोगों के विश्वासों, मान्यताओं तथा भावों की गहराई में जाकर भी काम करते हैं, जिससे त्वरित परिवर्तन और स्थायी रूपांतरण होता है। 100 से ज़्यादा देशों के लाखों लोग उनकी पुस्तकों, लाइव ईवेंट्स, ऑनलाइन कोर्सेस तथा वीडियो की मदद से अपने सपने ज़्यादा तेज़ी से हासिल कर पाए हैं।

दीपक की लाइव ईवेंट्स हमेशा हज़ारों लोगों की उपस्थिति में हाउसफुल रहती हैं, क्योंकि उनमें शक्तिशाली अंतरराष्ट्रीय सामग्री, अनूठी एनएलपी आधारित प्रक्रिया और गतिविधि आधारित इंटरएक्टिव सिखाने की शैली तथा असली ज़िंदगी के टूल्स व तकनीकें होती हैं, जो प्रतिभागियों को तुरंत और स्थायी परिणाम देती हैं। 11 लाख से ज़्यादा लोग उनसे प्रशिक्षण ले चुके हैं। वे कई ईवेंट्स में नियमित रूप से मुख्य वक्ता रहते हैं और उन्हें डायरेक्ट सेलिंग उद्योग का प्रकाशपुंज माना जाता है। वे कई अग्रणी कंपनियों के परामर्शदाता भी हैं तथा उन्हें उनकी बिक्री व प्रदर्शन को कई गुना बढ़ाने के तरीक़े सुझाते हैं।

पूरे संसार की सभी अग्रणी कंपनियों के डायरेक्ट सेलर्स दीपक के ऑनलाइन कोर्सेस को सबसे ज़्यादा विश्वसनीय मानते हैं और उन्हें यक़ीन है कि यह परिणाम हासिल करने का सबसे तीव्र तरीक़ा है।

दीपक उत्साही पाठक, संसार की सैर में रुचि रखने वाले और एडवेंचर स्पोर्ट्स के शौकीन हैं।

दीपक के जीवन का मिशन लोगों को सर्वश्रेष्ठ बनाना है, जो वे बन सकते हैं। उन्हें सबसे ज़्यादा खुशी तब मिलती है, जब वे देखते हैं कि लोगों के सपने पूरे हो गए हैं। दीपक और उनकी पूरी टीम टूल्स, ऑनलाइन कोर्सेस और ईवेंट्स बनाने पर लगातार काम करती है, जो लोगों को ज़्यादा तेज़ी से उनके लक्ष्य तक पहुँचाने में सहायता कर सकें।

आप दीपक के साथ विभिन्न सोशल मीडिया प्लेटफ़ॉर्म्स पर जुड़ सकते हैं। दीपक और उनके काम के बारे में ज़्यादा जानकारी हासिल करने के लिए www.deepakbajaj.biz पर जाएँ।

अनुक्रम

चेतावनी

यह पुस्तक आम पुस्तक की तरह नहीं है, जिसे आप पढ़कर शेल्फ़ पर रख सकें। यह आपके जीवन और व्यवसाय के खेल की मार्गदर्शिका है।

यह पुस्तक आपको परिणाम देने और आपका कायाकल्प करने के इरादे से लिखी गई है। इसमें सैकड़ों टूल्स तथा रणनीतियाँ हैं, जिन पर आप तुरंत अमल करके त्वरित परिणाम पा सकते हैं। दस लाख से ज़्यादा लोगों को 2 दशकों तक प्रशिक्षण और परामर्श देने के मेरे अनुभव इस पुस्तक में विचारों तथा जानकारी के रूप में सारगर्भित किए गए हैं, जिन्हें समझना और उन पर अमल करना आसान है।

हर अध्याय के अंत में संक्षेप और मुख्य कार्य दिए गए हैं। हर अध्याय के बाद ख़ाली जगह है, ताकि आप अपने कार्य बिंदु लिख सकें। यदि आपको ज़्यादा मदद की ज़रूरत हो, तो आप मेरी वेबसाइट और सोशल मीडिया अकाउंट्स के ज़रिये मेरे समुदाय में शामिल हो सकते हैं। मैं नियमित रूप से नवीनतम जानकारी और रणनीतियाँ बिलकुल मुफ़्त बताता हूँ। मेरा इरादा आपको सिर्फ़ ज्ञान देना ही नहीं है, बल्कि आपको इन अवधारणाओं में माहिर बनाना भी है, ताकि आपको असली परिणाम मिल सकें।

यह पुस्तक आपके व्यवसाय की मार्गदर्शिका या वर्कबुक बनेगी, जिसका हर दिन इस्तेमाल करके आप अपने जीवन तथा व्यवसाय का पूर्ण कायाकल्प कर सकते हैं। मैं बेहद रोमांचित हूँ कि हम हर अध्याय के साथ आपके खेल को बदल देंगे।

आपको यह पुस्तक क्यों पढ़नी चाहिए?

"हमारे पास यह विकल्प नहीं है कि क्या हम सोशल मीडिया पर काम करें; प्रश्न तो यह है कि हम इसे कितनी अच्छी तरह करते हैं।"

—एरिक क्वालमैन

हम इंसान सामाजिक प्राणी हैं, जो आपसी संपर्क तथा जुड़ाव की वजह से जीवित रहते हैं तथा फलते-फूलते हैं। हम दूसरों के साथ जुड़ने के इस सहज बोध के साथ पैदा होते हैं। दूसरों के साथ यह जुड़ाव हमें खुश और सुरक्षित महसूस कराता है। सोशल नेटवर्किंग प्लेटफ़ॉर्म्स ने संसार को सोशल मीडिया पर एक साथ लाने के लिए इसी बुनियादी सहज बोध का इस्तेमाल किया है। जो एक छोटी पहल के रूप में शुरू हुआ था, अब उसने संसार की लगभग आधी जनसंख्या को आपस में जोड़ दिया है।

29 जून 2021 को स्टेटिस्टा डॉट कॉम पर स्टेटिस्टा रिसर्च डिपार्टमेंट द्वारा प्रकाशित एक लेख के अनुसार 2021 तक सोशल मीडिया पर संसार के 8 अरब लोगों में से 3.78 अरब लोग आपस में जुड़ जाएँगे। आगे दिया गया चार्ट दिखाता है कि केवल फ़ेसबुक के 2.7 अरब सक्रिय उपयोगकर्ता हैं, जिसके बाद यूट्यूब आता है, जिसके 2.29 अरब सक्रिय उपयोगकर्ता हैं।

28 जून 2021 को स्टेटिस्टा डॉट कॉम पर स्टेटिस्टा रिसर्च डिपार्टमेंट द्वारा प्रकाशित एक अन्य लेख के अनुसार भारत में फ़ेसबुक के 33 करोड़ सक्रिय उपयोगकर्ता हैं, जिसके बाद अमेरिका, इंडोनेशिया और ब्राज़ील आते हैं, जिनके क्रमशः 19, 14 और 13 करोड़ सक्रिय उपयोगकर्ता हैं। यदि फ़ेसबुक इंडिया एक देश होता, तो यह संसार में सर्वोच्च जनसंख्या के संदर्भ में तीसरे स्थान पर होता।

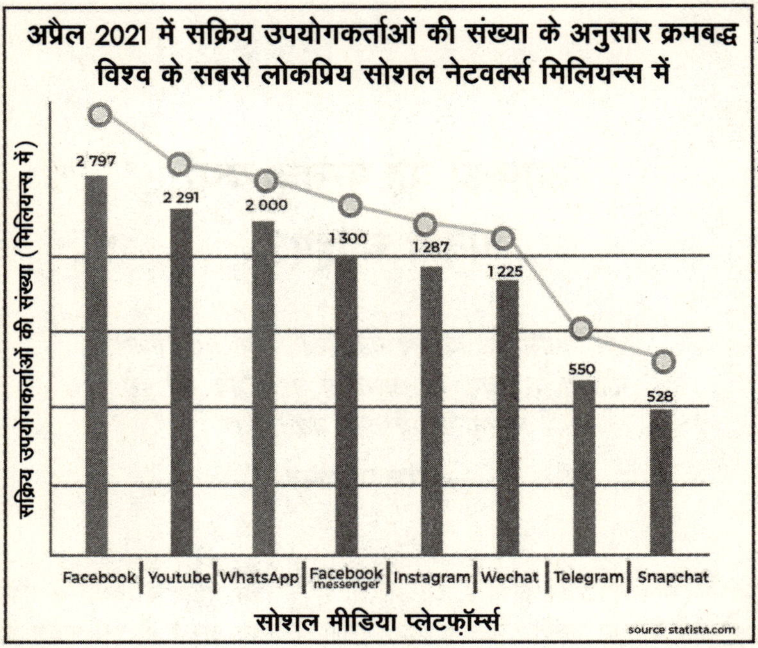

चित्र : 1*

केवल टीनेजर्स ही सोशल मीडिया का इस्तेमाल नहीं कर रहे हैं; यह तो सारे आयु समूहों में लोकप्रिय है। जहाँ अमेरिका में 18-29 वर्ष की उम्र के 90 प्रतिशत लोग सक्रियता से सोशल मीडिया का इस्तेमाल कर रहे हैं, वहीं 65 की उम्र से ज़्यादा के 40 प्रतिशत लोग भी सोशल मीडिया का इस्तेमाल कर रहे हैं और ये संख्याएँ हर पल बढ़ रही हैं। (स्रोत - स्टेटिस्टा डॉट कॉम पर स्टेटिस्टा रिसर्च डिपार्टमेंट)। इसी प्रवृत्ति की अपेक्षा अन्य सभी देशों में भी की जा सकती है।

स्मार्टफ़ोन बाज़ार की भारी लोकप्रियता की वजह से सोशल मीडिया के विकास को और बल मिला है। स्टेटिस्टा डॉट कॉम पर 31 मार्च 2021 को प्रकाशित एस. ओ'डिया के लेख के अनुसार 2020 में दुनिया के 3.6 अरब लोग स्मार्टफ़ोन्स का इस्तेमाल कर रहे हैं और अनुमान है कि यह संख्या 2023 तक बढ़कर 4.3 अरब हो जाएगी। स्मार्टफ़ोन के उपयोगकर्ताओं की संख्या के संदर्भ में चीन अव्वल है, जिसके बाद भारत, अमेरिका, इंडोनेशिया और ब्राज़ील आते हैं।

---

* Source: https://www.statista.com/statistics/272014/globalsocial- networks-ranked-by-number-of-users/

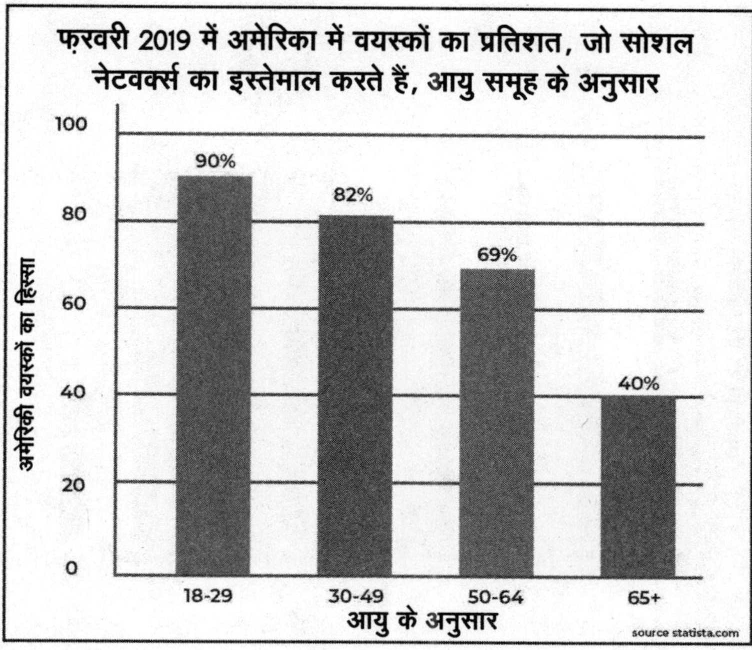

चित्र : 2*

हालाँकि स्मार्टफ़ोन का उपयोग करने वालों में भारत संसार में दूसरे स्थान पर है, लेकिन यह ग़ौर करना दिलचस्प है कि स्मार्टफ़ोन की पैठ के संदर्भ में भारत का स्थान 19वाँ है (देखें नीचे दिया गया चार्ट)। भारत की सिर्फ़ 31.8 प्रतिशत जनसंख्या ही स्मार्टफ़ोन का इस्तेमाल करती है, जबकि अमेरिका में 81.6 प्रतिशत, चीन में 63 प्रतिशत और इंडोनेशिया में 58.6 प्रतिशत लोग इसका इस्तेमाल करते हैं। इसी रिपोर्ट में भारत का स्थान 2018 में 40वाँ था, 2017 में 45वाँ था और 2013 में 47वाँ था। इस प्रवृत्ति को देखते हुए यह बहुत स्पष्ट हो जाता है कि आने वाले कुछ वर्षों में भारत में स्मार्टफ़ोन का उपयोग करने वालों की संख्या में भारी वृद्धि होगी और इस वृद्धि की वजह से सोशल मीडिया का उपयोग करने वालों की संख्या भी बहुत ज़्यादा बढ़ जाएगी।

पूरा संसार अब ऑनलाइन हो गया है और कहा जाता है कि जो व्यवसाय ऑनलाइन नहीं हैं, वे जल्द ही ठप्प हो जाएँगे। अन्य व्यवसायों की तरह ही यह डायरेक्ट सेलिंग के बारे में भी सच है।

---

* Source: https://www.statista.com/statistics/471370/us-adultswho-use-social-networks-age/

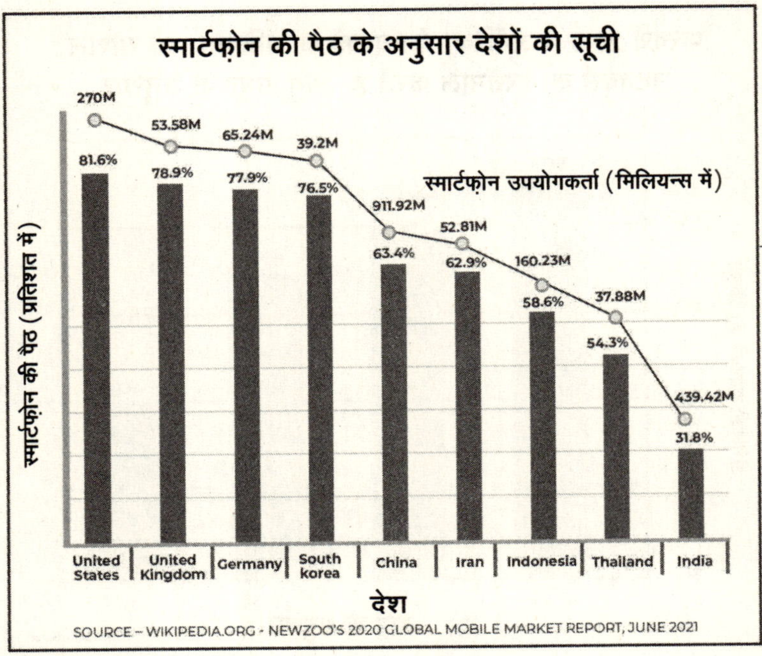

चित्र : 3*

"सोशल मीडिया यहाँ रहेगा। यह जाने वाला नहीं है। यह कोई अल्पकालीन फ़ैशन नहीं है। वहीं जाएँ, जहाँ आपके ग्राहक पहुँच गए हैं : सोशल मीडिया पर।"

—लोरी रफ़

आपका सोशल मीडिया अकाउंट अब आपका नया पता है। लोग आपके साथ बिज़नेस शुरू करने का निर्णय लेने से पहले आपका सोशल मीडिया अकाउंट देखते हैं। आपके सोशल मीडिया अकाउंट्स आपकी पहली छाप छोड़ते हैं और लोग आपके सोशल मीडिया अकाउंट देखकर ही आपके बारे में बहुत सी बातों का मूल्यांकन कर लेते हैं।

लेकिन यह देखना रोचक है कि सोशल मीडिया वह सबसे अविश्वसनीय चीज़ है, जो डायरेक्ट सेलिंग के साथ हुई है। दुर्भाग्य से, यह डायरेक्ट सेलिंग के साथ होने वाली सबसे विनाशकारी चीज़ भी है। सोशल मीडिया ने स्मार्ट डायरेक्ट सेलर्स के स्तर को ऊपर उठाया, क्योंकि इसने उन्हें पूरे संसार के असीमित अच्छे प्रॉस्पेक्ट्स के साथ जुड़ने तथा प्रॉस्पेक्टिंग करने में सक्षम बनाया, जबकि ज़्यादातर नौसिखियों

* https://en.wikipedia.org/wiki/List_of_countries_by_smartphone_penetration

को इसने जनता को स्पैम करने के स्तर तक गिरा दिया और इस तरह उद्योग की छवि ख़राब कर दी।

दरअसल, लोगों को सोशल मीडिया के रूप में एक नया खिलौना मिल गया है और वे सभी तरह के पागलपन भरे प्रयोग करके इसके साथ खेलने लगे हैं। सरल भाषा में कहें, तो इस पुस्तक में मेरा लक्ष्य इस तरीक़े को बदलना है। मैं चाहता हूँ कि डायरेक्ट सेलिंग में संलग्न लोग उसका सही इस्तेमाल करें, जो संसार के इतिहास में मिलने वाला सबसे शक्तिशाली रिक्रूटिंग, ब्रांड बनाने वाला और बिज़नेस को कई गुना करने वाला टूल है। इस पुस्तक का लक्ष्य आपको सोशल मीडिया की क्षमता का दोहन करने में निपुण बनाना है। इसका उद्देश्य एक बड़ा डायरेक्ट सेलिंग बिज़नेस ऑनलाइन बनाने के लिए आवश्यक योग्यताएँ और टूल्स प्रदान करके सशक्त बनाना है। यह पुस्तक आपको न सिर्फ़ सोशल मीडिया का प्रबंधन सिखाएगी, बल्कि आपको सोशल मीडिया संबंधी ऐसा प्रशिक्षण भी देगी, जिससे आपकी सफलता कई गुना बढ़ जाएगी और साथ ही डायरेक्ट सेलिंग का पेशा भी ऊपर उठेगा। मुझे डायरेक्ट सेलिंग उद्योग से प्रेम है। मैं इसका सम्मान करता हूँ और मेरे जीवन के दो मिशन हैं :

1. डायरेक्ट सेलिंग के पेशे के गर्व और महिमा को बहाल करना।
2. ज़्यादा बड़ी और तीव्र सफलता पाने के लिए डायरेक्ट सेलर्स को प्रेरित तथा प्रशिक्षित करना।

मुझे विश्वास है कि यह पुस्तक ऊपर बताए गए इन दोनों लक्ष्यों को पूरा करेगी। इस पुस्तक का लक्ष्य आपको ज़्यादा तेज़ी से सफल बनाना और डायरेक्ट सेलिंग के पेशे को ऊपर उठाना है।

दुखद बात यह है कि ज़्यादातर डायरेक्ट सेलर्स सोशल मीडिया को इस तरह देखते हैं, मानो यह डार्टबोर्ड हो। आप इस उम्मीद में इस पर डार्ट फेंकते चले जाते हैं कि कोई न कोई तो निशाने पर लग ही जाएगा और आपको सफलता मिल जाएगी। लोगों ने वर्षों का समय सोशल मीडिया पर इस उम्मीद में बरबाद किया है कि कोई प्रतिक्रिया करेगा या उनके प्रॉडक्ट्स ख़रीद लेगा। ज़्यादातर डार्ट कभी निशाने पर नहीं लगते हैं और लोग कुंठित होकर यह काम छोड़ देते हैं। कृपया यह याद रखें कि उम्मीद कोई रणनीति नहीं है। आपको आशा नहीं, बल्कि लक्ष्यों के साथ काम करने की ज़रूरत है।

कुछ लोग महसूस करते हैं कि वे प्रगति कर रहे हैं या अपना ब्रांड बना रहे हैं, लेकिन यह उनका मुग़ालता या भ्रम होता है। 99 प्रतिशत डायरेक्ट सेलर्स को तो यह भी नहीं मालूम कि क्या पोस्ट करना है और कैसे करना है। वास्तव में ज़्यादातर पोस्ट करने वाले लोग अपनी और डायरेक्ट सेलिंग उद्योग दोनों की प्रतिष्ठा

या छवि ख़राब कर देते हैं। बाक़ी दूसरे लोग लाइक्स, व्यूज़ या फ़ॉलोअर्स की संख्या देख-देखकर खुश होते रहते हैं। लेकिन अच्छी ख़बर यह है कि सोशल मीडिया पर आपका ब्रांड बनाने की आज़माई हुई रणनीतियाँ हैं और मैं इस पुस्तक में आपको वही सिखाने जा रहा हूँ।

याद रखें, सोशल मीडिया पर काम करने के उतने ही तरीक़े हैं, जितने वहाँ लोग हैं। कई सोशल मीडिया इंफ़्लुएंसर्स और डिजिटल मार्केटर्स सोशल मीडिया अकाउंट्स को बढ़ाने के लिए विज्ञापनों और दूसरी जटिल रणनीतियाँ इस्तेमाल कर रहे हैं तथा सिखा रहे हैं। हो सकता है कि ये रणनीतियाँ अच्छी हों, लेकिन उनका अनुकरण नहीं किया जा सकता। मेरे पास भी इसे जटिल बनाने का यह विकल्प था, लेकिन मैंने आपको वही अवधारणाएँ सिखाने का निर्णय लिया, जिन्हें करना आसान है और साथ ही जिनका आसानी से अनुकरण किया जा सकता है, क्योंकि मैं जानता हूँ कि जिस भी चीज़ को डुप्लीकेट नहीं किया जा सकता, वह चाहे जितनी अच्छी हो, डायरेक्ट सेलिंग में कारगर नहीं होती।

मैं भी फ़ैंसी चीज़ों के बारे में बात कर सकता हूँ, जैसे फ़नेल बनाना, फ़ेसबुक विज्ञापन देना, वेबिनार, एसईओ, गूगल एड्स, स्क्वीज़ पेजेस, मुफ़्त डाउनलोड, ऑटोमेशन, आपका खुद का यूआरएल, आपकी खुद की वेबसाइट, ईमेल ऑटोमेशन, प्रचार अभियान, मुफ़्त प्रॉडक्ट, सशुल्क विज्ञापन आदि। लेकिन सच कहूँ, तो गति, स्थायित्व और बुनियाद के साथ हमेशा बढ़ने वाला डायरेक्ट सेलिंग बिज़नेस बनाने के लिए इन चीज़ों की कोई ज़रूरत ही नहीं है। इस पुस्तक में मैंने जो सरल विचार दिए हैं, उन पर अमल करके आप हर महीने लाखों रुपये की पैसिव इनकम कमा सकते हैं। इस पुस्तक में आप जो विचार सीखेंगे, उन पर अमल करने के लिए आपको स्टाफ़ या एजेंसी नियुक्त करने या लाखों रुपये का प्रचार करने की ज़रूरत नहीं है।

99 प्रतिशत डायरेक्ट सेलर्स जिस नंबर वन समस्या की शिकायत करते हैं, वह यह है कि उनकी प्रॉस्पेक्ट लिस्ट ख़त्म हो चुकी है। कृपया याद रखें, 2021 में भारत में फ़ेसबुक के 33 करोड़ उपयोगकर्ता हैं। समस्या यह नहीं है कि आपकी सूची ख़त्म हो गई है; असल समस्या तो यह है कि आप अब तक इस विशाल अदोहित बाज़ार का दोहन करने का सिस्टम नहीं खोज पाए हैं। चाहे यह लिस्ट का विस्तार हो, प्रॉस्पेक्टिंग हो, सेल्स क्लोज़ करना हो, अपनी टीम को क़ायम रखना हो, अपनी लीडरशिप को स्थापित करना हो या अपने ब्रांड को बनाना हो, सही ढंग से इस्तेमाल किए जाने पर सोशल मीडिया इन सभी को नहीं, तो ज़्यादातर समस्याओं को सुलझा सकता है। अगर आप सोशल मीडिया का इस्तेमाल करने के सही सिद्धांतों और तकनीकों में माहिर हो जाएँ, तो आप व्यवसाय में अजेय बन सकते हैं और इस पुस्तक का लक्ष्य आपको यही सिखाना है।

आप अपने हाथों में जो पुस्तक थामे हैं, वह विचारों और रणनीतियों से भरी हुई है, जिन पर मैं खुद अमल कर चुका हूँ तथा मुझे उनसे अविश्वसनीय परिणाम मिले हैं। पूरे संसार के हमारे हज़ारों कोर्स प्रतिभागियों ने इन रणनीतियों का इस्तेमाल किया है और उन्हें अद्भुत परिणाम मिले हैं। यहाँ कोई जटिल सिद्धांत या शब्दावली नहीं है, सिर्फ़ समाधान हैं, जिन्हें समझना और उन पर अमल करना आसान है।

पिछले 14 वर्षों में 11 लाख से ज़्यादा लोगों के साथ मेरे प्रशिक्षण तथा परामर्श अनुभव के दौरान मैंने सफलता के मनोवैज्ञानिक और व्यक्तिगत कायाकल्प की प्रक्रिया में महारत हासिल कर ली है, जो त्वरित परिणाम देती है व स्थायी कायाकल्प करती है। इस पुस्तक में आपको मेरे समूचे अनुभव और ज्ञान का सार मिलेगा, जिससे आपको अविश्वसनीय परिणाम मिलेंगे। इसे पुस्तक न समझें; यह तो आपकी ज़बर्दस्त सफलता का मैन्युअल है।

"सोशल मीडिया और ऑनलाइन मार्केटिंग को नज़रअंदाज़
करना वैसा ही है, जैसे कोई व्यवसाय शुरू करना,
लेकिन इसके बारे में किसी को भी न बताना।"

—अज्ञात

पिछले कुछ वर्षों में खेल के नियम बदल गए हैं और कोविड-19 ने परिवर्तन की इस प्रक्रिया की गति को और तेज़ किया है। अब आपके पास दो ही विकल्प बचे हैं : या तो बदलें या फिर नष्ट हो जाएँ। आप इन परिवर्तनों को रोक नहीं सकते, लेकिन आप यह सीख सकते हैं कि इन नए नियमों के साथ काम कैसे करें और वह सफलता कैसे पाएँ, जो आपको अब तक कभी नहीं मिली है।

डायरेक्ट सेलिंग बिज़नेस बनाने के लिए यह संसार के इतिहास में सर्वश्रेष्ठ समय है। मैं नहीं जानता कि आप किस अवस्था में है - आपका सोशल मीडिया अकाउंट है या नहीं, आपको कितने व्यूज़ या लाइक्स मिलते हैं, आपके कितने फ़ॉलोअर्स हैं, आपको सोशल मीडिया से कितना बिज़नेस मिल रहा है, आपके व्यवसाय की वर्तमान स्थिति क्या है या आपके लक्ष्य क्या हैं, लेकिन मैं एक चीज़ पक्के तौर पर जानता हूँ - आप अपने हाथों में जो थामे हैं, वह सोशल मीडिया में माहिर बनने का संपूर्ण मैन्युअल है। अगर आप इस पुस्तक में सीखी चीज़ों पर अमल करते हैं, तो आपको इतना कुछ हासिल होगा, जितने की आप कल्पना भी नहीं कर सकते।

जुड़े रहें और अपनी सफलता की कहानियाँ तथा अनुभव बताते रहें।

मेरे सारे प्रेम, शक्ति और शुभकामनाओं के साथ।

—दीपक बजाज

इस पुस्तक से अधिकतम परिणाम कैसे पाएँ

- हर अध्याय के अंत में मुख्य विचार दिए गए हैं। उनकी समीक्षा करें, उन पर अमल करें, दूसरों के साथ उन पर बातचीत करें और अपने सोशल मीडिया अकाउंट्स पर उन्हें शेयर करें। यह इन विचारों को आत्मसात करने का अचूक तरीक़ा है।
- हर अध्याय में आपके परिणामों को बढ़ाने के लिए कुछ मुख्य काम बताए गए हैं। कृपया इन कामों को पूरा करें।
- सोशल मीडिया एक योग्यता है, जिसे आप अपनी गति से निखारते हैं। इसलिए इस पुस्तक से सीखे हुए हर विचार पर अमल करें।

Sources used :

- https://www.statista.com/statistics/467163/forecast-of-smartphone-users-in-india/
- statista.com/statistics/330695/number-ofsmartphone-users-worldwide/

1

सोशल मीडिया आपके व्यवसाय के नौ क्षेत्रों में आपकी मदद कर सकता है

"प्रौद्योगिकी और सोशल मीडिया की बदौलत शक्ति दोबारा लोगों के पास आ गई है।"

— मार्क मैकिनॉन

1940 के दशक में डायरेक्ट सेलिंग व्यवसाय की शुरुआत हुई थी और तभी से डायरेक्ट सेलर्स 4 मुख्य चुनौतियों से जूझ रहे हैं। ज़्यादातर लोग इस व्यवसाय को इसलिए छोड़कर चले जाते हैं, क्योंकि वे इनमें से एक या अधिक चुनौतियों को नहीं सुलझा पाते हैं। ये चार मुख्य चुनौतियाँ ये हैं –

1. आपकी प्रॉस्पेक्ट लिस्ट ख़त्म हो जाती है।
2. लोग आपका प्रज़ेंटेशन देखने के बाद आपके साथ व्यवसाय करने के लिए आपकी टीम में शामिल नहीं होते हैं।
3. जो लोग आपकी टीम में शामिल हो जाते हैं, वे सक्रियता से काम नहीं करते।
4. आपकी टीम के साथी व्यवसाय को ज़रूरत से जल्दी ही छोड़कर चले जाते हैं।

जो लोग इन चुनौतियों का समाधान खोजने में सफल हुए, वे इस व्यवसाय में बचने और फलने-फूलने में कामयाब हुए, लेकिन बहुसंख्यक लोग अब भी इन चुनौतियों को पार नहीं कर पा रहे हैं और जूझ रहे हैं। 2018 में मैंने अपनी पहली पुस्तक लिखी, जिसका शीर्षक था *बी अ नेटवर्क मार्केटिंग मिलियनेअर।* इस पुस्तक को हर डायरेक्ट सेलर के लिए अनिवार्य मार्गदर्शिका माना जाता है, चाहे वह किसी भी

कंपनी, प्रॉडक्ट या इनकम प्लान के साथ काम करता हो। इस पुस्तक का अनुवाद कई भाषाओं में हो चुका है और यह आज भी डायरेक्ट सेलिंग उद्योग की सबसे लोकप्रिय और अनुशंसित पुस्तक है।

इस पुस्तक में मैंने सोशल मीडिया के बारे में कई पन्ने लिखे थे, लेकिन मुझे पता नहीं था कि तीन साल के भीतर ही मैं डायरेक्ट सेलिंग व्यवसाय बनाने के लिए सोशल मीडिया के इस्तेमाल पर एक पूरी पुस्तक लिखूँगा। मैंने यह पुस्तक लिखने का निर्णय लिया, इसका मुख्य कारण यह है कि समय के साथ सोशल मीडिया ने दिखा दिया है कि यह डायरेक्ट सेलर्स की इन सबसे बड़ी चुनौतियों को सुलझा सकता है। सोशल मीडिया में इतनी अद्‌भुत विशेषताएँ हैं कि इसके इस्तेमाल से हर व्यक्ति को बड़ा डायरेक्ट सेलिंग व्यवसाय बनाने में मदद मिल सकती है।

मैं एक और तथ्य से बहुत रोमांचित हूँ और वह यह है कि मैं सोशल मीडिया का जितना ज़्यादा इस्तेमाल करता जाता हूँ, मुझे और ज़्यादा तरीक़े मिलते जाते हैं, जिनसे यह लक्ष्य हासिल करने और हमारे प्रभाव को कई गुना बढ़ाने में हमारी मदद कर सकता है। सोशल मीडिया ने मुझे व्यक्तिगत रूप से यह शक्ति दी है कि मैं पूरे संसार के लाखों-करोड़ों लोगों को प्रभावित कर सकूँ और अपनी पुस्तकों, वीडियोज़, ई-बुक्स, ऑनलाइन कोर्सेस, हाई-परफ़ॉरमेंस कोचिंग तथा लाइव ट्रेनिंग ईवेंट्स से असंख्य लोगों के जीवन का कायाकल्प कर सकूँ। यह पुस्तक लिखे जाने तक मेरे ऑनलाइन कोर्सेस में 50 से अधिक देशों के प्रतिभागी शामिल होते हैं और मेरी सोशल मीडिया सामग्री 100 से ज़्यादा देशों में देखी जाती है। सोशल मीडिया के बिना मुझे यह सब कैसे हासिल हो सकता था?

दरअसल, पिछले कुछ वर्षों में हमारे आस-पास का संसार पूरी तरह बदल गया है। लोगों की आदतों और जीवनशैली में आमूलचूल परिवर्तन हुआ है। पहले लोग क्लासरूम में सीखते थे, अब ऑनलाइन सीखते हैं। मनोरंजन पहले टीवी के माध्यम से होता था, अब नेटफ़्लिक्स और यूट्यूब के माध्यम से होता था। न्यूज़ चैनल्स की जगह गूगल और ट्विटर ने ले ली है। खेल भी मैदान से मोबाइल फ़ोन में आ गए हैं। वास्तव में मोबाइल गेमिंग संसार के सबसे तेज़ विकास करने वाले और सबसे बड़े उद्योगों में से एक बन चुका है। इस परिदृश्य में जो डायरेक्ट सेलर्स बदलती प्रवृत्तियों के हिसाब से खुद को और अपने काम करने की शैली को नहीं बदलते हैं, उनका बचना मुश्किल होगा।

डायरेक्ट सेलिंग बिज़नेस लोगों के साथ किया जाता है। पहले डायरेक्ट सेलर्स अपने प्रॉस्पेक्ट्स से रेलवे स्टेशनों, विवाह समारोहों, सामाजिक कार्यक्रमों, हवाई अड्डों आदि जगहों पर संपर्क करते थे, लेकिन अब आप जहाँ भी देखें, लोग अपने मोबाइल फ़ोन से चिपके नज़र आते हैं। और वे अपने मोबाइल फ़ोन में क्या देख

रहे हैं - सोशल मीडिया। इसलिए मुख्यतः डायरेक्ट सेलर्स को वहाँ जाना चाहिए, जहाँ लोग रहते हैं। और अगर लोग सोशल मीडिया में चले गए हैं, तो यह डायरेक्ट सेलर्स के लिए अनिवार्य है कि वे भी अपने बिज़नेस को सोशल मीडिया पर ले जाएँ। अब समय आ गया है कि डायरेक्ट सेलर्स को सोशल मीडिया तथा अन्य ऑनलाइन साधनों व प्रौद्योगिकियों का इस्तेमाल करके अपनी सूची के विस्तार, प्रॉस्पेक्टिंग, ब्रांड बनाने, सेल्स क्लोज़ करने, टीम के प्रबंधन, प्रशिक्षण आदि की नई रणनीतियों तथा साधनों पर काम करना चाहिए।

"सफलता की कुंजी यह है कि आप तैयार होने
से पहले ही शुरू कर दें।"

—मैरी फ़ोरलियो

संसार की आधी जनसंख्या पहले से ही सोशल मीडिया पर जुड़ी हुई है, क्योंकि सोशल मीडिया ने तमाम सीमाएँ हटा दी हैं और पूरे संसार को लगभग मुफ़्त में हर किसी की मुट्ठी में ला दिया है। यह नया संसार हमेशा बदलता रहता है और यह पुस्तक इसी नए संसार में आपको जीतने के लिए तैयार करेगी। आप इस पुस्तक में जो भी सीखेंगे, वह हर चीज़ आपको सोशल मीडिया के इस्तेमाल में माहिर बना देगी, जिससे आप अपने सपनों को ज़्यादा जल्दी साकार कर सकेंगे। सोशल मीडिया आपको जो लाभ दे सकता है, उनमें से कुछ ये हैं :

1. आप अच्छी गुणवत्ता के प्रॉस्पेक्ट्स को आकर्षित करते हैं

जब आप अपने सोशल मीडिया ब्रांड का विकास करते हैं, तो आप बहुत से अलग-अलग लोगों से जुड़ेंगे और आपकी प्रॉस्पेक्ट लिस्ट बढ़ती रहेगी। न सिर्फ़ आपको असंख्य प्रॉस्पेक्ट्स मिलेंगे, बल्कि आप सर्वश्रेष्ठ प्रॉस्पेक्ट्स भी चुन सकेंगे, जिनके साथ व्यवसाय करना आपको सबसे ज़्यादा सही लगेगा। फिर आप लोगों से संपर्क करें, इसके बजाय सही प्रॉस्पेक्ट्स आपसे संपर्क करने लगेंगे। जब आपकी सामग्री अनजान लोगों तक पहुँचेगी, तो आप श्रेष्ठ प्रॉस्पेक्ट्स की अंतहीन पाइपलाइन बनाने में सक्षम होंगे।

2. आपकी बिक्री का अनुपात कई गुना बढ़ जाएगा

ज़्यादातर लोग आपसे जुड़ने का निर्णय लेने से पहले आपके सोशल मीडिया अकाउंट्स को देखते हैं। अच्छे सोशल मीडिया अकाउंट की वजह से आपके प्रॉस्पेक्ट्स आप पर ज़्यादा आसानी से विश्वास कर लेंगे और इस तरह आपका बिक्री अनुपात यानी सेल्स कनवर्ज़न रेशो बढ़ जाएगा। बिक्री अनुपात बढ़ने का मतलब यह है कि आपको उतने ही प्रयास से ज़्यादा परिणाम मिलेंगे।

3. लोग आपकी टीम में रुके रहेंगे

हर व्यक्ति विकासशील लीडर के साथ रहना चाहता है। आपका सोशल मीडिया अकाउंट आपकी उपलब्धियों तथा नेतृत्व को प्रदर्शित करने का उत्कृष्ट मंच है। जब आपकी टीम के साथी यह जान जाते हैं कि वे एक अच्छे लीडर के साथ हैं, तो फिर वे छोड़कर क्यों जाएँगे?

4. आपकी टीम का प्रदर्शन बेहतर होगा

शंका और दुविधा उत्पादकता तथा प्रदर्शन का गला घोंट देते हैं। लोगों हमेशा अच्छे लीडर के आस-पास सुरक्षा का अहसास होता है। जब आपकी टीम के साथियों को यह विश्वास होगा कि एक अच्छा लीडर उनका नेतृत्व कर रहा है, तो वे बेहतर प्रदर्शन करेंगे। आपके सोशल मीडिया अकाउंट की हर पोस्ट आपकी टीम को आश्वस्त करती है कि उनके पीछे एक सक्रिय, शक्तिशाली और विकासशील लीडर है। इस विश्वास से उनका प्रदर्शन कई गुना बढ़ जाता है।

5. व्यक्तिगत स्पॉन्सरिंग ज़्यादा आसान हो जाती है

व्यक्तिगत स्पॉन्सरिंग दरअसल डायरेक्ट सेलिंग व्यवसाय की बुनियाद है। मेरी पुस्तक *बी अ नेटवर्क मार्केटिंग मिलियनेयर* का यह उद्धरण व्यक्तिगत स्पॉन्सरिंग की शक्ति को सारांश में बताता है -

> *“हर व्यक्ति अपना डायरेक्ट सेलिंग करियर व्यक्तिगत स्पॉन्सरिंग से शुरू करता है। जो लोग इस उद्योग में शीर्ष 1 प्रतिशत तक पहुँच पाते हैं, वे शुरू करने के बाद बरसों तक स्पॉन्सरिंग करते रहते हैं।”*
>
> **—दीपक बजाज**

सोशल मीडिया आपके ब्रांड को इस तरह से बनाता है कि आप सर्वश्रेष्ठ गुणवत्ता के प्रॉस्पेक्ट्स को आकर्षित करते हैं, आपकी सेल्स क्लोज़िंग बेहतर होती है और आपकी उपलब्धियाँ लगातार अनजान लोगों के समूह तक पहुँचती हैं। इस सबसे आपको निरंतर व्यक्तिगत स्पॉन्सरिंग की शक्ति मिल जाती है। आप जिस भी नए व्यक्ति को स्पॉन्सर करते हैं, हर उस व्यक्ति के साथ आप अपनी चौड़ाई तथा गहराई को बढ़ाते हैं और इस तरह अपनी आमदनी भी कई गुना बढ़ा लेते हैं।

6. सतत सूची विस्तार

सोशल मीडिया पूरे संसार को आपकी चौखट तक ले आया है। लोग अब आपसे सिर्फ़ एक पोस्ट या एक वीडियो दूर हैं। आप कभी नहीं जानते कि आपकी पोस्ट या वीडियो कहाँ पहुँचेंगे। मित्रों के मित्र, अनुशंसित पोस्ट, सुझाव, शेयर और प्लेटफ़ॉर्म एलगोरिद्म आपकी पोस्ट को सिर्फ़ कुछ सेकेंडों में ही असंख्य अनजान लोगों तक पहुँचा सकते हैं। जब सोशल मीडिया पर आपके प्रभाव का वृत्त कई गुना बढ़ता है, तो आपकी सूची भी कई गुना बढ़ जाएगी।

मेरी पहली पुस्तक *बी अ नेटवर्क मार्केटिंग मिलियनेयर* 2018 में प्रकाशित हुई और तब से आज तक बहुत लोकप्रिय है। यह संसार में अपनी तरह की पहली पुस्तक है, जिसमें वह पूरी जानकारी, साधन, ज्ञान तथा रणनीतियाँ दी गई हैं, जिनसे लोग एक बड़ा डायरेक्ट सेलिंग व्यवसाय बना सकते हैं। इस पुस्तक ने लोगों के जीवन में बहुत आश्चर्यजनक योगदान दिया और पाठकों को बहुत शानदार परिणाम मिले। लेकिन इसके बावजूद शुरुआत में मेरी पुस्तक के पाठकों की संख्या सीमित थी और इसे केवल मेरे परिचितों या उनके मित्रों ने पढ़ा। फिर मैंने अपना यूट्यूब चैनल शुरू किया और अपने कुछ यूट्यूब वीडियोज़ में इस पुस्तक के बारे में बताया। जब लोगों ने मेरे वीडियो शेयर किए, तो इस पुस्तक के पाठकों की संख्या आसमान छूने लगी। इसलिए यह बात ध्यान रखें कि आप चाहे जितने अच्छे हों, आपको तब तक मनचाही सफलता नहीं मिलेगी, जब तक कि आपका संदेश जनता तक नहीं पहुँचता है... और सोशल मीडिया आपके संदेश को बिजली की गति से जनता तक पहुँचा सकता है।

"जिसे आप सबसे अच्छी तरह जानते हैं, वह सर्वश्रेष्ठ को बाहर कर देगा।"

—दीपक बजाज

7. आपके मित्रों/अनुयायियों से सतत संवाद

आपकी हर पोस्ट लोगों को आपकी और आपके काम की याद दिलाएगी। आप असंख्य नए मित्र बना सकते हैं। बचपन से अब तक आप जिसे भी जानते थे, वह हर व्यक्ति आपकी सोशल मीडिया प्रोफ़ाइल के ज़रिये आपसे जुड़ा रह सकता है और आपके बारे में जानकारी हासिल कर सकता है। सबसे बड़ी चुनौतियों में से एक लोगों के साथ सतत संवाद क़ायम रखना है और सोशल मीडिया एक साथ असीमित लोगों के संपर्क में रहने का बेहतरीन तरीक़ा है। एक तरह से यह मानें कि हर पोस्ट आपकी तरफ़ से प्रॉस्पेक्टिंग कर रही है।

8. शोहरत

सोशल मीडिया ने कई यूट्यूबर्स और इंस्टाग्राम इंफ़्लुएंसर्स को बॉलीवुड तथा हॉलीवुड की हस्तियों की बराबरी में खड़ा कर दिया है। जिन लोगों को कुछ साल पहले तक संसार जानता भी नहीं था, आज उनके करोड़ों फ़ॉलोअर हैं और यह सिर्फ़ उनके सोशल मीडिया अकाउंट्स के कारण संभव हुआ है। वे ब्रांड्स के विज्ञापन दे रहे हैं और भारी कमाई कर रहे हैं। मैं आपसे सोशल मीडिया पर इंफ़्लुएंसर बनने को नहीं कह रहा हूँ, लेकिन जब आप अपने व्यवसाय तथा सोशल मीडिया अकाउंट्स का विकास करते हैं, तो आपकी उपलब्धियाँ ज़्यादा लोगों तक पहुँचेंगी और आपकी लोकप्रियता बढ़ जाएगी। फिर बहुत से लोग आपके फ़ॉलोअर बनना चाहेंगे। जब आप व्यावसायिक सम्मेलनों में जाते हैं, तो सोशल मीडिया पर आपको फ़ॉलो करने वाले लोग आपको खोजते हुए वहाँ आएँगे और आपके साथ सेल्फ़ी लेंगे तथा ऑटोग्राफ़ भी लेंगे। अगर आप सही तरीक़े से करें, तो आपके सोशल मीडिया अकाउंट आपको सितारा बना सकते हैं।

9. आपके व्याख्यान और प्रशिक्षण के प्रभाव को कई गुना बढ़ाता है

सोशल मीडिया आपके नेतृत्व और प्रभाव को कई गुना बढ़ाता है। अगर तरीक़ा सही हो, तो हर पोस्ट और वीडियो से आपकी छवि तथा प्रतिष्ठा बढ़ती है। इससे आपकी विश्वसनीयता बढ़ती है और आपके शब्दों में ज़्यादा वज़न आता है। मैं यह नहीं कह रहा हूँ कि उपलब्धि के बिना सिर्फ़ पोस्ट करने से आप लीडर बन जाएँगे और आपके बहुत से फ़ॉलोअर बन जाएँगे। मैं यह मानकर चल रहा हूँ कि इस दौरान आप व्यवसाय के सभी सिद्धांतों पर अमल करेंगे और एक बड़ा व्यवसाय बनाने के

लिए हरसंभव प्रयत्न करेंगे। लेकिन मैंने देखा है कि कई बार अच्छे काम का भी कोई फ़ायदा इसलिए नहीं होता, क्योंकि यह सही लोगों तक नहीं पहुँचता। सोशल मीडिया आपकी उपलब्धियाँ आपकी टीम तक पहुँचा सकता है और जब वे देखते हैं कि आप विकास कर रहे हैं, तो वे आपका ज़्यादा सम्मान करते हैं और आपकी कार्ययोजनाओं का अनुसरण करने लगते हैं।

डाटारिपोर्टल डॉट कॉम के अनुसार हर सेकेंड में औसतन 16 नए लोग सोशल मीडिया से जुड़ रहे हैं। इस वेबसाइट के अनुसार एक सामान्य सदस्य हर महीने 6 या अधिक अलग-अलग सोशल मीडिया प्लेटफ़ॉर्म्स पर जाता है और हर दिन इन पर लगभग ढाई घंटे ख़र्च करता है।* लोग हर दिन 7-8 घंटे सोते हैं, यह मानते हुए अगर हम इन आँकड़ों का विश्लेषण करें, तो हमें पता चलता है कि लोग अपना औसतन 15 प्रतिशत जाग्रत समय सोशल मीडिया पर बिता रहे हैं।

सोशल मीडिया धीरे-धीरे हमारी संस्कृति का हिस्सा बन चुका है। यह इसका अभिन्न और स्थायी हिस्सा है, जिसकी पैठ समय के साथ ज़्यादा गहरी होती जाएगी। यह ज़्यादा इंटरएक्टिव होगा और प्रौद्योगिकी के क्षेत्र में भी दिन दूनी रात चौगुनी प्रगति करेगा। इसकी मदद से लोग कार्यकुशल संवाद करने और बिक्री परिणाम पाने के ज़्यादा सृजनात्मक तरीक़े खोजेंगे। यह निश्चित रूप से भविष्य में सफलता दिलाने वाला एक मुख्य घटक होगा। मैंने 9 मुख्य क्षेत्र बताए हैं, जहाँ सोशल मीडिया अभी से डायरेक्ट सेलर्स की मदद करने लगा है, लेकिन मुझे यक़ीन है कि भविष्य में जब प्रौद्योगिकी में ज़्यादा तरक़्क़ी हो जाएगी, तो ये लाभ बढ़कर कई गुना हो जाएँगे। सोशल मीडिया एक साधन है और यह पूरी तरह से आपकी सृजनात्मकता पर निर्भर करता है कि आप इसका कहाँ इस्तेमाल करेंगे और कितना लाभ लेंगे।

"सोशल मीडिया के बारे में सबसे बेहतरीन बात यह है
कि इसने बेआवाज़ लोगों को आवाज़ दी है।"

— जॉन रॉनसन

* https://datareportal.com/social-media-users

याद रखें और बताएँ

- सोशल मीडिया आपके लिए इतना कुछ कर सकता है कि उसका कोई ओर-छोर नहीं है; एकमात्र सीमा आपकी कल्पना है।
- डायरेक्ट सेलिंग का संबंध लोगों से है, इसलिए डायरेक्ट सेलर्स को वहाँ जाना चाहिए, जहाँ लोग जा रहे हों। चूँकि लोग अब सोशल मीडिया पर पहुँच चुके हैं, इसलिए समझदारी इसी में है कि डायरेक्ट सेलर्स भी तुरंत वहाँ पहुँच जाएँ।
- सफलता का नया विजेता फ़ॉर्मूला = नेटवर्क मार्केटिंग लाभ और सिद्धांत + सोशल मीडिया + ऑनलाइन टूल्स।
- यदि आपको प्रॉस्पेक्ट्स की अंतहीन पाइपलाइन चाहिए, तो आपको एक ऐसा सिस्टम बनाने पर काम करना होगा, जो आपके सोते वक़्त भी आपकी सूची में नाम जोड़ता रहे।
- आपकी बिक्री का अनुपात आपकी ब्रांड वैल्यू के सीधे अनुपात में बढ़ता है।
- आपके सोशल मीडिया अकाउंट्स बनाने से आप न सिर्फ़ सही लोगों को आकर्षित कर पाएँगे, बल्कि आपकी टीम के साथी भी आपको छोड़कर नहीं जाएँगे।

आपके करने के लिए ज़रूरी काम

- इस अध्याय के 3 सर्वश्रेष्ठ सबक़ अपने सोशल मीडिया अकाउंट्स पर पोस्ट करें।
- अपने काम के उन क्षेत्रों की सूची बनाएँ, जहाँ सोशल मीडिया आपकी मदद कर सकता है।

2

सात ग़लत विश्वास, जो आपको सोशल मीडिया में धूम मचाने से रोक रहे हैं

"अगर आपको विश्वास है कि आप कर सकते हैं, तो आप संभवतः कर सकते हैं। अगर आपको विश्वास है कि आप नहीं कर सकते, तो आप निश्चित रूप से नहीं कर पाएँगे। विश्वास का इग्नीशन स्विच ही आपके विमान को पट्टी से ऊपर उठाता है।"

—डेनिस वेटली

मेरा एक कोर्स डायरेक्ट सेलर्स के बीच बहुत लोकप्रिय है - *सोशल मीडिया ऐंड ऑनलाइन बिज़नेस मास्टरी*। पूरे संसार के हज़ारों डायरेक्ट सेलर्स ने यह कोर्स किया है, जिनसे उनके जीवन का कायाकल्प हो गया है। इस कोर्स के कैनेडा के एक प्रतिभागी ने मुझसे यह सवाल पूछा : जब सोशल मीडिया इतना सर्वसुलभ है और इसके इतने ज़्यादा आश्चर्यजनक लाभ हैं, तो ज़्यादातर लोग अपने व्यवसाय को बनाने और बढ़ाने के लिए इसका इस्तेमाल क्यों नहीं करते?

मैंने जवाब में यह कहा था : हालाँकि कई लोग सही ज्ञान और तकनीकी कौशल के अभाव की वजह से जूझ रहे हैं, लेकिन ज़्यादातर लोग अपने ग़लत विश्वासों या मान्यताओं की वजह से अटके हुए हैं। दस लाख से ज़्यादा लोगों को प्रशिक्षित करने के बाद मुझे यह अहसास हुआ है कि सबसे बड़े युद्ध हमारे दिमाग़ में लड़े जाते हैं। हमारे दिमाग़ में कई विरोधी विचार और भावनाएँ लगातार दौड़ती रहती हैं। यही सतत संघर्ष हमें सोशल मीडिया के अद्भुत साधन का पूरा लाभ नहीं लेने देता।

मैं चाहता हूँ कि सोशल मीडिया आपके लिए ब्रश करने जितना आसान हो जाए और ऐसा तभी होगा, जब हम उन सात ग़लत विश्वासों को बदल लेंगे, जो मैं इस अध्याय में आपको बताने जा रहा हूँ।

ग़लत विश्वास #1

"मैं सोशल मीडिया के बिना भी बड़ा व्यवसाय बना सकता हूँ।"

हाँ। आप निश्चित रूप से ऐसा कर सकते हैं। सोशल मीडिया का इस्तेमाल अनिवार्य नहीं है। यह तो एक औज़ार या टूल है, जो आपके जीवन को ज़्यादा आसान बना सकता है और फ़ोन के ज़रिये जनता तक पहुँचने में आपकी मदद कर सकता है। इससे आप ज़्यादा कार्यकुशल बनते हैं और आपका बहुत सा समय तथा धन बच सकता है। किसी भी अन्य साधन की तरह ही आपके पास हमेशा यह विकल्प रहता है कि इसका इस्तेमाल करें या न करें या कितना करें।

आप यह कहने के लिए स्वतंत्र हैं कि आप सोशल मीडिया के बिना भी सारे काम कर सकते हैं और सफल हो सकते हैं, लेकिन आप क्या जवाब देंगे, जब आपकी टीम के साथी और नए प्रॉस्पेक्ट्स आपसे इस तरह के सवाल पूछेंगे - आपका एक अच्छा सोशल मीडिया अकाउंट क्यों नहीं है? या आप इस प्रश्न का जवाब सोशल मीडिया पर कैसे दे सकते हैं? या सोशल मीडिया पर सूची का विस्तार या प्रॉस्पेक्टिंग कैसे करें? आदि। आपमें से कुछ ने शायद अपने बच्चों या अपनी टीम के युवा साथियों से ऐसे प्रश्न सुने होंगे। आज सोशल मीडिया और ऑनलाइन व्यवसाय बनाने वाले टूल्स वैकल्पिक लग सकते हैं, लेकिन कुछ ही वर्षों में वे हमारे व्यवसाय बनाने वाले मॉडल का अनिवार्य हिस्सा बन जाएँगे और तब इस पर काम शुरू करना आपके लिए और भी ज़्यादा मुश्किल होगा। कोविड-19 हमें पहले ही यह अमूल्य सबक़ सिखा चुका है।

मुझे इस बात का अहसास हुआ कि सोशल मीडिया का इस्तेमाल किए बिना ही बड़ा व्यवसाय बनाने की बात कहने वालों में से कई तो ऐसे हैं, जो सोशल मीडिया पर कई महीने तक रहे हैं, लेकिन उन्हें कभी कोई परिणाम नहीं मिले या जो इसलिए डरते हैं, क्योंकि वे इसे सही तरीक़े से करने का तरीक़ा नहीं जानते। मैं इस बात की बहुत ज़्यादा सिफ़ारिश करता हूँ कि आप इस पुस्तक को पूरा करें और सोशल मीडिया का इस्तेमाल शुरू कर दें। मुझे विश्वास है कि इस बार आपका अनुभव भिन्न होगा। यदि आपको ज़रूरत पड़े, तो सीखने के समय को कम करने के लिए आप कोई ऑनलाइन प्रोग्राम भी कर सकते हैं।

ग़लत विश्वास #2

"सोशल मीडिया का लाभ लेने के लिए मुझे एक बड़े अकाउंट की ज़रूरत है।"

पूरे संसार में अपने ऑनलाइन कोर्सों और लाइव ईवेंट्स के लाखों प्रतिभागियों के साथ काम करने के बाद मैं आपको पूरी निश्चितता से एक बात बता सकता हूँ - *"परिणाम अकाउंट के आकार से नहीं, बल्कि अकाउंट की गुणवत्ता और निरंतरता से मिलते हैं।"*

हर व्यक्ति यह बात जानता है कि सब्सक्राइबर्स और व्यूज़ ख़रीदे जा सकते हैं, लेकिन गुणवत्ता, निरंतरता और जुड़ाव नहीं ख़रीदे जा सकते। आपका सोशल मीडिया अकाउंट आपका एड्रेस है। यह बताता है कि आप क्या करते हैं और कैसे करते हैं। लोग आपके तथा आपके काम की वजह से ही आपको फ़ॉलो करेंगे और आपसे जुड़े रहेंगे। खुद से पूछें - क्या आप किसी को इसलिए फ़ॉलो करते हैं, क्योंकि उनके बहुत सारे फ़ॉलोअर्स हैं या उनके व्यक्तित्व, कृतित्व और सामग्री के कारण करते हैं?

सोशल मीडिया पर फ़ॉलोअर्स की संख्या कितनी है और सोशल मीडिया से आपको कितना व्यवसाय मिलता है, ये दो बातें पूरी तरह अलग-अलग हैं। मैं बड़े सोशल मीडिया अकाउंट वाले सैकड़ों लोगों को जानता हूँ, जिन्हें इससे शून्य या नगण्य व्यवसाय मिलता है। इसके साथ ही मैं अपने कोर्स के हज़ारों विद्यार्थियों को भी जानता हूँ, जो छोटे अकाउंट्स से भारी व्यवसाय करने में कामयाब हो रहे हैं।

अपने कारण यानी क्यों को याद रखें। आप सोशल मीडिया पर क्यों जा रहे हैं? अगर आप सोशल मीडिया इंफ्लुएंसर बनना चाहते हैं, तो फ़ॉलोअर्स की संख्या महत्त्वपूर्ण हो सकती है। लेकिन अगर आपका लक्ष्य एक बड़ा डायरेक्ट सेलिंग व्यवसाय बनाना है, तो बस उन बातों पर अमल करें, जो आप अगले कुछ पन्नों में सीखने जा रहे हैं। इसके बाद आपको अपने व्यवसाय में जो परिणाम मिलेंगे, उनके लिए आप बहुत जल्दी ही मुझे धन्यवाद देंगे।

"सोशल नेटवर्क्स वेबसाइटों के बारे में नहीं हैं। वे अनुभवों के बारे में हैं।"

—माइक डिलॉरेन्जो

ग़लत विश्वास #3

"विज्ञापन देना और डिजिटल मार्केटिंग सफलता के लिए आवश्यक है।"

यह सरासर झूठ है। वास्तव में आप अपने डायरेक्ट सेलिंग व्यवसाय के लिए जो सबसे बुरी चीज़ कर सकते हैं, वह है विज्ञापन देना या जटिल डिजिटल मार्केटिंग सेल्स फ़नेल्स का इस्तेमाल करना। ये ग़लत नहीं हैं, लेकिन आपकी टीम इनका हूबहू अनुसरण नहीं कर सकती। डायरेक्ट सेलिंग के मूल सिद्धांत हैं : यह सरल होना चाहिए, हर व्यक्ति के लिए हर जगह करना आसान होना चाहिए और मार्केटिंग का कोई ख़र्च नहीं होना चाहिए। इसी तरह आप स्वतंत्र लीडर्स की एक टीम बनाते हैं और एक पैसिव इनकम का मॉडल बनाते हैं।

मैंने 28 जून 2007 को डायरेक्ट सेलिंग बिज़नेस शुरू किया था। मेरी शुरुआत धमाकेदार रही। बेचने की अपनी उत्कृष्ट योग्यताओं और समर्पण की वजह से मैं पहले ही महीने से ज़ोरदार कमाई करने लगा। लेकिन चार महीने बाद मेरा व्यवसाय नीचे जाने लगा और शून्य पर पहुँच गया। इसे दोबारा दुरुस्त करने में मुझे 9 महीने लग गए, लेकिन संघर्ष और दैनिक वित्तीय चुनौती के उन महीनों ने मुझे इतना ज़्यादा सिखाया, जितना सफलता के वर्ष नहीं सिखा सकते थे। मैंने एक दमदार सिस्टम और टूल्स का इस्तेमाल करके अपने संगठन को शून्य से दोबारा बनाया और जनवरी 2009 से मुझे अपने व्यवसाय में पैसिव इनकम होने लगी।

मैंने 2009 में अपनी पहली मर्सिडीज़-बेंज़ ख़रीदी। इसके बाद कारों, मकानों, निवेशों, 27 देशों की सैर और बेहद शानदार जीवनशैली का दौर आया। ध्यान रहे, मेरे जीवन में ये सारी चीज़ें मेरी व्यक्तिगत योग्यताओं या प्रतिभा की वजह से नहीं आई थीं, बल्कि दमदार सिस्टम की बदौलत आई थीं। अपने कोर्स के हज़ारों प्रतिभागियों और लाइव ईवेंट प्रशिक्षुओं के साथ मुझे बाद में यह अहसास हुआ कि लाखों-करोड़ों रुपये की पैसिव इनकम हासिल करने के लिए आपको विज्ञापन देने की ज़रूरत नहीं है, न ही आपमें विशेष योग्यता होने की ज़रूरत है। आपको तो बस एक आज़माए हुए और अनुकरणीय यानी डुप्लिकेट हो सकने वाले सिस्टम की ज़रूरत है और मैं लोगों को ऐसा ही सिस्टम बनाने का प्रशिक्षण देता हूँ।

किसी ने मुझसे एक बार पूछा था - "डायरेक्ट सेलिंग बहुत आसान व्यवसाय है, तो फिर आप अपने ऑनलाइन कोर्स - *अल्टिमेट नेटवर्क मार्केटिंग मास्टरी* - में लोगों को 91 दिनों तक क्यों सिखाते हैं?"

मैंने यह जवाब दिया था, "बेचने की बुनियादी योग्यताएँ कुछ घंटों में सिखाई जा सकती हैं, लेकिन अगर आप सचमुच पैसिव इनकम उत्पन्न करने वाला मॉडल

बनाना चाहते हैं, जो आपको पीढ़ी दर पीढ़ी आमदनी, खुशी, सम्मान और प्रभाव देता रहे, तो इसके लिए आपको मानसिकता, योग्यताओं और टूल्स के शक्तिशाली पूर्ण कायाकल्पकारी सिस्टम की ज़रूरत है और मैं 91 दिनों में लोगों में यही ऑपरेटिंग सिस्टम इंस्टॉल करता हूँ। प्रशिक्षण तो कोई भी ले-दे सकता है, लेकिन जो सचमुच मायने रखता है, वे हैं परिणाम और कायाकल्प।"

अगर आप इस पुस्तक में सिखाए गए सिद्धांतों पर चलते हैं, तो आपको विज्ञापन देने में एक रुपया भी ख़र्च करने की ज़रूरत नहीं पड़ेगी।

ग़लत विश्वास #4

"अब मुझे शुरू करने के लिए बहुत देर हो चुकी है।"

यह सिर्फ़ एक बहाना है, जो आप बना रहे हैं - खुद के सामने। सोशल मीडिया क्या है? यह समान मानसिकता वाले लोगों से जुड़ने और जुड़े रहने की जगह है। दूसरों के साथ जुड़ाव शुरू करने के लिए भला देर कैसे हो सकती है? आप सोशल मीडिया पर दरअसल वही करते हैं, जो आप मानव जाति के उदय से अपने आस-पड़ोस में करते आए हैं। दूसरों से जुड़ना एक सहज मानवीय आवश्यकता है। हालाँकि इस पुस्तक के लिखते समय सोशल मीडिया पर 3.7 अरब लोग हैं, लेकिन कोई भी दूसरा ठीक आप जैसा नहीं है। आप अपने ब्रांड की शक्ति हैं। सोशल मीडिया आपके अनूठेपन का जश्न मनाने का मंच है। इन सारे झूठे विश्वासों या मान्यताओं को दूर फेंक दें और बस सोशल मीडिया पर पहुँच जाएँ। बहुत से लोगों को आपकी और आपकी अनूठी प्रतिभाओं की ज़रूरत है। बाहर निकलें और अपनी प्रतिभाओं से संसार को फ़ायदा पहुँचाएँ।

"आपको शुरू करने के लिए महान बनने की ज़रूरत नहीं होती, लेकिन आपको महान बनने के लिए शुरू करने की ज़रूरत होती है।"

—ज़िग ज़िग्लर

ग़लत विश्वास #5

"मैं लोगों के साथ जुड़ने में अच्छा नहीं हूँ।"

कोई भी लोगों के साथ जुड़ने की योग्यता के साथ पैदा नहीं हुआ है। हर विशेषज्ञ शुरुआत में नौसिखिया था। हर योग्यता सीखी जा सकती है, बशर्ते आपमें इसे सीखने की इच्छा और समर्पण हो। आपमें सीखने की इच्छा है, यह बात मैं पक्के तौर पर

जानता हूँ। कैसे जानता हूँ? इसलिए, क्योंकि आप यह पुस्तक पढ़ रहे हैं। यह काम शुरू कर दें और याद रखें कि प्रगति पूर्णता है।

ग़लत विश्वास #6

"मैं अपना व्यक्तिगत जीवन पूरी दुनिया के सामने नहीं रख सकता।"

आपसे यह किसने कहा कि आप अपना व्यक्तिगत जीवन पूरी दुनिया के सामने रखें? ऐसा कोई नियम-क़ानून नहीं है कि यह करना अनिवार्य है। यह आपका सोशल मीडिया अकाउंट है और आप ही निर्णय लेंगे कि आपके अकाउंट में आपको क्या रखना है और क्या नहीं रखना है। अपने खुद के नियम बनाएँ। अपने असली स्वरूप में रहें और वही करें, जो आपको आरामदेह लगे। मैं अपने सोशल मीडिया अकाउंट में सिर्फ़ वही चीज़ें शेयर करता हूँ, जो मैं शेयर करना चाहता हूँ। मैं दिन में बहुत से फ़ोटो देखता हूँ, लेकिन मैं हर फ़ोटो को पोस्ट नहीं करता हूँ। यह पूरी तरह से मेरा चुनाव है और मैं इसके साथ खुश हूँ। आपको जो सही महसूस होता है, उससे शुरू करें और जब आप सोशल मीडिया का इस्तेमाल शुरू कर देंगे, तो आप इस मामले में तरक़्क़ी करते जाएँगे।

ग़लत विश्वास #7

"मैं अच्छा नहीं दिखता/अच्छा नहीं बोलता या मेरे पास दिखाने के लिए ज़्यादा कुछ नहीं है।"

अगर आप लोगों को प्रभावित करने के लिए सोशल मीडिया पर जा रहे हैं, तो आप खेल शुरू करने से पहले ही हार चुके हैं। सोशल मीडिया लोगों को प्रभावित करने की जगह नहीं है। यह तो लोगों के साथ जुड़ने और अपना कुनबा बनाने की जगह है। मुझे दोहराने दें, संसार आपको देखना चाहता है और आपसे जुड़ना चाहता है। अगर आप सोशल मीडिया पर ढोंग करेंगे, तो आप हर समय तनाव में रहेंगे और सोशल मीडिया आपके लिए सज़ा या नीरस काम जैसा होगा। हम सभी आपको वैसे देखना चाहते हैं, जैसे आप हैं। मूल्य बढ़ाने और समुदाय की सेवा करने का आपका इरादा सबसे ज़्यादा महत्त्वपूर्ण होता है।

मैं आपको अपने व्यक्तिगत अनुभव से बता सकता हूँ कि सोशल मीडिया अच्छा फ़ीडबैक पाने के लिए बेहतरीन जगह है। जब आप अपने खुद के वीडियोज़, फ़ोटोज़ या सामग्री देखते हैं, तो आप अपने व्यक्तित्व के क्षेत्रों पर ग़ौर करेंगे, जिनमें

सुधार की ज़रूरत हो सकती है। आपको लोगों से भी सच्चा फ़ीडबैक मिल सकता है, जिससे आप ज़्यादा तीव्र प्रगति कर सकते हैं। सोशल मीडिया आपके लिए कायाकल्प करने वाली यात्रा बन सकती है।

सच कहूँ, तो मैंने भी कुछ ग़लत मान्यताओं या विश्वासों का सामना किया है। मैं नहीं जानता कि आपको क्या रोक रहा है। लेकिन मैं आपको एक चीज़ के बारे में आश्वस्त करना चाहता हूँ : आप ख़ुद को जितना शक्तिशाली मानते हैं, आप उससे ज़्यादा शक्तिशाली हैं और आप पर्याप्त हैं। प्रेरणा का इंतज़ार नहीं करें। आदर्श परिस्थितियों का इंतज़ार नहीं करें। आप जहाँ भी हैं और आपके पास जो भी है, उसी से शुरू कर दें। जब आप आगे पहुँचेंगे, तो आपको उसके आगे की राह दिखने लगी। मैं आपको शुरुआत करने के लिए आमंत्रित करता हूँ, क्योंकि जब आप काम शुरू करेंगे, कुछ जवाब तो उसके बाद ही आपके सामने उजागर होंगे।

"सोशल मीडिया चरम समानता प्रदान करता है।
यह हर शामिल होने वाले व्यक्ति को एक आवाज़ और
एक मंच देता है।"

—एमी जो मार्टिन

याद रखें और बताएँ

- सोशल मीडिया आपके व्यवसाय को कई गुना करने का अद्‌भुत साधन है, लेकिन इसका कैसा इस्तेमाल करना है और कितना करना है, इस बारे में आपका निर्णय अंतिम है। अपने खुद के नियम बनाएँ और इसे शुरू कर दें।
- यदि आपको अतीत में सोशल मीडिया से परिणाम नहीं मिले, तो संभवतः ऐसा इसलिए हुआ है, क्योंकि आपने इसे ग़लत तरीक़े से किया था। अब अगर आप सही सिद्धांतों और तकनीकों का इस्तेमाल करेंगे, तो आपको निश्चित रूप से मनचाहे परिणाम मिलेंगे। इन्हें सीखें।
- सोशल मीडिया अकाउंट से परिणाम पाने के लिए फ़ॉलोअर्स की संख्या महत्त्वपूर्ण नहीं होती; महत्त्वपूर्ण तो जुड़ाव और संलग्नता महत्त्वपूर्ण होती है।
- अगर आप यह नहीं जानते कि सोशल मीडिया का इस्तेमाल कैसे करना है, तो सोशल मीडिया से दूर भागना समाधान नहीं है; समाधान तो यह है कि आप इसका इस्तेमाल करना सीखें।
- लोगों को प्रभावित करने के लिए सोशल मीडिया पर न जाएँ; वहाँ तो लोगों के साथ जुड़ने के लिए जाएँ।

आपके करने के लिए ज़रूरी काम

- अगर आपको सोशल मीडिया से अब तक अच्छे परिणाम नहीं मिले हैं, तो पहचानें कि क्या ग़लत हुआ होगा - ग़लत मान्यता/विश्वास, ग़लत प्रयास, ग़लत तकनीकें या ग़लत सामग्री। एक बार जब आप अपनी पुरानी ग़लती को पहचान लें, तो इसे सही करने पर काम करें।

3

सोशल मीडिया के ये 10 आधारभूत नियम कभी न तोड़ें

"आपको खेल के नियम सीखना होते हैं और फिर आपको किसी दूसरे से बेहतर खेलना होता है।"

-डियान फ़ेनस्टीन

किसी ने सही कहा था कि जो भी चीज़ करने लायक़ है, वह अच्छी तरह करने लायक़ है। इसलिए अगर आपने अपनी व्यक्तिगत ब्रांडिंग और बिज़नेस के विकास के लिए सोशल मीडिया का इस्तेमाल करने का निर्णय लिया है, तो क्यों न यह काम सही तरीक़े से करें। किसी भी अन्य क्षेत्र की तरह ही सोशल मीडिया के भी अपने निश्चित नियम होते हैं और अगर आप इन नियमों को ध्यान में रखकर काम करते हैं, तो आपको सफलता ज़्यादा तेज़ी और आसानी से मिल सकती है। भले ही आप नियम तोड़ना चाहते हों, लेकिन उससे पहले आपको यह तो पता होना चाहिए कि नियम क्या हैं। इसलिए यहाँ सोशल मीडिया के 10 आधारभूत नियम बताए जा रहे हैं।

#1. हर पोस्ट से तुरंत परिणाम पाने की उम्मीद नहीं रखें

अगर कोई अजनबी आपको देखने लगे, तो क्या आप यह उम्मीद करेंगे कि वह आपके साथ बिज़नेस शुरू कर देगा? कभी नहीं! हम समझते हैं कि देखना एक बात है, पसंद करना दूसरी बात है और मिलकर बिज़नेस करना तीसरी बात है। किसी के साथ संबंध बनाने के बाद उसे व्यावसायिक साझेदार बनाने तक की एक प्रक्रिया होती है। यह सोशल मीडिया के बारे में भी सही है। मान लें कि आप कोई पोस्ट करते हैं और लोग उसे देखते हैं। आप यह उम्मीद नहीं कर सकते कि लोग आपकी शुरुआती इक्का-दुक्का पोस्ट देखकर ही आपको पसंद करने लगेंगे और आप पर

विश्वास करने लगेंगे। जिन लोगों ने मेरे साथ व्यवसाय शुरू किया, उनमें से कई ने मुझे बताया है कि मेरे साथ व्यवसाय शुरू करने का निर्णय लेने से पहले उन्होंने लगभग एक साल तक चुपचाप मुझ पर नज़र रखी।

अगर आप हर पोस्ट से तुरंत परिणाम की उम्मीद करते हैं, तो आप सोशल मीडिया के बुनियादी दर्शन को नहीं समझ पाए हैं। सोशल मीडिया लंबे समय का खेल है, क्योंकि हर पोस्ट एक बीज जैसी होती है और आप कभी नहीं जानते कि यह कहाँ पहुँचेगी और आपकी ख़ातिर क्या करेगी?

आप यहाँ अपना ब्रांड बनाने आए हैं। और आपका ब्रांड उस चीज़ से नहीं बनता है, जिसे आप कभी-कभार करते हैं। आपका ब्रांड तो उससे बनता है, जो आप लंबे समय तक निरंतर करते हैं। लोग और सोशल मीडिया के एलगोरिद्म 3 से 6 महीने के निरंतर प्रयासों के बाद आपको गंभीरता से लेते हैं। लेकिन एक बार जब आप अपने सोशल मीडिया अकाउंट को एक निश्चित स्तर पर पहुँचाने में कामयाब हो जाते हैं, तो फिर यह आपके लिए दिन-रात काम करेगा। यह आपके लिए तब भी काम करता रहेगा, जब आप काम नहीं कर रहे होंगे। अच्छी तरह विकसित सोशल मीडिया अकाउंट आपका चौबीसों घंटे का असिस्टेंट बन जाएगा।

1st Instagram post
5th Jan 2018
73 Likes

Another Instagram Post
17th Dec 2019
30814 Likes

#2. लोग ख़रीदने के लिए नहीं, बल्कि मेल-मिलाप के लिए सोशल मीडिया पर आते हैं

क्या आपने ऐसा कभी किया है - आपको टूथपेस्ट ख़रीदने की ज़रूरत हो और आप उसके लिए फ़ेसबुक पर गए हों? या क्या आपने कभी किसी को देखा है, जो कोई

पुस्तक ख़रीदना चाहता हो और इसे ख़रीदने के लिए इंस्टाग्राम पर गया हो। कोई भी ऐसा नहीं करता और आप जानते हैं कि यह मूर्खता है, लेकिन फिर भी आप देखेंगे कि ज़्यादातर डायरेक्ट सेलर्स हर दिन सोशल मीडिया पर कुछ न कुछ बेचने की कोशिश कर रहे हैं, जो बहुत बड़ी ग़लती कही जा सकती है।

लोग अपने प्रॉडक्ट, प्रशस्ति, वीडियो, कंपनी के सम्मेलनों आदि की 10 तसवीरें पोस्ट करते हैं और हर जगह स्पष्टता से लिखते हैं - "इसे ख़रीदो," "उसे ख़रीदो," "मुझसे जुड़ जाओ," "हमारी कंपनी सर्वश्रेष्ठ है," "ज़्यादा फ़ायदों के लिए जल्दी शामिल हो जाएँ," "बाज़ार में सबसे नया अवसर" आदि। क्या आप सोचते हैं कि लोग ऐसे मूर्खों को फ़ॉलो करते हैं और उनसे ख़रीदते हैं? कभी नहीं! अगर आप अपने प्रॉडक्ट्स की तसवीरें डाल रहे हैं और लोगों को खुद से जोड़ने के लिए पोस्ट करते हैं, तो इसे पोस्ट नहीं, विज्ञापन कहते हैं। इस नियम को कभी न भूलें - लोग सोशल मीडिया पर कुछ ख़रीदने नहीं आते हैं; वे तो लोगों से मिलने, उनसे जुड़ने और सामाजिक आदान-प्रदान के लिए सोशल मीडिया पर आते हैं। लोगों का सम्मान करें और आपको इतना ज़्यादा मिलेगा, जिसकी आप कभी कल्पना भी नहीं कर सकते।

"सोशल मीडिया लोगों के बारे में है। यह आपके
बिज़नेस के बारे में नहीं है। लोगों का ध्यान रखें;
बदले में लोग आपका ध्यान रखेंगे।"

—मैट गोलार्ट

#3. हर जगह रहने की कोशिश नहीं करें

कुछ लोगों को ऐसा महसूस होता है कि ज़्यादा से ज़्यादा सोशल मीडिया प्लेटफ़ॉर्म्स पर अकाउंट खोलना ट्रॉफ़ियाँ इकट्ठी करने जैसा है। इस कारण वे हमेशा हर नए लॉन्च होने वाले सोशल मीडिया प्लेटफ़ॉर्म पर अपना अकाउंट खोलने के लिए उतावले रहते हैं। ऐसा लगता है कि इस मामले में वे अपने परिचितों से होड़ कर रहे हैं और यह काम उनसे पहले करना चाहते हैं। हाँ, सोशल मीडिया प्लेटफ़ॉर्म पर अकाउंट खोलना मुफ़्त है, इसलिए अकाउंट खोलने का प्रलोभन स्वाभाविक है। आप इस उम्मीद में सभी प्लेटफ़ॉर्म्स पर अपना सोशल मीडिया अकाउंट खोलना और चलाना चाहते हैं, ताकि लोगों के अलग-अलग समूह आपको उन पर पहचान सकें और आपका बिज़नेस बढ़ सके। देखिए, सच तो यह है कि आपको सोशल मीडिया से जो बिज़नेस मिलता है, उसकी मात्रा आपके अकाउंट्स की संख्या पर

निर्भर नहीं होती; यह तो किसी अकाउंट के फ़ॉलोअर्स के साथ आपके जुड़ाव और संलग्नता या एंगेजमेंट पर निर्भर होती है। संलग्नता हासिल करना एक गंभीर काम है, जिसमें समय, समर्पण और निरंतरता की ज़रूरत होती है। किसी चीज़ को शुरू करना आसान होता है, लेकिन उसे लगातार करना कठिन होता है और एलगोरिद्म निरंतरता के आधार पर काम करते हैं। इसके अलावा, अलग-अलग प्लेटफ़ॉर्म्स के लिए हर दिन अनूठी सामग्री तैयार करने की कोशिश में आप बहुत थक सकते हैं।

वैसे भी इतने ज़्यादा सोशल मीडिया प्लेटफ़ॉर्म्स हैं कि आप और मैं कल्पना भी नहीं कर सकते। और मैं यहाँ उनकी संख्या इसलिए नहीं दे रहा हूँ, क्योंकि जब तक यह पुस्तक आप तक पहुँचेगी, तब तक इनकी संख्या आज से बहुत ज़्यादा हो जाएगी। इसलिए हर जगह मौजूद रहना किसी के लिए भी संभव नहीं है। मैं आपको सलाह देता हूँ कि आप 1-2 प्लेटफ़ॉर्म्स के साथ अपनी नींव डालें, जिनके साथ आप सबसे ज़्यादा आरामदेह हों। फिर अगर आपको ज़रूरत महसूस हो, तो धीरे-धीरे विस्तार करके प्लेटफ़ॉर्म्स की संख्या बढ़ाएँ। धैर्य रखें और निरंतर मूल्य प्रदान करके एक निष्ठावान समूह बनाएँ। इसके अलावा, जब आप कोई अच्छा सोशल मीडिया अकाउंट बना लेते हैं, तो इससे नए लोग आकर्षित होते हैं और आपकी पहली छाप अच्छी छूटती है।

#4. ए + सी + सी = आर

सोशल मीडिया पर काम करते समय इस फ़ॉर्मूले को अपना ध्रुवतारा बना लें।

ए + सी + सी = आर

ध्यान + जुड़ाव + निरंतर = परिणाम

इस पुस्तक में बताई गई हर चीज़ इसी फ़ॉर्मूले की शक्ति को अधिकतम करने के लिए तैयार की गई है। हम इस बारे में आगे ज़्यादा बातें करेंगे, लेकिन हाल-फ़िलहाल कृपया यह समझ लें कि सोशल मीडिया पर आपका मुख्य काम बेहतरीन पोस्ट डालकर अपनी टारगेट ऑडिएंस का ध्यान हासिल करना है और फिर उन्हें ख़ुद से जोड़ना है। आपको लंबे समय तक यह काम निरंतर करना होगा। इसके बाद ही आप परिणामों की उम्मीद कर सकते हैं।

#5. हर किसी को फ़ॉलो न करें और हर दिखने वाली चीज़ पर विश्वास न करें

सोशल मीडिया की व्यापक लोकप्रियता का एक मुख्य कारण यह है कि यह मुफ़्त है और कोई भी इस पर पोस्ट कर सकता है। लेकिन यह सबसे बड़ा लाभ कई बार सबसे बड़ा नुक़सान बन जाता है। इस पर कोई निगरानी नहीं है कि कौन पोस्ट कर रहा है और क्या पोस्ट कर रहा है। यह ज़िम्मेदारी और मूल्यांकन पूरी तरह से आप पर छोड़ दिया गया है।

इसलिए आपको इस बारे में बहुत सावधान रहना चाहिए कि आप किसे फ़ॉलो करते हैं। हर व्यक्ति आजकल कोच या परामर्शदाता बनने का दावा कर रहा है। जाँच करें कि वे आपको जो सिखा रहे हैं, क्या वह काम उन्होंने ख़ुद किया है? आप किसी वास्तविक व्यक्ति को फ़ॉलो कर रहे हैं या फिर किसी नक़ली कोच को कर रहे हैं, जो विज्ञापनों और डिजिटल मार्केटिंग के दम पर स्वयंभू विशेषज्ञ बन गया है? सोशल मीडिया पर मिलने वाली हर जानकारी पर भरोसा न करें। स्रोत की प्रामाणिकता और सच्चाई की जाँच करें। आप अपने मन के भीतर जिसे दाख़िल होने की अनुमति देते हैं, उसका प्रभाव देर-सबेर अवश्य होता है। इसलिए यह सुनिश्चित कर लें कि जो भी चीज़ आपकी मदद नहीं करेगी, उसे आप अपने दिमाग़ के भीतर नहीं आने देंगे। यह आपका दिमाग़ है, कूड़ेदान नहीं है।

याद रखें, हालाँकि सोशल मीडिया मुफ़्त है, लेकिन आपका समय और ऊर्जा बेशक़ीमती हैं।

#6. सोशल मीडिया रणनीति का हिस्सा है, पूरी रणनीति नहीं है

यह कभी न भूलें कि आप सोशल मीडिया का इस्तेमाल अपने बिज़नेस संबंधी उद्देश्यों को हासिल करने के लिए कर रहे हैं; आपका लक्ष्य सोशल मीडिया इंफ़्लुएंसर बनना नहीं है। डायरेक्ट सेलर के लिए सोशल मीडिया पूरी रणनीति नहीं है, बल्कि उसका सिर्फ़ एक हिस्सा है। इसलिए यह तय करें कि आप इसमें हर दिन कितने समय के खंड और मिनट लगाएँगे। फिर इसका पालन करें। यह मुग़ालता न पालें कि सोशल मीडिया पर ज़्यादा समय ख़र्च करने से आपको ज़्यादा व्यवसाय मिलेगा।

#7.सोशल मीडिया कभी आमने-सामने की मीटिंग की जगह नहीं लेगा

एक लाइव ईवेंट में किसी ने मुझसे पूछा - "कौन सा बेहतर है - ऑनलाइन बिज़नेस या ऑफ़लाइन?" अगर आप मेरे किसी ऑनलाइन प्रोग्राम के विद्यार्थी रहे हैं, तो आप मेरी सवाल-का-जवाब-सवाल-से-दो तकनीक से परिचित होंगे। मैंने जवाब दिया, "आपके लिए क्या ज़्यादा महत्त्वपूर्ण है - आँखें या कान?" वह व्यक्ति कुछ समय तक तो हक्का-बक्का रहा, लेकिन जल्दी ही उसे जवाब समझ में आ गया।

आमने-सामने की मीटिंगें, बड़े कार्यक्रम, लाइव ट्रेनिंग, होम मीटिंग, काउंसलिंग आदि हमेशा मौजूद रहेंगे। सोशल मीडिया आपको एक नया लीवरेज देता है। यह आपको बहुत सारे लोगों तक पहुँचने, जुड़ने और जुड़े रहने के नए अवसर देता है। लेकिन ध्यान रहे, सोशल मीडिया ऑफ़लाइन काम का विकल्प नहीं है; यह तो ऑफ़लाइन फ़ील्डवर्क और कार्यक्रमों का पूरक है।

मेरे प्राइवेट मेंटरशिप ग्रुप ट्रेनिंग के दौरान ऑस्ट्रेलिया के एक प्रतिभागी ने पूछा, "कितने प्रतिशत प्रयास ऑनलाइन होने चाहिए?" कृपया मेरे जवाब को समझ लें। जब आप अपने व्यवसाय को ऑनलाइन करना शुरू करेंगे, तो इससे आपको अच्छा अंदाज़ा लग जाएगा। "हम लोगों के व्यवसाय में हैं और इस व्यवसाय में हमारे दो मुख्य लक्ष्य हैं। पहला है, अवसर बताने के लिए सर्वश्रेष्ठ लोगों की तलाश करना। एक बार जब लोग हमारी टीम का हिस्सा बन जाते हैं, तो हमारा दूसरा लक्ष्य होता है संवाद बनाए रखना, संबंधों को पोषण देना और उनके लक्ष्य हासिल करने में उनकी मदद करना। हमें सारे ऑनलाइन व ऑफ़लाइन साधनों का इस्तेमाल करके इन दोनों लक्ष्यों की दिशा में काम करना चाहिए। कोई निश्चित अनुपात नहीं है। चरम उद्‌देश्य अपने लक्ष्यों को प्रभावी ढंग से हासिल करना और न्यूनतम प्रयासों से हमारे प्रभाव को अधिकतम करना है।"

#8.सोशल मीडिया में हर चीज़ पर ग़ौर किया जाता है

कभी न भूलें कि सोशल मीडिया एक सार्वजनिक मंच है। आप अपनी प्रोफ़ाइल को कितना ही निजी और सुरक्षित रख लें, लेकिन आप सोशल मीडिया पर जो भी पोस्ट करते हैं, वह हर चीज़ सार्वजनिक है। आपको बाद में इस पर अफ़सोस हो सकता है, लेकिन आप इसे पूरी तरह हटा नहीं सकते, क्योंकि आपको पता नहीं होता कि इस दौरान कितने लोग आपकी पोस्ट पढ़ चुके हैं, कॉपी-पेस्ट या शेयर कर चुके हैं।

जो कुछ भी आप पोस्ट करते हैं, लिखते हैं या शेयर करते हैं, आपके फ़ॉलोअर और अनजान लोग हर चीज़ पर ग़ौर करते हैं। आपकी किसी पोस्ट का शून्य महत्त्व

नहीं होता - यह या तो आपके ब्रांड को ऊपर उठाती है या फिर नीचे गिराती है। इसलिए बहुत सावधान रहें।

सामान्य नियम के रूप में मेरी सलाह है कि आपको सेक्स, राजनीति और धर्म के बारे में बात करने से यथासंभव बचना चाहिए। अगर आप सोशल मीडिया का अच्छा इस्तेमाल करते हैं, तो आप अपने व्यक्तिगत ब्रांड को प्रभावी बना सकते हैं, लेकिन अगर आप इसका अच्छा इस्तेमाल नहीं करते हैं, तो इससे आपकी छवि ख़राब हो सकती है। देखिए, अगर लोग आपके सोशल मीडिया अकाउंट को देखकर आपसे जुड़ने का निर्णय ले सकते हैं, तो वे आपके सोशल मीडिया अकाउंट को देखकर आपसे दूर रहने का निर्णय भी ले सकते हैं।

"ऐसी कोई भी चीज़ ऑनलाइन न कहें,
जिसे आप विज्ञापनपट पर अपने चित्र के
साथ लिखा न देखना चाहते हों।"

—एरिन बरी

#9. जानें कि किसकी निगरानी करनी है

कभी भी ज़्यादा व्यू या लाइक पाने की दौड़ में हिस्सा नहीं लें। जब आप लगातार अच्छी सामग्री पोस्ट करते हैं, तो लाइक और कमेंट मिलना तय है। लेकिन यह भी हमेशा याद रखें कि आपकी पोस्ट पर जो लाइक और व्यूज़ दिखते हैं, वे आपके और आपकी सामग्री के अलावा कई अन्य घटकों पर भी निर्भर करते हैं, जैसे उस वक़्त क्या लोकप्रिय था, एलगोरिद्म कैसे काम कर रहे थे, दूसरों ने क्या पोस्ट किया था, आपने किस समय पोस्ट किया था - छुट्टी के दिन या कामकाजी दिन, क्या देश में या संसार में कोई बड़ी घटना हुई थी और शायद सौ अन्य कारण होंगे।

इस पुस्तक के लिखे जाने तक मेरे यूट्यूब चैनल पर 370 से ज़्यादा वीडियोज़ हैं। हर वीडियो की सामग्री पर काफ़ी शोध किया गया था और सर्वश्रेष्ठ संभव एडिटिंग की गई थी, लेकिन इसके बावजूद हर वीडियो का प्रदर्शन अलग रहा है। कुछ वीडियोज़ के एक मिलियन से ज़्यादा व्यूज़ हैं और किसी-किसी के सिर्फ़ 50,000 व्यूज़ हैं। कई बार तो मैंने किसी ख़ास वीडियो के लिए अतिरिक्त कड़ी मेहनत की, क्योंकि मुझे यक़ीन था कि इस पर लोग शानदार प्रतिक्रिया करेंगे। मेरी ऑडिएंस ने खुद उस विषय पर वीडियो की माँग की थी और मेरी टीम ने अत्याधुनिक सॉफ़्टवेयरों से उस वीडियो की सर्वश्रेष्ठ एडिटिंग की थी। लेकिन सारे सामान्य पैमानों पर उस वीडियो का प्रदर्शन ख़राब रहा। यूट्यूब पर मेरे शुरुआती दिनों में मैं इस बारे में काफ़ी विचलित हो जाता था।

लेकिन धीरे-धीरे मैंने इसके साथ तालमेल बैठा लिया और गहराई से आत्मसात कर लिया कि मेरा लक्ष्य निरंतर सर्वश्रेष्ठ संभव सामग्री देना है, जो मेरी ऑडिएंस की सहायता और सेवा करे। असली खेल लगातार ख़ुद का विकास करना और अपनी ऑडिएंस की समझ को बढ़ाना है। कभी भी संख्याओं से न भटकें और उत्कृष्ट गुणवत्ता की सामग्री देना न छोड़ें, जो आपकी ऑडिएंस को निरंतर मूल्य प्रदान करे।

#10. यह आपकी कंपनी के बारे में नहीं है; यह आपके बारे में है

यह सबसे आम ग़लती है, जो डायरेक्ट सेलर्स सोशल मीडिया पर करते हैं। यह सबसे बड़ी विभीषिका है, जो नौसिखिये डायरेक्ट सेलर्स कर रहे हैं और इस तरह अपने नाम तथा डायरेक्ट सेलिंग उद्योग की छवि दोनों को ख़राब कर रहे हैं। आपकी कंपनी चाहे जितनी बेहतरीन हो और आप इससे चाहे जितना प्रेम करते हों, अगर आप अपने सोशल मीडिया अकाउंट पर अपनी कंपनी के बारे में हमेशा बात करते रहेंगे, तो इससे आपको कभी कोई फ़ायदा नहीं होगा। आपके फ़ॉलोअर्स आपकी कंपनी की नहीं, आपकी ख़ातिर आपके पेज पर आए हैं। अगर वे आपकी कंपनी या प्रॉडक्ट्स के साथ जुड़ना चाहते, तो वे आपकी कंपनी के पेज पर जाते - आपके पेज पर नहीं आते।

वह बात याद रखें, जो मैंने अपनी पुस्तक *बी अ नेटवर्क मार्केटिंग मिलियनेयर*में बताई थी - लोग कभी किसी कंपनी में शामिल नहीं होते हैं; लोग दूसरे लोगों के साथ जुड़ते हैं। सोशल मीडिया लोगों के बारे में है, इसलिए यह पूरी तरह से आपके बारे में है। हम व्यक्तिगत ब्रांडिंग और पोस्टिंग वाले अध्याय में इस विषय की ज़्यादा गहरी छानबीन करेंगे, लेकिन हाल-फ़िलहाल यह याद रखें कि आपका पेज आप ही का हो।

सोशल मीडिया के इन 10 आधारभूत नियमों के साथ हमेशा यह बुनियादी सिद्धांत भी याद रखें कि कोई चीज़ करने भर से ही आपको कभी परिणाम नहीं मिलेंगे, क्योंकि सही तरीक़े से सही चीज़ें करना ही भारी परिणाम हासिल करने का एकमात्र तरीक़ा है। इसलिए इन 10 आधारभूत नियमों पर अमल करने का संकल्प लें और अपनी सफलता की गति को बढ़ा लें।

"संलग्न हों, ज्ञान बाँटें, प्रोत्साहित करें और ख़ास तौर पर अपने असली स्वरूप में रहें! सोशल मीडिया एक सामुदायिक प्रयास है; हर व्यक्ति एक संपत्ति है।"

—सूज़न कूपर

याद रखें और बताएँ

- सोशल मीडिया लंबे समय का खेल है। निरंतर बने रहें। आपकी निरंतरता को देखने के बाद सोशल मीडिया एलगोरिद्म आपकी पोस्ट की अनुशंसा अनजान लोगों से करने लगते हैं।
- यह बात कभी न भूलें कि लोग ख़रीदने के लिए सोशल मीडिया पर नहीं आते हैं। वे तो लोगों से मिलने-जुलने, आपस में जुड़ने और सामाजिक आदान-प्रदान के लिए सोशल मीडिया पर आते हैं।
- लाइक्स या फ़ॉलोअर्स की चिंता न करें। संलग्नता, बातचीतों और जुड़ाव से अपने लक्ष्य हासिल करें।
- पोस्ट विज्ञापन से अलग होती है। यह जान लें कि आप क्या पोस्ट कर रहे हैं और इसका आपकी छवि पर क्या असर होगा।
- आपको सोशल मीडिया से कितना बिज़नेस मिलेगा, यह इस बात पर निर्भर नहीं होता कि आपके कितने ज़्यादा अकाउंट हैं; यह तो इस बात पर निर्भर होता है कि किसी अकाउंट में आपके फ़ॉलोअर्स के साथ आपका जुड़ाव तथा संलग्नता कितनी है।
- यह आपकी कंपनी के बारे में नहीं है; यह आपके बारे में है।

आपके करने के लिए ज़रूरी काम

- विश्लेषण करें कि वे कौन सी मुख्य ग़लतियाँ हैं, जो आपने अतीत में सोशल मीडिया पर की हैं।
- इस अध्याय के 3 मुख्य सिद्धांत पहचानें, जिन पर आप सोशल मीडिया में काम करते समय अमल करेंगे।
- अगर इस अध्याय से आपने कोई बेहतरीन चीज़ सीखी हो, तो इसे अपने दोस्तों को सोशल मीडिया पर ज़रूर बताएँ।

4

व्यक्तिगत ब्रांड बनाने के लिए 5 क़दमों का मॉडल

"आपका ब्रांड वह है, जो कमरे में आपके नहीं रहते समय दूसरे लोग आपके बारे में कहते हैं।"

—जेफ़ बेज़ोस

मैं 2001-03 में एमबीए कॉलेज में था और तभी से मैं ब्रांडिंग की अवधारणा पर मुग्ध हूँ। मुझमें हमेशा यह जानने की जिज्ञासा रहती थी कि एक ही उद्योग के दो प्रॉडक्ट, जो एक ही देश में बने हैं, जिनकी उत्पादन लागत लगभग समान है, जिनकी उपयोगिता एक सी है और जिनकी विशेषताएँ भी लगभग समान हैं, वे बहुत अलग-अलग भाव पर क्यों बिकते हैं और एक ही बाज़ार में उन्हें अलग-अलग प्रतिक्रिया क्यों मिलती है। एक प्रॉडक्ट केवल आक्रामक प्रचार या विज्ञापन के बाद ही बिकता है, जबकि दूसरे प्रॉडक्ट को दोगुने भाव पर ख़रीदने के लिए लोग लाइन में खड़े होते हैं। दोनों में अंतर किस चीज़ का है? - ब्रांड।

ब्रांड वह सबसे बड़ा लीवरेज है, जो किसी व्यक्ति या व्यवसाय के पास हो सकता है। क्या आपने देखा है कि कुछ लीडर्स के मंच पर आते ही लोग खड़े होकर अंतहीन तालियाँ बजाते हैं, जबकि कई दूसरे लीडर्स भीड़ में खोकर रह जाते हैं। अंतर क्या है? - उनका ब्रांड। वास्तव में इस अध्याय, पुस्तक और मेरी हर ऑनलाइन या लाइव ईवेंट में मेरा मुख्य लक्ष्य आपको ऐसा लीडर बनाने के लिए सशक्त करना होता है, जिसकी न सिर्फ़ नंबर 1 रैंक और वित्तीय स्वतंत्रता हो, बल्कि काफ़ी प्रभाव, करिश्मा, मूल्य और ज़ाहिर है अनूठा ब्रांड भी हो।

ब्रांड आपका प्रतिस्पर्धी लाभ है। कोई भी आपसे कोई भी चीज़ ले जा सकता है, लेकिन वे आप नहीं बन सकते और यही आपकी शक्ति है। यह आपका ब्रांड

है। ब्रांड ऐसी पहचाने वाली चीज़ है, जिसे लोग पसंद करते हैं या उसका सम्मान करते हैं। ब्रांड जीवनमूल्यों का वह समूह है, जिसकी ख़ातिर कोई व्यक्ति या संगठन जाना जाता है। एक बार जब लोग आपके नाम के साथ निश्चित मूल्य या गुण को जोड़कर देखने लगते हैं, तो वह आपका ब्रांड बन जाता है और वह आपके नाम के साथ लंबे समय तक बना रहेगा तथा आपको हर प्रतिस्पर्धी से ज़्यादा लाभप्रद स्थिति में रखेगा।

मर्सिडीज़-बेंज़, एपल, रोलेक्स, बीएमडब्ल्यू, एम.एस. धोनी, नरेंद्र मोदी, रिलायंस, एमेज़ॉन, गूगल, गुक्की ये सभी ब्रांड हैं। जब भी आप इनमें से कोई नाम देखते हैं, तो आप तुरंत ही उन निश्चित विशेषताओं या गुणों के बारे में सोचने लगते हैं, जो आपने इन ब्रांड्स के साथ जोड़ रखे हैं। यह ग़ौर करना और भी रोचक है कि ब्रांडिंग केवल कुछ विशेषताओं या गुणों तक ही सीमित नहीं है। दरअसल लोगों का ब्रांडिंग का मतलब तो ब्रांड के साथ लोगों का गहरा भावनात्मक जुड़ाव है। जब भी आप कोई नाम सुनते हैं, तो हर बार आपको न सिर्फ़ उनकी विशेषताएँ/गुण याद आएँगे, बल्कि आपके मन में कुछ भाव भी तुरंत उभर आएँगे।

ब्रांडिंग हर उद्योग और पेशे में काम करती है। अग्रणी डॉक्टर, वकील, नेता, शिक्षक, सीए, डिजिटल मार्केटर, सोशल मीडिया इंफ़्लुएंसर आदि ने अपने ख़ास गुणों और पेशे की किसी ख़ास शैली से अपनी विशेष पहचान बनाई है। इससे वे अपने पेशे में ख़ास ब्रांड बन गए हैं। जब भी कोई किसी पेशे के सर्वश्रेष्ठ व्यक्ति की तलाश करता है, तो अंदाज़ा लगाएँ कि वे कहाँ जाएँगे? लोग सर्वश्रेष्ठ ब्रांड नेम वाले पेशेवरों के पास भीड़ लगा देंगे। एक और बड़ा लाभ यह है कि जब आपके नाम के साथ कुछ अच्छे जीवनमूल्य और प्रतिष्ठा जुड़ जाते हैं, तो वे काफ़ी लंबे समय तक आपकी पहचान बने रहेंगे (जब तक कि आप अपने ब्रांड को ख़राब करने के लिए कुछ न कर दें)।

"अपने वादों को पूरा करना ब्रांड बनाने
का बेहतरीन तरीक़ा है।"

—सेठ गोडिन

मैंने अपना डायरेक्ट सेलिंग बिज़नेस 28 जून 2007 को शुरू किया था। मैंने इसे अपनी नौकरी के साथ पार्ट-टाइम शुरू किया था। मैं उस वक़्त एक ऑटोमोबाइल एमएनसी में ऊँचे वेतन और भारी तनाव वाली नौकरी करता था, लेकिन मैंने अपने डायरेक्ट सेलिंग बिज़नेस को इतनी तेज़ी और सुनियोजित तरीक़े से बनाया कि तीन महीनों के भीतर ही मेरी पार्ट-टाइम डायरेक्ट सेलिंग आय मेरे वेतन से ज़्यादा हो

गई और मैंने 29 सितंबर 2007 को नौकरी छोड़ दी। अगले ही महीने मैं हमारी कंपनी के सर्वोच्च आय स्तर पर पहुँच गया। यह एक कीर्तिमान था और उस कंपनी के इतिहास में कई वर्षों में यह पहली बार हुआ था। मुझे जनवरी 2009 से पैसिव इनकम मिलने लगी और मैंने 2009 में अपनी पहली मर्सिडीज़-बेंज़ कार ख़रीदी। हाँ, मैंने बड़ी आमदनी, जीवनशैली और प्रशंसा हासिल कर ली थी, लेकिन इससे भी ज़्यादा महत्त्वपूर्ण बात यह थी कि लोग मेरे नाम के साथ गति और शिखर प्रदर्शन को जोड़ने लगे। और इसी के साथ दीपक बजाज का ब्रांड उत्पन्न हुआ।

मैं वहीं नहीं रुका और अपनी डायरेक्ट सेलिंग की गति को एक के बाद दूसरी उपलब्धि के साथ जारी रखता गया। मेरी दोनों पुस्तकें प्रकाशित होने के चंद घंटों के भीतर ही बेस्टसेलर बन गईं। मेरा यूट्यूब चैनल 63 दिनों में ही 1,000 से 1,00,000 तक पहुँच गया। मेरे ऑनलाइन कोर्स और लाइव ईवेंट्स में ओवरबुकिंग की नौबत आ गई तथा वे डायरेक्ट सेलिंग उद्योग के सबसे विश्वसनीय व सर्वाधिक बिकने वाले प्रशिक्षण कार्यक्रम बन गए। हर उपलब्धि के बाद गति और सर्वोच्च प्रदर्शन के मेरे ब्रांड मूल्य पहले से ज़्यादा शक्तिशाली बने। आज जब भी लोग दीपक बजाज के बारे में सोचते हैं, तो वे अपने आप डायरेक्ट सेलिंग, गति, प्रशिक्षण, सिस्टम, सर्वोच्च प्रदर्शन और वास्तविक इंसान के रूप में सोचने लगते हैं, जो वही सिखाता है, जो उसने खुद किया है। लोग जानते हैं कि डायरेक्ट सेलिंग दीपक बजाज के हृदय और आत्मा में है, इसलिए जब भी वे डायरेक्ट सेलिंग के बारे में सोचते हैं, तो उन्हें दीपक बजाज की याद आ जाती है। यह सब ब्रांडिंग है। मैं यह सब अपनी उपलब्धियों का बखान करने के लिए नहीं बता रहा हूँ, बल्कि यह दिखाने के लिए बता रहा हूँ कि सही ब्रांडिंग आपके लिए कितना कुछ कर सकती है।

ब्रांड कैसे बनता है? ब्रांड हमारे मूल्यों, विश्वासों, पोस्ट्स और कार्यों से बनता है, जिन्हें हम काफ़ी समय तक दर्शाते हैं। सरल शब्दों में कहें, तो ब्रांड लोगों, चीज़ों या कंपनियों पर लगने वाला वह लेबल है, जो हम उनके द्वारा लगातार प्रदर्शित प्रधान गुणों या व्यवहार के आधार पर लगाते हैं। ब्रांडिंग हर समय होती है। आपके सभी परिचित आपके नाम के साथ निश्चित गुणों और विशेषताओं को जोड़ते हैं, लेकिन इसका ज़्यादातर हिस्सा अचेतन रूप से किया जाता है। अब हम आपके ब्रांड को चेतन होकर इस तरह बनाना चाहते हैं, जिससे आपको अपने व्यक्तिगत और व्यावसायिक लक्ष्य ज़्यादा तेज़ी से हासिल करने में मदद मिले। मैं इस अध्याय में आपको यही सिखाने जा रहा हूँ। मैं चाहता हूँ, आप अपना इस तरह का ब्रांड बनाने में समर्थ हो जाएँ, ताकि आप समान मानसिकता के लोगों को आकर्षित करें और अपने व्यवसाय को बहुत तेज़ी से बहुत ज़्यादा बढ़ा लें।

लगभग दो दशकों तक ब्रांड्स का अध्ययन करने और उनके साथ काम करने के बाद मैंने किसी भी तरह के ब्रांड को बनाने के लिए आईडीसीएसआर मॉडल तैयार

किया है, जिसमें पाँच क़दम हैं। संसार का हर ब्रांड इन्हीं 5 क़दमों के इस्तेमाल से बना है या बनाया गया है; और आप भी यही कर सकते हैं। आप चाहे जहाँ हों और आप चाहे जो करते हों, आईडीसीएसआर मॉडल को समझना बहुत आसान है और इस पर अमल करना भी आसान है। यह इतना सरल है कि आप इस अध्याय को पूरा करते ही इस पर काम शुरू कर सकते हैं। नीचे दिए चार्ट में आईडीसीएसआर मॉडल को देखें और फिर हम एक-एक करके इन सभी क़दमों पर बात करेंगे।

सोशल मीडिया पर आपका ब्रांड बनाने के लिए
दीपक बजाज का आईडीसीएसआर मॉडल

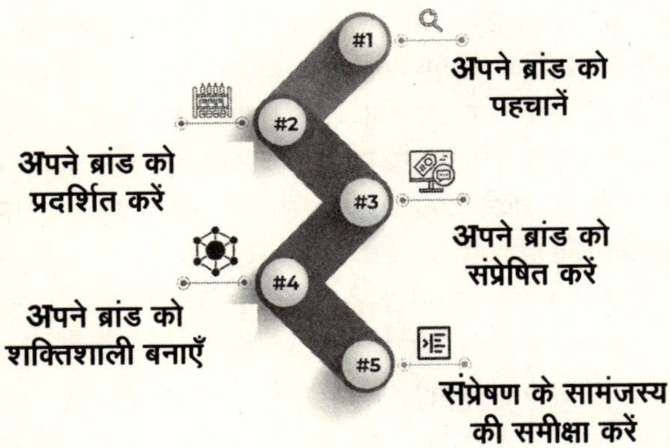

रेखाचित्र 4

क़दम #1. अपने ब्रांड को पहचानें

अपना ब्रांड बनाने की दिशा में पहला क़दम यह है कि आप उन मूल्यों और गुणों को पहचान लें, जिन्हें आप अपने नाम के साथ जोड़ना चाहते हैं। इस बारे में चेतन निर्णय लें कि आप अपने नाम के साथ कौन से मूल्य या गुण जुड़े देखना पसंद करेंगे।

आप यह दो तरीक़ों से कर सकते हैं - आपका जुनून या आपकी विशेषज्ञता। अगर आप इन दोनों को मिला देते हैं, तो समझ लीजिए कि जैकपॉट लग गया। सोचें कि आप किस बारे में जोशीले हैं। वह कौन सा विषय है, जिस पर बात शुरू करते ही आपकी आँखों में चमक आ जाती है, आपका चेहरा दमक उठता है और आप उसके बारे में अंतहीन बातें कर सकते हैं। हो सकता है कि आप उस विषय के विशेषज्ञ न हों, लेकिन आप उससे बेइंतहा प्रेम करते हैं। यह कोई भी चीज़ हो सकती है - पुस्तकें पढ़ना, घुड़सवारी, योग, वज़न कम करना, उद्यमिता, उत्प्रेरण, जीवनशैली,

अमीर बनना, परवरिश, संबंध, अच्छा भोजन, अच्छे कपड़े, फ़िल्में, फ़िटनेस, खेल, स्वास्थ्यवर्धक आदतें, टाइम मैनेजमेंट, सफलता, फ़ैशन, मनोरंजन, सैर-सपाटा, सोशल मीडिया, डिजिटल मार्केटिंग, यूट्यूब, इंस्टाग्राम, आध्यात्मिकता आदि। आप अपनी पसंद का कोई भी विषय चुन सकते हैं, लेकिन अगर आप मोटिवेशन, हेल्थ कोच, उद्यमिता, वेल्थ कोच, वेलनेस कनसल्टेंट आदि जैसे विषय लेते हैं, तो ये बहुत ज़्यादा व्यापक हैं और इनका इस्तेमाल डायरेक्ट सेलिंग उद्योग का हर पाँचवाँ व्यक्ति कर रहा है। इन क्षेत्रों के भीतर कोई छोटी सी जगह खोजें, जहाँ आप काम करना चाहते हों - विद्यार्थियों को अभिप्रेरणा देना, कामकाजी पेशेवरों को अभिप्रेरणा देना या किसी दूसरे विशिष्ट क्षेत्र से संबंधित चीज़। ऐसी छोटी निश्चित जगह खोजने की कोशिश करें, जो अनूठी हो या उस ख़ास क्षेत्र में आपकी शैली अनूठी हो। हम यह चाहते हैं कि लोग आपके नाम के साथ कोई निश्चित चीज़ जोड़ सकें।

मैं आपसे कोई ऐसी चीज़ चुनने को क्यों कह रहा हूँ, जिसके बारे में आप जोशीले हों? क्योंकि आप हर दिन इस विषय पर बहुत बातें करेंगे और कई मौक़ों पर तो आपकी ऑडिएंस की संख्या बहुत कम होगी। आप अंतहीन रूप से किसी चीज़ के बारे में तब तक बात नहीं कर सकते, जब तक कि आप उसके बारे में जोशीले न हों।

"रोचक बनें। सच्चाई बताएँ। अपनी सच्चाई को जिएँ।"

—जोना सैक्स

आपके ब्रांड मूल्यों को पहचानने का दूसरा मार्ग आपकी विशेषज्ञता हो सकती है। आप किस क्षेत्र में अच्छे हैं? आपकी विशेषज्ञता क्या है? यह आपकी डिग्री, पेशेवर योग्यता या कोई अन्य चीज़ हो सकती है, जिस पर काम करके आप विशेषज्ञ बने हैं। अगर आप चाहें, तो अपने जोश और विशेषज्ञता को मिला भी सकते हैं, जो सर्वश्रेष्ठ तालमेल है।

अब इसे लिख लें। सटीक बनें और इसे इतना छोटा कर लें कि यह एक लाइन में आ जाए। यही आपका ब्रांड है। इसे एक बार फिर पढ़ें - यही है, जिसे आप अपनी पहचान बनाना चाहते हैं। यही है, जो लोगों को आपके बारे में सोचते समय सोचना चाहिए। यह आपका केंद्रीय जुड़ाव है। यह वह मूल्य है, जिसका आप प्रतिनिधित्व करते हैं और जिसकी ख़ातिर आप खड़े होते हैं। आप अपने जोश के क्षेत्र में अपने ख़ास तरीक़े को भी पहचान सकते हैं। यानी जोशीले होने के साथ-साथ आपके पास उस काम को करने का अनूठा तरीक़ा भी है, जिससे दूसरों को लाभ होगा। मिसाल के तौर पर, मेरी ब्रांड वैल्यू है मेरी अनूठी प्रशिक्षण पद्धति और

परिणाम केंद्रित साधनों के ज़रिये डायरेक्ट सेलर्स को ज़्यादा तेज़ी से सफल बनाना। मैं जो भी बनाता और करता हूँ - ऑनलाइन प्रोग्राम, लाइव ईवेंट, पुस्तकें या वीडियो - उन्हें अनूठी पूर्ण कायाकल्पकारी पद्धति के साथ बनाता हूँ। प्रायः इनमें ऐसे टूल्स भरे रहते हैं, जिनसे लोगों को ज़्यादा तेज़ी से परिणाम मिलते हैं।

आपका ब्रांड ही वह धुरी है, जिसके चारों ओर आपका जीवन घूमेगा। आपकी सभी सोशल मीडिया पोस्ट्स, कार्य, चर्चा और व्यवहार इसी केंद्रीय विषयवस्तु के चारों ओर घूमेंगे। आगे से आप इसी अकेले केंद्रीय विचार के इर्द-गिर्द जिएँगे, खाएँगे, सोएँगे और साँस लेंगे। इस अवस्था में ऐसे प्रश्नों की चिंता न करें कि आपको इस क्षेत्र में कौन फ़ॉलो करेगा या आपका ब्रांड मूल्य बहुत अस्पष्ट है या इस ब्रांड मूल्य में पहले से ही स्थापित लीडर्स हैं। बस अपने जोश या विशेषज्ञता पर ध्यान केंद्रित करें और अपने ब्रांड वैल्यू के साथ आगे बढ़ना शुरू कर दें।

आपमें से कुछ लोगों के मन में यह जिज्ञासा हो सकती है कि मैंने इस सूची में डायरेक्ट सेलिंग या नेटवर्क मार्केटिंग को शामिल क्यों नहीं किया? देखिए, हम नहीं चाहते कि नेटवर्क मार्केटिंग या डायरेक्ट सेलिंग आपका ब्रांड बने। हम चाहते हैं कि आप डायरेक्ट सेलिंग से भिन्न किसी दूसरी चीज़ के बारे में जोशीले या विशेषज्ञ हों। आप यह सोच रहे होंगे कि अगर डायरेक्ट सेलिंग आपका ब्रांड ही है, तो फिर आप इसमें लोगों को नियुक्त कैसे करेंगे। इस बारे में चिंता न करें। यह पूरी प्रक्रिया नहीं है। यह तो प्रक्रिया का केवल पहला क़दम है। हम सही समय पर नियुक्ति या रिक्रूटमेंट भी करेंगे और अगले कुछ पन्नों में मैं आपको सटीकता से बताऊँगा कि आप इसे सही तरीक़े से कैसे कर सकते हैं।

क़दम #2. अपने ब्रांड को प्रदर्शित करें

जब आप अपने ब्रांड वैल्यू को स्पष्ट कर लें, तो अगला क़दम यह है कि आप इसे अपने सोशल मीडिया पेज पर हर जगह प्रदर्शित करें। अपने सोशल मीडिया पेज पर आप जो भी लिखते या दिखाते हैं, उसे आपके बुनियादी ब्रांड मूल्यों को प्रदर्शित करना चाहिए। हम अगले अध्याय में आपकी प्रोफ़ाइल बनाने की कार्यप्रणाली पर बात करेंगे, लेकिन हाल-फ़िलहाल यह समझ लें कि आपकी प्रोफ़ाइल फ़ोटो, कवर फ़ोटो, बारे में/जीवनी, टैगलाइन आदि सभी आपके ब्रांड के सामंजस्य में होने चाहिए।

आपकी जीवनी/बारे में आपके पेज पर मिलने वाला सबसे बड़ा टेक्स्ट स्पेस होता है। यह आपके ब्रांड का प्रतिबिंब होना चाहिए। आपको यहाँ लोगों को अपने साथ जुड़ने के लिए आमंत्रित नहीं करना चाहिए, लेकिन अपने सभी संपर्क विवरण देना चाहिए। थोड़ी ऊर्जा, आनंद और जोश दिखाएँ, ताकि लोग आपके आस-पास

रहने और जुड़े रहने से प्रेम करें। कृपया यह न भूलें कि आपकी बायो या कोई अन्य चीज़ रिक्रूटमेंट के विज्ञापन जैसी नहीं दिखनी चाहिए।

क़दम #3. अपने ब्रांड को संप्रेषित करें

जब आप अपनी प्रोफ़ाइल बना लें और अपने ब्रांड को प्रदर्शित कर लें, तो अब समय है कि आप बाहर निकलकर संसार को बता दें कि आप किन मूल्यों के पक्षधर हैं। यह संप्रेषण है और आप सोशल मीडिया पर जो भी करें, हर चीज़ से आपका ब्रांड संप्रेषित होना चाहिए - पोस्ट्स, कोट्स, सामग्री, वीडियो और लाइव सेशन। सोशल मीडिया पर हर पोस्ट और वीडियो से आप संसार को एक संदेश देते हैं - आप कौन हैं, आप किन मूल्यों के पक्षधर हैं, आप किन चीज़ों के ख़िलाफ़ खड़े हैं और आप किस तरह लोगों को ज़्यादा मूल्यवान बनाना और उनकी सेवा करना चाहते हैं।

क़दम #4. अपने ब्रांड को शक्तिशाली बनाएँ

अपने ब्रांड वैल्यूज़ के सामंजस्य में 3 से 6 महीने तक पोस्ट करें। धीरे-धीरे लोग आपके ब्रांड वैल्यूज़ को आपके नाम के साथ जोड़ने लगेंगे। इसी तरह आपका ब्रांड बनना शुरू होता है। आपका ब्रांड तब नहीं बनता है, जब आप अपने बुनियादी ब्रांड वैल्यूज़ को तय करते हैं। आपका ब्रांड तो एक-एक दिन, एक-एक पोस्ट करके बनता है, जब आप अपनी ऑडिएंस की सेवा करते हैं और उनके मूल्य में वृद्धि करते हैं। जब आप अपनी ब्रांड वैल्यूज़ को केंद्र में रखकर पोस्ट करते हैं, तो समान रुचियों वाले लोग आपकी सोशल मीडिया प्रोफ़ाइल की ओर आकर्षित होंगे। लोग आपके साथ संवाद करेंगे और आपकी अच्छी सामग्री शेयर करने लगेंगे। इसी तरह आप अपना समुदाय बनाना शुरू करेंगे।

बहुत सारे इंफ़्लुएंसर्स और एजेंसियाँ आपको अपना ब्रांड बनाने की सैकड़ों रणनीतियाँ बता देंगी, लेकिन मैं एक ऐसी अचूक रणनीति में विश्वास करता हूँ, जो कभी नाकाम नहीं होती है - **आपकी ऑडिएंस की उम्मीद से ज़्यादा मूल्य प्रदान करें।** यह निष्ठावान फ़ॉलोइंग हासिल करने का अचूक तरीक़ा है।

"कोई ब्रांड ऑनलाइन जो सबसे महत्त्वपूर्ण चीज़ें कर सकता है, उनमें से एक है सुनना। अगर आपका ब्रांड केवल अपने ही एजेंडे के प्रचार में जुटा रहता है, तो दरअसल यह संवाद नहीं कर रहा है।"

—जेरेमी गोल्डमैन

क़दम #5. संप्रेषण के सामंजस्य की समीक्षा करें

मैंने बहुत से लोगों को देखा है कि वे कुछ समय तक तो ऊपर बताए सभी चारों क़दमों पर चलते हैं, लेकिन इसके बाद अनजाने में उनकी पोस्ट मूल मूल्यों से भटककर दूसरे मूल्यों को संप्रेषित करने लगती हैं। इसलिए मैं इस बात की बहुत सलाह देता हूँ कि महीने में एक बार किसी दूसरे व्यक्ति की तरह अपनी प्रोफ़ाइल की समीक्षा करें और खुद से यह सरल प्रश्न पूछें - *"क्या मेरा पेज और मेरी पोस्ट वही संप्रेषित कर रहे हैं, जिसके लिए मैं खड़ा हूँ और जो मेरा संप्रेषित करने का इरादा है?"* अगर आप यह काम खुद करने में सक्षम न हों, तो किसी कोच या मेंटर की मदद भी ले सकते हैं।

अगर आपका जवाब हाँ है, तो आप जो कर रहे हैं, वही करते रहें। लेकिन अगर आपको महसूस होता है कि कोई असमानता या असामंजस्य है, तो तुरंत आवश्यक सुधार करें। यह भी हो सकता है कि पोस्ट करना शुरू करने के बाद अपने ब्रांड के बारे में आपकी खुद की परिभाषा बदल जाए। यह बहुत आश्चर्यजनक है कि जब हम अपने ब्रांड के बारे में पोस्ट करना शुरू करते हैं, कई बार तो उसके बाद ही हमें अपने सच्चे ब्रांड मूल्यों का अहसास होता है। मैंने अपने कई उच्च प्रदर्शन करने वाले क्लाएंट्स के साथ इस बात पर ग़ौर किया है कि लोग जिन ब्रांड मूल्यों से शुरू करते हैं, वे समय के साथ धीरे-धीरे बदल जाते हैं। इस बारे में चिंता न करें; यह विकास का संकेत है।

अब आप अपना ब्रांड बनाने के पाँचों क़दम जान चुके हैं और मुझे यक़ीन है कि आप अपनी ब्रांड बनाने की यात्रा शुरू करने के बारे में रोमांचित होंगे। लेकिन इससे पहले कि आप यह काम शुरू करें, मैं आपको कुछ और बताना चाहता हूँ - 3 विशेषज्ञतापूर्ण रहस्य, जो ब्रांड्स के प्रबंधन के मेरे दो दशकों के अनुभव का निचोड़ हैं। इनकी मदद से आप उन कुछ सबसे बड़ी ब्रांडिंग गलतियों से बच जाएँगे, जो मैंने लोगों को, ख़ास तौर पर डायरेक्ट सेलर्स को, बार-बार करते देखा है।

"सोशल मीडिया प्रौद्योगिकी के बारे में कम, समाज विज्ञान और मनोविज्ञान के बारे में ज़्यादा है।"

—ब्रायन सोलिस

विशेषज्ञ ब्रांडिंग रहस्य #1. आपका ब्रांड आपके बारे में है

मैं आपको यह बात पहले ही बता चुका हूँ और शायद मैं इसे दोबारा इस पुस्तक में किसी दूसरी जगह भी दोहराऊँगा, क्योंकि यह सचमुच महत्त्वपूर्ण बात है। यह

कभी न भूलें कि आपका ब्रांड आपकी कंपनी या नेटवर्क मार्केटिंग के बारे में नहीं है। आपका ब्रांड आपके बारे में है। आप किसके लिए खड़े हैं, आपके जोश, आपके जीवनमूल्य, आप किसके ख़िलाफ़ हैं, आपको कौन सी चीज़ प्रेरित करती है आदि। लोग उस चीज़ के लिए आपसे जुड़ते हैं, जिसके बारे में आप सचमुच जोशीले होते हैं। एक बार जब वे आपसे जुड़ जाते हैं, तो आप सही अवसर पर उन्हें अपने नेटवर्क मार्केटिंग व्यवसाय के बारे में बता सकते हैं, लेकिन निश्चित रूप से आपको यह काम अपनी पोस्ट में नहीं करना चाहिए। नियम सरल है - पहले लोग आपको पसंद करते हैं और इसके बाद ही वे उसे पसंद करते हैं, जो आप करते हैं।

विशेषज्ञ ब्रांडिंग रहस्य #2. व्यक्तिगत ब्रांडिंग एक निरंतर प्रक्रिया है

हमेशा याद रखें कि आपका सोशल मीडिया ब्रांड बनाने की प्रतिक्रिया डायरेक्ट सेलिंग व्यवसाय बनाने के साथ-साथ यानी समानांतर चलेगी। व्यक्तिगत ब्रांडिंग किसी क्रैश कोर्स जैसी नहीं होती, जिसे आप 2-4 सप्ताह में कर लें और इसके बाद ही असली व्यवसाय बनाना शुरू करें। आपका सोशल मीडिया ब्रांड बनाना असली व्यवसाय बनाने का एक हिस्सा है। यह व्यवसाय का पहला क़दम नहीं है, लेकिन यह एक बड़ा व्यवसाय बनाने की अनिवार्य दैनिक गतिविधियों में से एक है जैसे सूची विस्तार, व्यक्तिगत स्पॉन्सरिंग और बिज़नेस अपॉर्च्युनिटी प्रज़ेंटेशनस।

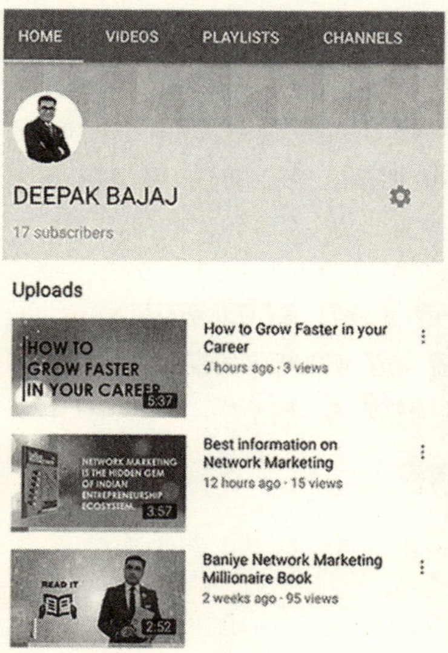

1st Sep 2018

1st Sep 2021

विशेषज्ञ ब्रांडिंग रहस्य #3. इसी समय शुरू कर दें

मैंने बहुत से लोगों को देखा है, जो आईडीसीएसआर मॉडल को समझ तो लेते हैं, लेकिन अपने ब्रांड को पहचानने में ही कई दिन और सप्ताह लगा देते हैं। वे पूर्णतावादी होते हैं, जो पहली बार में ही सही होना चाहते हैं। उनमें से कई "विश्लेषण की पंगुता" नामक रोग के शिकार होते हैं। मैं यह मॉडल आपके सामने स्पष्ट कर चुका हूँ, ताकि आप अपनी ब्रांड बनाने की प्रक्रिया को तेज़ कर सकें और इसमें अटके नहीं रहें। आज ही अपने ब्रांड मूल्य को पहचानें और आपको जो भी ब्रांड मूल्य उपयुक्त लगे, तुरंत अगले क़दमों पर काम शुरू कर दें। इस पर शंका न करें और इसके बारे में कई दिन तक न सोचें। बस उन चीज़ों के बारे में बात करना शुरू कर दें, जिनके बारे में आप जोशीले हैं - वह बताएँ जिसकी आप परवाह करते हैं या जिसके लिए आप खड़े हैं या जिसे आप सबसे अच्छी तरह जानते हैं। ब्रांड बनाना एक यात्रा है और प्रक्रिया के साथ-साथ आप विकास करेंगे तथा आपका सच्चा ब्रांड समय के साथ विकसित होगा। मैं दो दशकों से यह कायाकल्पकारी यात्रा कर रहा हूँ, लेकिन मैं अब भी इस बारे में सचमुच रोमांचित महसूस करता हूँ कि आगे क्या आने वाला है।

इससे पहले कि हम आपकी सोशल मीडिया की महारत के लिए अन्य महत्त्वपूर्ण अध्यायों की ओर बढ़ें, मैं आपको व्यक्तिगत ब्रांडिंग में एक चीज़ के बारे में चेतावनी देना चाहता हूँ। हालाँकि एक अच्छे काम से आप एक क़दम आगे पहुँचेंगे, लेकिन एक ग़लत काम आपको कम से कम 10 क़दम पीछे पहुँचा देगा। आप जो अच्छी चीज़ें करते हैं, उन्हें लोग शायद ही कभी शेयर करेंगे या दूसरों को बताएँगे, लेकिन जब भी आप कोई ग़लत चीज़ करेंगे, तो इसका प्रसारण पूरी गति से होगा। देखिए, ब्रांड बनने के बाद आपका चरित्र, शब्दों का चयन, व्यवहार और ईमानदारी चौबीसों घंटे स्कैनर के तले रहती है। इसलिए कुछ भी बोलने, पोस्ट करने या काम करने से पहले सावधान रहें।

"प्रतिष्ठा बनाने में 20 साल लगते हैं और बरबाद करने में पाँच मिनट। अगर आप इस बात को ध्यान रखेंगे, तो आप चीज़ों को अलग तरीक़े से करेंगे।"

— वॉरेन बफ़े

याद रखें और बताएँ

- आप जो निरंतरता से बोलते हैं, करते हैं या शेयर करते हैं, उसके आधार पर लोग आपके नाम के साथ मूल्य और गुण जोड़ते हैं। यह आपका ब्रांड है।
- ब्रांडिंग एक धीमी प्रक्रिया है, लेकिन जब यह एक बार स्थापित हो जाती है, तो यह आपका सबसे बड़ा लाभ होगी।
- आप निरंतरता से जो पोस्ट करते हैं, उससे आपका ब्रांड संप्रेषित होता है और शक्तिशाली बनता है।
- आपका ब्रांड कभी आपकी कंपनी या नेटवर्क मार्केटिंग के बारे में नहीं होता। यह आपके बारे में होता है।
- सबसे पहले लोग आपको पसंद करते हैं और फिर वे उसे पसंद करते हैं, जो आप करते हैं।
- व्यक्तिगत ब्रांडिंग एक सतत प्रक्रिया है। सोशल मीडिया ब्रांड बनाने की प्रक्रिया आपके नेटवर्क मार्केटिंग व्यवसाय को बनाने के साथ-साथ चलेगी।

आपके करने के लिए ज़रूरी काम

- अपने ब्रांड वैल्यू को पहचानें और लिखें - वह मुख्य गुण, जिसे आप अपनी पहचान बनाना चाहते हैं।
- यह जाँच करें कि आपका पेज वही मूल्य संप्रेषित करे, जिसे आप संप्रेषित करना चाहते हैं?
- अपनी पोस्ट्स और वीडियोज़ को अपने ब्रांड मूल्यों के आधार पर दोबारा डिज़ाइन करें।

5

अपनी प्रोफ़ाइल कैसे बनाएँ

"यह आपके बारे में नहीं है। यह तो आपकी ऑडिएंस के बारे में है।"

—रिया फ्रीमैन

आपकी प्रोफ़ाइल वह पहली चीज़ है, जिस पर लोग आपके पेज पर आते समय ग़ौर करते हैं। यह आपके शोरूम की तरह है या शायद आपके शोरूम के प्रवेशद्वार की तरह है। आपकी प्रोफ़ाइल आपकी पहली छाप है और इसीलिए यह महत्त्वपूर्ण होती है, क्योंकि आपको पहली छाप छोड़ने का दूसरा मौक़ा कभी नहीं मिलता। जब लोग आपके सोशल मीडिया अकाउंट पर आते हैं, तो वे आपकी प्रोफ़ाइल को कुछ सेकेंड देखकर ही आपको फ़ॉलो करने या न करने का निर्णय लेते हैं। इसलिए आपकी प्रोफ़ाइल पेशेवर और आकर्षक होनी चाहिए तथा इस अध्याय में आप यही सीखेंगे।

आइए इसे एक उदाहरण से समझते हैं। आप मीटिंगों में कैसे जाते हैं? अच्छी पोशाक में, तैयार होकर, पूरे साज़ो-सामान लेकर और सर्वश्रेष्ठ व्यक्तिगत हाइजीन के साथ। यही आपकी प्रोफ़ाइल के बारे में सही है। आपको इसे सावधानी से इस तरह बनाना चाहिए, ताकि यह आपके और आपके ब्रांड मूल्यों के बारे में वैसी ही पहली छाप छोड़े, जैसी आप छोड़ना चाहते हैं। आपकी प्रोफ़ाइल को एक नज़र देखने भर से ही लोगों को यह समझ में आ जाना चाहिए कि आप कौन हैं और आप क्या करते हैं। अपनी प्रोफ़ाइल बनाने समय कृपया यह बात याद रखें कि आजकल लोगों का ध्यान बहुत जल्दी और बहुत ज़्यादा भटकता है। सैकड़ों मोबाइल नोटिफ़िकेशन आते रहते हैं और लैपटॉप में लगातार मल्टी-टास्किंग चलती रहती है, इसलिए आपको अपनी प्रोफ़ाइल के हर विवरण की योजना बहुत सोच-समझकर बनानी चाहिए, ताकि यह प्रभावी और आकर्षक दिखे। इससे लोगों को आपके बारे में तुरंत निर्णय लेने

में मदद मिलनी चाहिए। आपका लक्ष्य अपनी प्रोफ़ाइल को इस तरह बनाना है कि लोग इस पर क्लिक करना चाहें, आपके बारे में ज़्यादा जानना चाहें और बाद में आपके मित्र या फ़ॉलोअर बनना चाहें।

जैसा सोशल मीडिया की हर चीज़ के साथ है, प्रोफ़ाइल बनाने के भी असंख्य तरीक़े हैं और उनमें से कोई भी सही या ग़लत नहीं है। मैं चाहूँगा कि आप खुद के अनूठे अंदाज़ में अपनी प्रोफ़ाइल बनाएँ, लेकिन मैं आज आपको प्रोफ़ाइल बनाने के कुछ आसान मार्गदर्शक सिद्धांत बताना चाहता हूँ, जिससे आपको सही लोगों को आकर्षित करने और अपने व्यवसाय को आगे बढ़ाने में मदद मिले। इस पुस्तक से सीखी बातों में जब आप अपनी सृजनात्मकता और खुद की अनूठी शैली जोड़ देंगे, तो मुझे यक़ीन है कि आप डायमंड की तरह जगमगाने लगेंगे।

मुझे उम्मीद है कि आपको बिक्री का केएलटी नियम याद होगा। यह पुस्तक और मेरे सभी ऑनलाइन प्रोग्राम्स आपको इस बुनियादी नियम का पूरा लाभ लेने में सक्षम बनाते हैं - **"लोग उन लोगों से ख़रीदना पसंद करते हैं, जिन्हें वे जानते हैं, पसंद करते हैं और विश्वास करते हैं।"** इसलिए अपनी प्रोफ़ाइल इस तरह बनाएँ कि इससे लोग आपको जान सकें, पसंद कर सकें और आप पर विश्वास कर सकें।

मैं जानता हूँ कि ज़्यादातर डायरेक्ट सेलर्स यह बिज़नेस पार्ट-टाइम करते हैं और उनकी पूर्णकालिक नौकरी या पेशा कुछ और होता है। 2007 में मैंने भी यह बिज़नेस इसी तरह शुरू किया था। इसलिए आपको अपनी प्रोफ़ाइल बनाने का मार्गदर्शन देते समय मेरे दिमाग़ में आपके लिए दो उद्देश्य हैं -

1. आपकी प्रोफ़ाइल को आपकी नौकरी/पेशे को ख़तरे में नहीं डालना चाहिए।
2. आपकी प्रोफ़ाइल को सही लोगों को आकर्षित करने तथा रोककर रखने में मदद करनी चाहिए, ताकि आपका बिज़नेस बढ़ सके।

आप आज जो सीखेंगे, उससे आप प्रोफ़ाइल में इन दोनों उद्देश्यों को एक साथ पूरा कर सकते हैं।

इस बुनियादी स्पष्टता के साथ आइए आपकी प्रोफ़ाइल के अलग-अलग पहलुओं को एक-एक करके समझते हैं -

#1. प्रोफ़ाइल पिक्चर

आपके सोशल मीडिया पेज पर आने वाले लोग सबसे पहले आपकी प्रोफ़ाइल पिक्चर पर ही ग़ौर करते हैं। मेरी सलाह है कि आपको अपनी प्रोफ़ाइल पिक्चर के लिए अपना अकेले का फ़ोटो चुनना चाहिए। प्रोफ़ाइल पिक्चर में आपको अपनी हाल की

यात्रा, हॉबी, शौक, परिवार, मित्र या गेट-टुगेदर नहीं दिखाना चाहिए। यह आप और सिर्फ़ आप होना चाहिए! आप अपने अकाउंट का चेहरा हैं और लोग यही देखना चाहते हैं।

सादे या न्यूनतम बैकग्राउंड वाला फ़ोटो चुनें। अगर आपके पास इस वक़्त ऐसा फ़ोटो नहीं है, तो किसी से खिंचवा लें। स्टूडियो फ़ोटो अनिवार्य नहीं है, लेकिन यह अच्छे रिज़ॉल्यूशन वाला स्पष्ट दिखने वाला क्लोज़ अप होना चाहिए। मेरी सलाह है कि आप यही तसवीर अपने अलग-अलग सोशल मीडिया प्लेटफ़ॉर्म्स पर लगाएँ। फ़ोटो अपलोड करने के बाद कृपया यह जाँच करना न भूलें कि फ़ोटो आपके पेज पर सचमुच कैसा दिख रहा है। मनचाहा फ़िट करने के लिए इसे ज़ूम या क्रॉप करें।

#2. कवर पिक्चर

कवर पिक्चर वह सबसे बड़ा दिखने वाला स्थान है, जिससे आप अपने पेज पर संसार को यह दिखाते हैं कि आप कौन हैं और क्या करते हैं। कुछ लोग इसे बैनर इमेज भी कहते हैं। लगभग सभी बड़े सोशल मीडिया प्लेटफ़ॉर्म्स पर कवर पिक्चर का विकल्प होता है; सिर्फ़ इंस्टाग्राम में नहीं होता, जिसके अनूठे फ़ीचर को हाईलाइट्स कहा जाता है। हालाँकि आपको अपनी प्रोफ़ाइल की तसवीर बार-बार नहीं बदलनी चाहिए, लेकिन आपको अपनी कवर पिक्चर समय-समय पर बदलते रहना चाहिए।

आपकी कवर पिक्चर संसार के सामने आपके ब्रांड की घोषणा करती है और लोगों को तुरंत जानकारी देती है कि आप क्या करते हैं - एक पंक्ति के साथ। हर प्लेटफ़ॉर्म के अलग-अलग स्पेसिफ़िकेशन्स होते हैं, इसलिए अपनी कवर पिक्चर उसी अनुरूप बनाएँ। कवर पिक्चर के माध्यम से बताएँ कि आप क्या करते हैं, आप किस बारे में जोशीले हैं, आप किस क्षेत्र में विशेषज्ञ हैं या एक प्रबल कारण कि लोगों को आपको फ़ॉलो क्यों करना चाहिए। यह दरअसल लोगों को आकर्षित करने, बातचीत शुरू करने और उन्हें अपनी प्रोफ़ाइल से जोड़ने रखने का हुक है। पंक्ति हो या न हो, लैंडस्केप चित्र कवर इमेज के रूप में आदर्श काम करता है। आप अपनी खुद की तसवीर का इस्तेमाल कर सकते हैं या फिर आप अपने ब्रांड वैल्यू को प्रदर्शित करने वाली किसी दूसरी तसवीर या आइकॉन का इस्तेमाल भी कर सकते हैं।

#3. स्क्रीन नेम या यूज़र नेम

हर प्लेटफ़ॉर्म के लिए यह आवश्यक है कि आपका एक यूज़र नेम या स्क्रीन नेम हो, जो आम तौर पर हर सर्च में दिखता है और आपके नाम के साथ आपकी प्रोफ़ाइल पर नज़र आता है। एक अच्छा यूज़रनेम चुनें, जो आपके काम से मेल खाता हो और जिसे याद रखना आपकी ऑडिएंस के लिए आसान हो। सिर्फ़ सृजनात्मकता दिखाने के चक्कर में कोई विचित्र नाम नहीं रखें। ऐसा यूज़र नेम चुनें, जिस पर आप कुछ महीनों या वर्षों बाद अफ़सोस न करें, जब आपका ब्रांड ज़्यादा बड़ा बन जाए।

#4. अबाउट सेक्शन या जीवनी

आपकी बायो या अबाउट सोशल मीडिया प्रोफ़ाइल पर वह जगह है, जहाँ आप अपनी ब्रांड वैल्यू लिखते हैं और यह भी कि आप लोगों के मूल्य को कैसे बढ़ाते हैं। इसमें आम तौर पर दो बुनियादी जानकारियाँ रहती हैं -

1. आप कौन हैं?
2. किसी को आपको फ़ॉलो क्यों करना चाहिए?

पहले प्रश्न के लिए उन्हें एक-दो लाइनों में बता दें - आप क्या करते हैं या आप किसमें विश्वास करते हैं और आप दूसरों के मूल्य में कैसे वृद्धि कर रहे हैं।

दूसरे प्रश्न में आपके शहर, पेशे, डिग्रियाँ, शिक्षा आदि से ज़्यादा लिखने की ज़रूरत होती है। आपको एक प्रबल कारण देना चाहिए कि लोग आपको फ़ॉलो क्यों करें। हम यह तो नहीं चाहते कि पूरा संसार आपको फ़ॉलो करे, लेकिन हम निश्चित रूप से यह चाहते हैं कि आपकी टारगेट ऑडिएंस आपको फ़ॉलो करे और यह खंड आपके काम को इस तरह से पेश करता है कि उन्हें आपको फ़ॉलो करने और आपसे जुड़े रहने का कारण पता चल जाता है।

हम सभी उन लोगों को याद रखते हैं और उनसे जुड़ते हैं, जिन्हें हम पसंद करते हैं या जिनके जीवनमूल्य हमारे मूल्यों के अनुरूप होते हैं या जिनकी समान रुचियाँ/शौक होते हैं या जो भविष्य में हमारी सहायता कर सकते हैं। इसलिए आप जिसमें भी अच्छे हों और आप जिसका भी प्रचार करना चाहते हों, यहाँ उसका संक्षिप्त ज़िक्र करें। लेकिन यह स्वर्णिम नियम न भूलें कि अगर आपका लक्ष्य लोगों को अपने डायरेक्ट सेलिंग व्यवसाय में रिक्रूट करना है, तब भी अपनी जीवनी में डायरेक्ट सेलिंग का ज़िक्र न करें। लगभग हर सोशल मीडिया प्लेटफ़ॉर्म में जीवनी की एक शब्दसीमा होती है, जिसका पालन करें। शब्दसीमा न हो, तब भी आपको एसआईपी फ़ॉर्मूले पर चलना चाहिए - शॉर्ट (संक्षिप्त), इंटरेस्टिंग (रोचक) और प्रिसाइज (सटीक)। अपनी शिक्षा व नौकरियों सहित पूरी फ़ील्ड्स भरें, ख़ास तौर पर लिंक्डइन पर।

बेहतरीन प्रोफ़ाइल के लिए चार विशेषज्ञतापूर्ण टिप्स

1. कभी न भूलें कि आपकी सोशल मीडिया प्रोफ़ाइल लोगों को अपने डायरेक्ट सेलिंग बिज़नेस में रिक्रूट करने के बारे में नहीं है; यह तो संबंध और बातचीत शुरू करने के बारे में है। उचित प्रॉस्पेक्टिंग करने के बाद ही आपको अपने प्रॉडक्ट्स या व्यावसायिक अवसर का प्रस्ताव रखना चाहिए। इस बारे में मैं सोशल मीडिया सेल्स फ़नेल वाले अध्याय में ज़्यादा विस्तार से बताऊँगा।
2. अपने सोशल मीडिया अकाउंट्स में एक-दूसरे के लिंक देकर उनका प्रचार करें।
3. अपनी प्रोफ़ाइल के सभी खंड पूरे भरें। व्यक्तिगत और व्यावसायिक जीवन में परिस्थितियाँ बदलने पर इसे अपडेट करते रहें।
4. इनकॉग्निटो मोड का इस्तेमाल करके समय-समय पर अपनी प्रोफ़ाइल देखें, ताकि आपको यह पता चल सके कि यह आपकी ऑडिएंस को कैसी दिखती है।

इस अध्याय में सीखी बातों के आधार पर आज ही अपनी वर्तमान प्रोफ़ाइल की समीक्षा करें और उसमें आवश्यक परिवर्तन करें। बेहतरीन जुड़ाव की कामना करता हूँ।

"मैं तीन नियमों पर चलता हूँ : सही चीज़ करें, सर्वश्रेष्ठ काम करें, जो आप कर सकते हैं और हमेशा लोगों को दिखाएँ कि आप उनकी परवाह करते हैं।"

—लाउ होल्ट्ज़

याद रखें और बताएँ

- आपकी प्रोफ़ाइल आपकी पहली छाप है और लोग आपकी प्रोफ़ाइल देखकर ही आपके बारे में बहुत से निर्णय ले लेते हैं। आपका लक्ष्य प्रोफ़ाइल को इस तरह बनाना होना चाहिए कि लोग क्लिक करना चाहें, आपके बारे में ज़्यादा जानना चाहें और बाद में आपके मित्र या फ़ॉलोअर बनना चाहें।
- आपको अपनी जीवनी/अबाउट में एक प्रबल कारण देना चाहिए कि लोग आपको फ़ॉलो क्यों करें।
- आपको अपनी जीवनी में कभी अपनी कंपनी का नाम नहीं डालना चाहिए।
- आपकी प्रोफ़ाइल साइन अप करने या लोगों को नियुक्त करने के लिए नहीं है, बल्कि जुड़ाव तथा बातचीत शुरू करने के लिए है।

आपके करने के लिए ज़रूरी काम

- अपने सभी सोशल मीडिया अकाउंट्स पर अपनी प्रोफ़ाइल की समीक्षा करें और इस अध्याय में सीखी बातों के आधार पर उन्हें तुरंत अपडेट करें।

6

किसी पेशेवर की तरह पोस्ट कैसे करें

"आप जो भी पोस्ट करते हैं, आप उसके लिए ज़िम्मेदार हैं और आप जो पोस्ट करते हैं, वह हर चीज़ आपका प्रतिबिंब होगी।"

—जर्मनी केंट

आप हर दिन, दिन में कई बार सोशल मीडिया पर पोस्ट करने जा रहे हैं। यह कई वर्षों तक आपकी मुख्य दैनिक गतिविधियों में से एक होगी, इसीलिए हमने यह पूरा अध्याय पोस्ट करने के प्रति समर्पित किया है। यह अध्याय सोशल मीडिया पर पोस्ट करने की आपकी संपूर्ण मार्गदर्शिका है। मैंने इस अध्याय को दो हिस्सों में बाँटा है - पहले हम पोस्ट करने के 5 मुख्य घटकों पर बातचीत करेंगे और इसके बाद मैं आपको 13 विशेषज्ञतापूर्ण मार्गदर्शक सिद्धांत बताऊँगा, जिनका इस्तेमाल विश्व के सर्वश्रेष्ठ सोशल मीडिया इंफ़्लुएंसर्स और व्यवसाय बनाने वाले व्यक्तिगत रूप से कर रहे हैं। आइए, पोस्ट करने के पाँच मुख्य घटकों को समझकर शुरू करते हैं।

#1. अपनी टारगेट ऑडिएंस को पहचानें

कई लोग सोशल मीडिया के बारे में ऐसा सोचते हैं कि यह एक महासागर है, जिसमें करोड़ों प्रॉस्पेक्ट्स चारों ओर तैर रहे हैं, इसलिए आपको बस वहाँ जाना है, अपना जाल फैलाना है और उन्हें पकड़ लेना है। यह नीति बुरी तरह असफल रहती है, क्योंकि हर व्यक्ति आपके लिए सही नहीं है और आप हर व्यक्ति के लिए सही नहीं हैं। आप अनूठे हैं। आपका व्यक्तित्व और संदेश अनूठा है। दरअसल, सोशल

मीडिया वह जगह है, जहाँ आप अपने अनूठेपन का लाभ लेते हैं और यही चीज़ सोशल मीडिया को विज्ञापन से अलग करती है।

आपका अनूठापन अनावश्यक कोलाहल को तोड़ने की आपकी कुंजी है, ताकि आप उन लोगों को आकर्षित कर सकें, जिनके तार आपके संदेश और अनूठेपन से झनझनाते हैं। हर व्यक्ति को अपने व्यवसाय में शामिल करने की कोशिश असफलता को आमंत्रण देना है। आपको अपनी टारगेट ऑडिएंस को पहचानना चाहिए, क्योंकि इससे आपको यह पहचानने में मदद मिलती है कि आपके लिए सर्वश्रेष्ठ प्रॉस्पेक्ट्स कौन हैं, जिनके साथ आप समय बिताना चाहेंगे और बिज़नेस करना चाहेंगे।

"याद रखने लायक़ सबसे महत्त्वपूर्ण चीज़ यह है कि आपको अपनी ऑडिएंस को जानना चाहिए।"

—लुइस होव्ज़

मैं आपको बिक्री का केएलटी नियम पहले ही बता चुका हूँ - *बाक़ी चीज़ें समान रहने पर लोग उन लोगों के साथ व्यवसाय करना ज़्यादा पसंद करते हैं, जिन्हें वे जानते हैं, पसंद करते हैं और विश्वास करते हैं।* इसलिए उनके आपको पसंद करने या विश्वास करने से पहले आपको स्पष्टता से यह समझ लेना चाहिए कि आप किसका विश्वास हासिल करना चाहते हैं? यह काम ऑडिएंस के विश्लेषण से होता है। जब आप अपनी टारगेट ऑडिएंस को स्पष्टता से पहचान लेते हैं, तो इसके बाद आपको हर पोस्ट पर केएलटी नियम लागू करना चाहिए। इसलिए सोशल मीडिया पर कुछ भी पोस्ट करते समय आपको खुद से ये तीन प्रश्न पूछने चाहिए :

1. क्या इस पोस्ट या वीडियो के बाद लोगों को ऐसा महसूस होगा कि वे मुझे बेहतर जानते हैं?
2. क्या इस पोस्ट या वीडियो से उनके मुझे पसंद करने की संभावना बढ़ेगी?
3. क्या इस पोस्ट या वीडियो की वजह से मुझ पर उनके विश्वास का स्तर बढ़ सकता है?

अगर ऊपर बताए तीन प्रश्नों में से दो के उत्तर "हाँ" में न मिलें, तो वह पोस्ट या वीडियो न डालें।

#2. मनमोहक वर्णन/कैप्शन

वर्णन वह है, जो आप पोस्ट या वीडियो के नीचे लिखते हैं। उस पोस्ट का आपका उद्देश्य क्या है, उसके आधार पर आप अपनी पोस्ट के लिए सर्वश्रेष्ठ वर्णन तय

कर सकते हैं। ख़ुद से पूछें - उस पोस्ट के ज़रिये आप क्या संप्रेषित करना चाहते हैं या उस पोस्ट से आपका सीटीए क्या है (कॉल टु एक्शन)? पोस्ट का वर्णन ऐसा बनाएँ कि आप अपने उद्‌देश्य को हासिल कर लें। अगर आपको सीटीए के बारे में ज़्यादा जानकारी नहीं है, तो यहाँ इसकी सरल परिभाषा दी गई है - सीटीए वह चीज़ है, जो उस वीडियो या पोस्ट को देखने के बाद आप अपनी ऑडिएंस से कराना चाहते हैं। यदि उस पोस्ट को लेकर आपके पास स्पष्ट सीटीए है, तो कृपया अपने वर्णन में उसे शामिल करें, जैसे मुझे फ़ॉलो करें, इस पोस्ट को शेयर करें, यह काम करें, इस नंबर पर फ़ोन करें या नीचे कमेंट करें आदि।

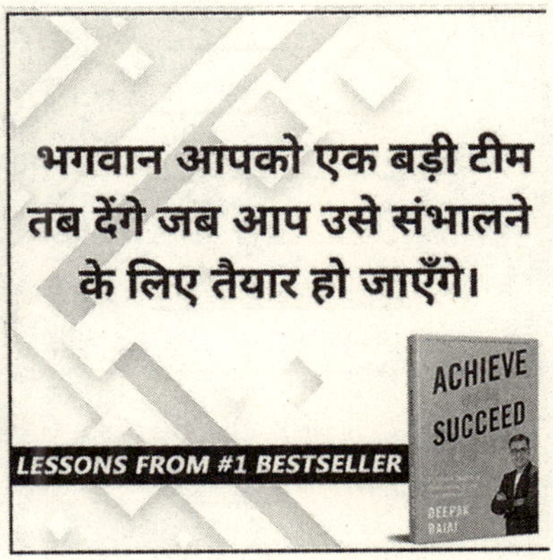

एक आकर्षक हेडलाइन से वर्णन शुरू करें। कई लोग तो हेडलाइन (और शायद 1-2 वाक्य) पढ़कर ही यह निर्णय ले लेते हैं कि पूरा वर्णन पढ़ें या न पढ़ें। इसलिए इसे आकर्षक बनाना न भूलें। वर्णन सटीक और संक्षिप्त रखें। निबंध न लिखें। इसमें केवल आवश्यक चीज़ें ही लिखें। ज़्यादातर प्लेटफ़ॉर्म्स पर वर्णन की शब्दसीमा होती है। इस सीमा के भीतर रहें। कई बार आप अपने ब्रांड व्यक्तित्व या वर्तमान मनोदशा को व्यक्त करने के लिए ध्यान खींचने वाली ईमोजी का इस्तेमाल कर सकते हैं। इस बारे में चतुराई से काम लें, क्योंकि यह आपको ज़्यादा नहीं करना चाहिए।

ऑर्गैनिक रीच को कई गुना बढ़ाने के लिए प्रासंगिक हैशटैग खोजकर उनका इस्तेमाल करें। प्रासंगिक अकाउंट्स का ज़िक्र करने से आपकी पहुँच बढ़ सकती है, लेकिन सिर्फ़ उन्हीं अकाउंट्स का ज़िक्र करें, जो प्रासंगिक हों या जिनका उस पोस्ट से कोई संबंध हो; इसकी अति स्पैमिंग जैसी लगती है। कभी कोई लंबा पैरेग्राफ़ न लिखें। पाठक की सुविधा के लिए इसे हमेशा छोटे-छोटे टुकड़ों में बाँटें।

ग़लत स्पेलिंग और व्याकरण आपके बारे में अच्छी छाप नहीं छोड़ती है। अगर आपको शंका हो, तो वर्णन माइक्रोसॉफ़्ट वर्ड/नोट्स या किसी दूसरे एप में

लिखें, जिसमें स्पेलचेक और ग्रामर ऑटो-करेक्ट की सुविधा हो। उसके बाद सही टेक्स्ट को वर्णन में कॉपी-पेस्ट कर दें। अंग्रेज़ी लिखने या बोलने से आप ज़्यादा लोकप्रिय नहीं होते हैं और आपकी विशेषज्ञता प्रमाणित नहीं होती है। अगर अंग्रेज़ी टूटी-फूटी या ग़लत है, तो इसके बजाय सही हिंदी काफ़ी बेहतर है। उस भाषा का इस्तेमाल करें, जो आपकी टारगेट ऑडिएंस के हिसाब से सबसे ज़्यादा सुविधाजनक है। आपकी टारगेट ऑडिएंस की भाषा ही वह सर्वश्रेष्ठ भाषा है, जिसका आपको इस्तेमाल करना चाहिए।

आपका वर्णन शुरू करने के लिए कुछ अच्छे विकल्प (हेडलाइन्स) :

- ______________ कैसे करें
- ______________ की त्वरित मार्गदर्शिका
- ______________ की संपूर्ण मार्गदर्शिका
- ______________ से पहले आपको ये सवाल पूछने चाहिए
- ______________ के नियम
- ______________ के लिए अनिवार्य क़दम
- ______________ के सबसे लोकप्रिय तरीक़े
- व्यस्त ______________ के लिए टिप्स
- वे बातें, जो ______________ के बारे में आपको कोई नहीं बताता

ये कुछ आदर्श शुरुआती पंक्तियाँ हैं, जिनसे मेरे कोर्सेस के हज़ारों प्रतिभागियों और मुझे उत्कृष्ट परिणाम मिल रहे हैं। आप इनके साथ या अपनी कुछ अन्य पंक्तियों के साथ प्रयोग करके देख सकते हैं कि कौन सी पंक्तियाँ आपकी ऑडिएंस के साथ सबसे अच्छी तरह काम करती हैं।

#3. प्रासंगिक हैशटैग

हैशटैग वे साधन हैं, जो आपकी सामग्री नए लोगों तक पहुँचाते हैं, जो आपको फ़ॉलो नहीं करते हैं। हैशटैग का मतलब सोशल मीडिया पर पहले से हो रही बातचीत में हिस्सा लेना है। हैशटैग हमेशा # से शुरू होते हैं, लेकिन अगर आप स्पेस, पंक्चुएशन या सिम्बल का इस्तेमाल करते हैं, तो वे काम नहीं करेंगे। यह सुनिश्चित करें कि आप जिन हैशटैग्स का इस्तेमाल कर रहे हैं, वे आपकी पोस्ट के लिए प्रासंगिक हों। किसी हैशटैग का बेवजह इस्तेमाल करने से कोई लाभ नहीं होता। इससे आपकी पोस्ट

स्पैम जैसी दिखती है। कुकिंग वीडियो पोस्ट करते समय यात्रा, उद्यमिता, व्यवसाय आदि हैशटैग्स का इस्तेमाल न करें।

यह सुनिश्चित करें कि आपके अकाउंट पब्लिक हों, वरना आपकी हैशटैग वाली सामग्री उन लोगों तक नहीं पहुँच पाएगी, जो आपको फ़ॉलो नहीं कर रहे हैं। हैशटैग में बहुत से शब्द एक साथ न लिखें। सर्वश्रेष्ठ हैशटैग्स तुलनात्मक रूप से छोटे होते हैं और उन्हें याद रखना आसान होता है। हैशटैग्स की संख्या भी सीमित रखें। ज़्यादा का मतलब हमेशा बेहतर नहीं होता। इसके बजाय ज़्यादा हैशटैग्स की वजह से यह स्पैम जैसा नज़र आता है। इस बारे में कोई निश्चित नियम नहीं है कि किसी पोस्ट के लिए कितने हैशटैग अच्छे होते हैं। आप विश्वसनीय इंफ़्लुएंसर्स की पोस्ट्स की ऑनलाइन जाँच कर सकते हैं या अपनी पोस्ट पर अलग-अलग संख्याओं के साथ प्रयोग कर सकते हैं।

मैं आपको अनुभव से बता सकता हूँ कि आपको हैशटैग्स का चुनिंदा संग्रह तैयार करना चाहिए और इसे हमेशा अपने पास रखना चाहिए, ताकि पोस्ट करते समय आप प्रासंगिक हैशटैग्स तुरंत चुन सकें। इससे आपका बहुत सारा समय और ऊर्जा बचेगी। आपको अपने ब्रांड या उद्योग के लिए शीर्षस्थ और ट्रेंडिंग हैशटैग बहुत सी वेबसाइटों पर मिल सकते हैं। नियमित रूप से यह शोध करना फलदायक होता है।

#4. डीआरपीएफ़ – दैनिक अनुशंसित पोस्ट संख्या

सोशल मीडिया प्लेटफ़ॉर्म्स पर हर दिन कितनी पोस्ट्स करनी चाहिए, यह काफ़ी विवादास्पद विषय है और इस पर कुछ कहने के लिए बहुत हिम्मत की ज़रूरत होती है, क्योंकि इस तरह की अनुशंसाएँ चंद्रमा की कला की तरह बदलती रहती हैं। बहुत सारे गुरु, विशेषज्ञ और इंफ़्लुएंसर हर दूसरे दिन इस बारे में नई-नई सलाहें देते हैं, इसलिए आप इंटरनेट पर नवीनतम अनुशंसाओं को सर्च कर सकते हैं। मेरा सुझाव तो यह है कि आपको इस बारे में प्रयोग करके देखना चाहिए। दिन के अलग-अलग समय अलग-अलग संख्या में पोस्ट करें, ताकि आपको पता चल सके कि आपकी ऑडिएंस के साथ सर्वश्रेष्ठ संलग्नता कब मिलती है। फिर इसी अनुरूप काम करें। आप दिन में चाहे जितनी पोस्ट करने का निर्णय लें, मोटा नियम यह सुनिश्चित करना है कि आप दिन में कम से कम एक बार अपने फ़ॉलोअर्स को दिखें या उन तक पहुँचें।

#5. सोशल मीडिया कैलेंडर

रेखाचित्र 5

सोशल मीडिया कैलेंडर अगले एक-दो सप्ताह तक आपकी पोस्ट्स की एडवांस योजना है। आपमें से ज़्यादातर को दिन में बहुत से काम करने होते हैं, इसलिए हर दिन सही समय पर सर्वश्रेष्ठ गुणवत्ता वाली सामग्री पोस्ट करना संभव नहीं होता। यहीं पर सोशल मीडिया कैलेंडर काम आता है। मैंने अपने अनुभव से यह पाया है कि सोशल मीडिया कैलेंडर आपकी पोस्ट की गुणवत्ता और निरंतरता सुनिश्चित करने के सर्वश्रेष्ठ तरीक़ों में से एक है। यह आने वाले त्योहारों या ख़ास दिनों की एडवांस योजना बनाने में भी आपकी मदद करता है। आप अगले पूरे सप्ताह की पोस्ट तैयार करने के लिए हर सप्ताह 2-4 घंटे अलग रख सकते हैं।

गूगल शीट या एमएस एक्सेल पर अपना सोशल मीडिया कैलेंडर तैयार करें। इसमें कुछ मुख्य कॉलम इस तरह हो सकते हैं - प्लेटफ़ार्म, दिनांक, समय, वर्णन, हैशटैग, चित्र, लिंक, स्टेटस - प्रगति में/शेड्यूल्ड/प्रकाशित आदि। बहुत से मोबाइल एप और सॉफ़्टवेयर भी उपलब्ध हैं, लेकिन सच कहूँ तो आपको उनकी ज़रूरत नहीं है, क्योंकि उन्हें सीखना अपने आप में एक चुनौती होगी।

विश्व के सर्वश्रेष्ठ इंफ़्लुएंसर्स की पोस्ट करने की रणनीतियाँ

लंबे समय तक कुछ सर्वश्रेष्ठ सोशल मीडिया इंफ़्लुएंसर्स/अकाउंट्स को ग़ौर से देखने और उनसे बातचीत करने पर मैंने पाया है कि सोशल मीडिया पर पोस्ट करने की कुछ सर्वश्रेष्ठ परंपराएँ होती हैं। मैंने ख़ुद उनका इस्तेमाल किया है और मेरे कोर्स के हज़ारों प्रतिभागी भी ऐसा ही करते हैं। मैं यहाँ आपको यही सर्वश्रेष्ठ परंपराएँ बता रहा हूँ -

#1. पोस्टिंग के तीन नियम

इन तीन सी के नियमों को याद रखेंगे, तो आपकी पोस्ट अधिकतम लोगों तक पहुँचेगी और उसका अधिकतम प्रभाव होगा।

1. **कटिंग थ्रू (भेदन क्षमता)** - आपकी पोस्ट की डिज़ाइन इतनी आकर्षक होनी चाहिए कि यह सोशल मीडिया के कचरे को भेदकर उसके पार निकल जाए और आपकी टारगेट ऑडिएंस के ध्यान को तुरंत जकड़ ले।
2. **कन्सिस्टेन्सी (निरंतरता)** - हर दिन पोस्ट करें।
3. **कॉन्ग्रुएन्सी (प्रासंगिकता)** - आपको हर विषय पर नहीं, बल्कि अपनी बुनियादी ब्रांड वैल्यू से संबंधित सामग्री ही पोस्ट करनी चाहिए। यह सही नहीं होता कि आप आज सुबह प्रेरक वीडियो पोस्ट करें, शाम को कुकिंग रेसिपी पोस्ट करें और अगले दिन संबंधों पर सुझाव पोस्ट करें। हर पोस्ट से आपकी ब्रांड वैल्यू ज़्यादा पुख़्ता होनी चाहिए और आपके बुनियादी क्षेत्र में आपकी विशेषज्ञता तथा पकड़ स्थापित होनी चाहिए। आपको यह कैसे पता चलेगा कि आपका ब्रांड स्थापित हो गया है? यह आपको तब पता चलेगा, जब आपके क्षेत्र से संबंधित किसी जानकारी की ज़रूरत होने पर लोग सबसे पहले आपसे संपर्क करेंगे।

#2. आप उनमें से एक बनकर जीतते हैं

"लोगों को प्रभावित करने के लिए सोशल मीडिया का इस्तेमाल न करें; उन पर गहरा असर डालने के लिए इसका इस्तेमाल करें।"

—डेव विलिस

जब सोशल मीडिया पर लोगों से जुड़ने की बात आती है, तो आपको उनके जैसा दिखना चाहिए। उन्हें ऐसा लगना चाहिए कि वे आप तक पहुँच सकते हैं। अगर आप उन्हें इस विचार का विश्वास दिलाना चाहते हैं कि आप जो करते हैं, वह कोई भी कर सकता है, तो आपको खुद को उनके जैसा ही दिखाने की ज़रूरत है। ज़्यादा समझदारी भरा तरीक़ा यह है कि आप खुद को महामानव के बजाय मानव के रूप में पेश करें। आपका असली लक्ष्य यह है कि लोग यह कहें - *"अगर यह आदमी यह कर सकता है, तो मैं भी यह कर सकता हूँ।"*

अगर आप सोचते हैं कि आपका लक्ष्य लोगों को प्रभावित करना है, तो आप दरअसल शुरू करने से पहले ही असफल हो चुके हैं। इसलिए इसे वास्तविक बनने दें। अपने संघर्षों और चुनौतियों के बारे में बताना भी अच्छा रहता है, लेकिन आत्म-करुणा में ज़्यादा गोते न खाएँ। अपनी चुनौतियों से उबरने की कहानी बताएँ और अनुयायियों को अपनी यात्रा में शामिल होने का अवसर दें।

#3. दूसरों का अनुकरण करें, लेकिन नक़ल न करें

इंफ़्लुएंसर्स तथा लीडर्स से सीखना हमेशा अच्छा होता है, लेकिन कभी किसी की नक़ल न करें। हर व्यक्ति का लक्ष्य अलग होता है, व्यक्तित्व अलग होता है और वे अपने करियर की अलग-अलग अवस्थाओं में होते हैं। यदि आप किसी चीज़ से प्रेम करते हैं और वह आपकी बुनियादी ब्रांड वैल्यू के सामंजस्य में है, तो आप इसे शेयर कर सकते हैं और इसके मूल सृजनकार को श्रेय दे सकते हैं। लेकिन यह न भूलें आपके फ़ॉलोअर्स आपके पेज पर आपकी ख़ातिर आए हैं। इसलिए अपने असली रूप में रहें और अपनी खुद की शैली का अनुकरण करें।

#4. मूल्य संबंधी पोस्ट्स आपकी विश्वसनीयता बढ़ाने का सर्वश्रेष्ठ तरीक़ा हैं

चाहे मैं हूँ या आप, सोशल मीडिया पर हर व्यक्ति किसी भी पोस्ट को पढ़ने या किसी को भी फ़ॉलो करने से पहले यह प्रश्न पूछता है - इसमें मेरे लिए क्या है? इस प्रश्न का जवाब है वैल्यू पोस्ट। लोगों को आपको फ़ॉलो क्यों करना चाहिए? लोगों को आपको फ़ॉलो इसलिए करना चाहिए, क्योंकि आप जो शेयर कर रहे हैं, वह उनके लिए रुचिकर या मूल्यवान है। वैल्यू पोस्ट्स ख़ास तौर पर वे होती हैं, जो आपके फ़ॉलोअर्स की समस्याओं के समाधान बताती हैं या उन्हें प्रेरित करती या शक्ति देती हैं। वैल्यू पोस्ट्स बेहद महत्त्वपूर्ण होती हैं, क्योंकि उनकी वजह से आपकी

टारगेट ऑडिएंस आपको फ़ॉलो करती है और आपसे जुड़ी रहती है। वैल्यू पोस्ट्स से आपको लोग मिलते हैं, जुड़े रहते हैं, संलग्न होते हैं, आपकी अगली पोस्ट का इंतज़ार करते हैं, आपके पेज पर जाते रहने के लिए प्रेरित होते हैं और अंततः एक दिन इनकी वजह से वे रुचि लेंगे और आपका प्रॉडक्ट ख़रीद लेंगे या आपके बिज़नेस के प्रस्ताव को स्वीकार कर लेंगे।

कोई भी पोस्ट वैल्यू पोस्ट तभी कहला सकती है, जब यह इन पाँच कसौटियों पर खरी उतरती हो :

1. अपनी टारगेट ऑडिएंस को मूल्यवान सामग्री प्रदान करना, लेकिन त्वरित लाभ की अपेक्षा न रखना
2. पोस्ट/वर्णन में कोई लिंक न होना
3. आपकी कंपनी/प्रॉडक्ट्स का कोई ज़िक्र न होना
4. आपके पेशे या अवसर का कोई ज़िक्र न होना
5. कोई बिक्री बढ़ाने वाली पंक्तियाँ नहीं, "जैसे कोई प्रतिस्पर्धा नहीं," "अरबों डॉलर का नया अवसर," "बेहद आसान," "अभी या कभी नहीं" का प्रस्ताव आदि।

वैल्यू पोस्ट बनाने में माहिर बन जाएँ; आप जो भी सामग्री पोस्ट करते हैं, उसमें से 70-90 प्रतिशत सामग्री वैल्यू पोस्ट होनी चाहिए।

#5. हर आधा घंटे बाद लाइक या कमेंट की जाँच न करें

पोस्ट करने के बाद अपने नियमित काम में व्यस्त हो जाएँ। जब भी आप फ़ोन उठाएँ, तो हर बार लाइक या कमेंट की जाँच न करें। यह काम निर्धारित समय पर या अगली पोस्ट अपलोड करते समय करें।

#6. पोस्ट से बेहतर संलग्नता वीडियो को मिल रही है

यह पुस्तक लिखे जाते समय वीडियो पोस्ट को पिक्चर पोस्ट से कई गुना ज़्यादा संलग्नता मिल रही है। स्पष्टतः यह प्रवृत्ति निकट भविष्य में भी क़ायम रहेगी। इसलिए आपको सोशल मीडिया अकाउंट्स पर ज़्यादा वीडियो सामग्री पोस्ट करनी चाहिए।

#7. इसे मनोरंजक रखें

विविधता से आपकी सोशल मीडिया प्रोफ़ाइल में आकर्षण बना रहता है। आपकी सामग्री चाहे जितनी अच्छी हो, अगर आप उसे दोहराते रहते हैं, तो एक निश्चित अवधि के बाद वह नीरस लगने लगती है। इसलिए नएपन और विविधता से अपनी ऑडिएंस को संलग्न बनाए रखें तथा आनंदित रखें। उसी सामग्री को बताने के नए सृजनात्मक तरीक़े खोजें।

"ऑडिएंस बनाने का कोई 'सबको-एक-साइज़-में-ढालने-वाला' तरीक़ा नहीं है।"

—जॉन स्टुअर्ट मिल

#8. प्रयोग करते रहें

सोशल मीडिया सचमुच प्रगतिशील है और यहाँ प्रवृत्तियाँ इतनी तेज़ी से बदलती हैं कि आप और मैं कल्पना भी नहीं कर सकते। वास्तव में यह प्रगतिशीलता ही सोशल मीडिया के भव्य उत्थान की एक मुख्य वजह है। सोशल मीडिया से अच्छे परिणाम पाने के लिए मेरा सामान्य नियम है : *मान्यताएँ कम रखें, प्रयोग ज़्यादा करें।* कभी-कभार नई चीज़ें आज़माते रहें और नई चीज़ें आज़माते वक़्त उस नियम पर चलें, जो मेरे कोच मुझे हमेशा बताते हैं : *"जो कारगर है, उसे ज़्यादा करें और जो कारगर नहीं है, उसे कम करें।"*

#9. हमेशा दीर्घकालीन तसवीर देखें

ऐसा कभी नहीं होगा कि आप मूल्य बढ़ाने वाली सामग्री निरंतर डालें और आपको कोई पुरस्कार न मिले। आपको पता नहीं होता कि कौन सी पोस्ट कहाँ पहुँचेगी और कब आपको वह सुनहरा अवसर मिलेगा, जो आप चाहते हैं। इसलिए धैर्य रखें और हमेशा दीर्घकालीन तसवीर देखें।

#10. सोशल मीडिया का 4जी1ए नियम

शीर्ष आय कमाने वाले लोग सोशल मीडिया के 4जी1ए नियम पर चलते हैं - गिव, गिव, गिव, गिव ऐंड आस्क (दें, दें, दें, दें और माँगें)। आपको कम से कम 4 गुना मूल्य देना चाहिए, इसके बाद ही आप अपनी ऑडिएंस से कोई चीज़ माँग सकते हैं। यह नियम सोशल मीडिया के अंतर्निहित दर्शन का सूचक है - आप अपनी ऑडिएंस से जितना मूल्य पाना चाहते हैं, आपको उससे 4 गुना ज़्यादा मूल्य देने की ज़रूरत है। हम अपने संगठन में 10जी1ए नियम पर चलते हैं। जब भी हम कोई ऑनलाइन कोर्स या लाइव ईवेंट करते हैं, तो हमारा दर्शन यह रहता है कि हमें अपने प्रतिभागियों को उनके भुगतान से 10 गुना ज़्यादा मूल्य देना चाहिए।

#11. कभी भी ग़लतियों के डर से पोस्ट करना न छोड़ें

सोशल मीडिया क्लासरूम वाली योग्यता नहीं है। यह तो 'करने' वाली योग्यता है और इसे सीखने का सर्वश्रेष्ठ तरीक़ा यह है कि आप सीखी हुई चीज़ों का अभ्यास करें। इसीलिए मैंने आपको हर अध्याय के अंत में आपके करने के लिए ज़रूरी काम दिए हैं। पूरी दुनिया के लोगों को मेरे हर ऑनलाइन कोर्स से अविश्वसनीय परिणाम क्यों मिल रहे हैं? कारण मेरी अनूठी शिक्षण पद्धति है, जिसमें दैनिक गतिविधियों और कामों पर ध्यान केंद्रित किया गया है। दरअसल किसी भी योग्यता में माहिर बनने का यही तरीक़ा होता है। इसलिए अगर आप सोशल मीडिया में सचमुच माहिर बनना चाहते हैं, तो बस इसे कर दें। ग़लतियाँ करें, उनसे सीखें और बेहतर बनते रहें।

ग़लतियाँ करने के डर की वजह से पोस्ट करने के मामले में पंगु न बनें। इस समय आप कुछ जानते हैं और आपके पास जितने भी संसाधन हैं, उन्हीं से काम शुरू कर दें। जब आप अगले मील के पत्थर तक पहुँचेंगे, तो सृष्टि आपको आगे का रास्ता दिखा देगी।

#12. अनुकूलनशीलता

प्रौद्योगिकी, एलगोरिद्म और लोगों की आदतें बदलती रहती हैं, इसलिए हम उद्यमियों को भी बदलने और अनुकूलन करने की ज़रूरत होती है। किसी समय सोशल मीडिया पर फ़ोटो का बोलबाला था, फिर इनफ़ोग्राफ़िक्स आए, अब ज़्यादा वीडियो आ रहे हैं और कोई नहीं जानता कि अगली बड़ी चीज़ क्या होगी। इसलिए अपने विकल्प खुले रखें और लचीले तथा अनुकूलनशील बनें।

#13. अपने पेज पर अपने बिज़नेस का ज़रूरत से ज़्यादा प्रचार न करें

अपने फ़ॉलोअर्स के प्रति संवेदनहीन न बनें। य
ह बात कभी न भूलें कि कोई यूज़र आपको एक सेकेंड में ब्लॉक कर सकता है। आपके फ़ॉलोअर्स को यह महसूस होना चाहिए कि वे किसी सेल्सपर्सन को नहीं, बल्कि इंसान को फ़ॉलो कर रहे हैं, जिससे वे जुड़ सकते हैं। हाँ, मैं जानता हूँ कि बेचना महत्त्वपूर्ण है और आप व्यावसायिक उद्देश्यों से अपना सोशल मीडिया अकाउंट चला रहे हैं। लेकिन इसके बावजूद यह कभी न भूलें कि आपका सोशल मीडिया पेज कोई चीज़ बेचने की जगह नहीं है। आप कभी-कभार अपने प्रॉडक्ट्स या व्यवसाय के लाभ बता सकते हैं, लेकिन यह काम सेल्सपर्सन की तरह नहीं, बल्कि परामर्शदाता के रूप में करें।

ये विशेषज्ञतापूर्ण रणनीतियाँ अब तक हज़ारों लोगों को अविश्वसनीय परिणाम दे चुकी हैं। आप क्यों नहीं? अभी क्यों नहीं?

अगर आप अतीत में कंपनी या प्रॉडक्ट्स की बहुत सारी पोस्ट्स अपने अकाउंट में डालते रहे हैं या आपने ऐसी पोस्ट्स डाली हैं, जिनके बारे में अब आप सोचते हैं कि वे आपके ब्रांड और प्रतिष्ठा के लिए अच्छी नहीं थीं, तो आप पिछले एक-दो सप्ताह की ऐसी पोस्ट्स को डिलीट कर सकते हैं। या फिर आप दूसरा विकल्प यह चुन सकते हैं कि आप अतीत की पोस्ट्स को भूल जाएँ और आज से सही चीज़ें पोस्ट करना शुरू करें। लोगों की याददाश्त छोटी होती है। वे अतीत को आपसे ज़्यादा जल्दी भूल जाएँगे।

"अपने संपर्क के दौरान याद रखें कि सोशल मीडिया व्यवसायों के नहीं, लोगों के लिए बनाया गया था।"

—जे बेय

याद रखें और बताएँ

- बेचने का केएलटी नियम - बाक़ी चीज़ें समान रहने पर लोग हमेशा ऐसे लोगों के साथ व्यवसाय करना पसंद करते हैं, जिन्हें वे जानते हैं, पसंद करते हैं और विश्वास करते हैं।
- हैशटैग वे साधन हैं, जो आपकी सामग्री ऐसे नए लोगों तक ले जाते हैं, जो आपके फ़ॉलोअर नहीं हैं। अपनी पोस्ट्स में संक्षिप्त और प्रासंगिक हैशटैग्स का इस्तेमाल करें।
- सोशल मीडिया कैलेंडर के साथ अपनी पोस्ट को कम से कम एक सप्ताह पहले तैयार करें और उसे पोस्ट करने का समय तय करें।
- पोस्ट करने के तीन नियम - भेदन क्षमता, निरंतरता और प्रासंगिकता।
- सोशल मीडिया पर आपका लक्ष्य लोगों को प्रभावित करना नहीं है, बल्कि उनमें से एक बनना और उनकी पहुँच में दिखना है।
- अपने प्रॉडक्ट्स, इनकम स्टेटमेंट्स या व्यावसायिक ईवेंट आमंत्रणों को अपनी प्रोफ़ाइल में न डालें।
- सोशल मीडिया का 4जी1ए नियम - दें, दें, दें, दें और फिर माँगें।
- बदलते रहें और प्रौद्योगिकी, एलगोरिद्म तथा लोगों की आदतों में परिवर्तन के अनुरूप अनुकूलन करते रहें।

आपके करने के लिए ज़रूरी काम

- अपना सोशल मीडिया कैलेंडर बनाएँ।
- अपनी पोस्ट्स में इस्तेमाल के लिए हैशटैग्स का अपना संग्रह तैयार करें।
- इस अध्याय के 3 सर्वश्रेष्ठ विचारों की सूची बनाएँ, जिनका इस्तेमाल आप पोस्ट करते समय हमेशा करेंगे।
- इस अध्याय से सीखी गई मुख्य बातें अपनी टीम को बताएँ।

7

अंतहीन सामग्री तैयार करने के लिए 11 पॉइंट का सिस्टम

"सामग्री सम्राट नहीं, साम्राज्य है।"

—ली ऑडेन

पोस्ट करना अच्छी बात है, फ़ोटो शेयर करना मज़ेदार है, वीडियो भी बनाए जा सकते हैं, लेकिन जब सामग्री लिखने की बात आती है, तो कई लोगों की रूह काँप उठती है। यह अध्याय सामग्री तैयार करने और इसके प्रबंधन को इतना सरल बना देता है कि आप साल दर साल, महीने दर महीने, हर दिन प्रभावी तथा आकर्षक अंतहीन सामग्री खुशी-खुशी तैयार करने में सक्षम होंगे।

आप अपने सोशल मीडिया प्लेटफ़ॉर्म पर जो भी चीज़ पोस्ट करते हैं, वह सामग्री है। सारे फ़ोटोज़, इनफ़ोग्राफ़िक्स, वीडियोज़, पॉडकास्ट्स या लेख सामग्री के अलग-अलग रूप हैं। मैं किसी भी सामग्री को तभी अच्छा मानता हूँ, अगर यह इन दो में से कोई एक चीज़ करती है :

1. ऐसे समाधान देती है, जिनसे आपकी ऑडिएंस की कुछ समस्याएँ सुलझती हैं।
2. ऐसी जानकारी देती है, जिससे वे उनके लक्ष्यों तक ज़्यादा तेज़ी से पहुँचने के लिए प्रेरित या सशक्त बनें।

आप अपनी सामग्री में जितने बेहतर समाधान और जानकारी देते हैं, आपकी ऑडिएंस की संलग्नता और निष्ठा भी उतनी ही ज़्यादा होगी। सामग्री की वजह से ही लोग आपके पेज पर आते हैं और सबसे महत्त्वपूर्ण बात, इसी की वजह से वे वहीं रुके रहते हैं। हो सकता है कि आप आकर्षक डिज़ाइन या पेड डिजिटल मार्केटिंग

प्रयासों से लोगों को अपने पेज तक ले आएँ, लेकिन आपके मित्रों और फ़ॉलोअर्स को वहाँ पर रोके रखने के लिए अच्छी गुणवत्ता और मूल्य जोड़ने वाली सामग्री पूरी तरह अनिवार्य है। यह सही सामग्री है, जिसकी वजह से आपको लाइक, कमेंट, शेयर और सेव मिलते हैं। आइए उन 11 मुख्य घटकों को समझते हैं, जिनकी मदद से आप बेहतरीन सामग्री तैयार करने में माहिर बन सकते हैं।

#1. सामग्री की प्रासंगिकता और उपयोगिता

क्या आप जानते हैं कि मेरी सभी पुस्तकें लॉन्च होने के कुछ ही घंटों के भीतर नंबर वन बेस्टसेलर बन गई थीं? मेरे यूट्यूब चैनल को 100 से ज़्यादा देशों में डायरेक्ट सेलर्स फ़्री ट्रेनिंग अकैडमी के बाद सबसे विश्वसनीय और लोकप्रिय क्यों माना जाता है? मेरे ऑनलाइन कोर्स पूरे संसार की हर कंपनी में काम करने वाले डायरेक्ट सेलर्स की नंबर वन चॉइस क्यों हैं? अगर आपका जवाब है सामग्री, तो आप बिलकुल सही हैं। लेकिन हमारी सामग्री को जो चीज़ ख़ास बनाती है, वह है उसकी उपयोगिता और प्रासंगिकता। हम कोई भी चीज़ सिर्फ़ पोस्ट करने के लिए नहीं बनाते हैं। हम साथ में यह भी सुनिश्चित करते हैं कि हमारा लिखा हर शब्द हमारी ऑडिएंस के लिए उपयोगी हो।

अगर आपकी सामग्री से आपकी ऑडिएंस को कोई मदद नहीं मिलती, तो सर्वश्रेष्ठ सामग्री भी पूरी तरह निरर्थक है। सामग्री आपके नहीं, आपकी ऑडिएंस के बारे में है। आपकी सामग्री ऐसी होनी चाहिए कि आपकी टॉरगेट ऑडिएंस को जवाब मिल जाएँ, उन्हें उनकी समस्याओं के समाधान मिल जाएँ और उनके मूल्य में वृद्धि हो जाए।

सटीकता से पता लगाएँ कि आपकी ऑडिएंस किस चीज़ की तलाश कर रही है? उनकी चुनौतियाँ क्या हैं? उनकी आकांक्षाएँ क्या हैं? फिर अपनी सामग्री को इस तरह पेश करें, ताकि आप उनकी सेवा और सहायता कर सकें। उनकी भाषा में बोलें। उनके पक्ष में रहें और अपनी ऑडिएंस के लिए उपयोगी चीज़ तैयार करें। अच्छी सामग्री का केवल एक ही असली इम्तहान है : क्या इससे ऑडिएंस को लाभ होता है?

"जब हम कोई चीज़ तैयार करते हैं, तो हम सोचते हैं
कि क्या हमारे ग्राहक इसके लिए हमें धन्यवाद देंगे?"

—एन हैंडली

#2. सम्मोहक और शेयर करने लायक़ सामग्री

ऑक्सफ़ोर्ड डिक्शनरी के अनुसार - सम्मोहक या कम्पेलिंग चीज़ वह होती है, जो आपको विश्वास करने और क़दम उठाने के लिए विवश या राज़ी करती है। इसलिए सम्मोहक सामग्री तैयार करने का लक्ष्य रखें। अपनी सामग्री को पोस्ट करने से पहले खुद से ये दो प्रश्न पूछें -

1. आपके हिसाब से इस सामग्री को देखने के बाद आपकी ऑडिएंस को क्या सोचना और करना चाहिए?
2. क्या यह सामग्री सचमुच उनसे यह करा लेगी?

अपनी सामग्री तभी पोस्ट करें, जब आप दूसरे प्रश्न का जवाब 'हाँ' में दे सकते हों। आप सही क़िस्म की सामग्री बना रहे हैं या नहीं, इसकी जाँच करने का एक इम्तहान यह है कि आपकी सामग्री को कितनी बार शेयर किया जा रहा है। पोस्ट का शेयर होना संलग्नता का असली इम्तहान है। लाइक ठीक हैं, लेकिन अगर आपकी ऑडिएंस आपकी सामग्री को शेयर कर रही है, तो आपको पता चल जाता है कि आपकी सामग्री से आपकी ऑडिएंस को मदद मिल रही है और यह उन्हें जोड़ रही है।

#3. नवीनतम सामग्री

क्या आप जानते हैं कि इतने सारे कॉलेज के स्नातक और स्नातकोत्तर विद्यार्थी कॉलेज की पढ़ाई पूरी करने के बाद नौकरी पाने में क्यों जूझते हैं? इसका सबसे बड़ा कारण यह है कि उन्होंने कॉलेज में जो योग्यताएँ सीखी थीं, वे उनके कॉलेज से निकलने से पहले ही पुरानी हो गई थीं। आप अतीत के ज्ञान और औज़ारों से आज की समस्याओं को नहीं सुलझा सकते। परिस्थितियाँ इतनी तेज़ी से बदल रही हैं कि आप संभवतः उनकी कल्पना भी नहीं कर सकते। 2021 में लोगों को उन समाधानों की ज़रूरत नहीं है, जो 1990 या 2000 के दशक में कारगर थे। इसलिए आपकी सामग्री नवीनतम और अद्यतन होनी चाहिए। आपको वर्तमान समस्याओं के वर्तमान समाधान उपलब्ध कराना चाहिए।

आज बहुसंख्यक डायरेक्ट सेलर्स क्यों जूझ रहे हैं? उनमें से ज़्यादातर ऐसे टूल्स के साथ काम कर रहे हैं, जो उनकी अपलाइन के अपलाइन के अपलाइन ने 15 साल पहले सीखे थे। वे योग्यताएँ और औज़ार ग़लत नहीं हैं, लेकिन वे आज परिणाम देने में नाकाम रहते हैं, क्योंकि अब लोग बदल गए हैं। लोगों की आदतें, व्यवहार और जीवनशैली पूरी तरह बदल गई हैं और अगर आप आज व्यवसाय को

बनाना चाहते हैं, तो आपको आज की मानसिकता, आज की योग्यता और आज के टूल्स के साथ काम करने की ज़रूरत है। इसलिए अपनी ऑडिएंस को वही सामग्री दें, जिससे उनकी वर्तमान चुनौतियाँ सचमुच सुलझ सकें।

#4. सामग्री तैयार करने के विचार

आप किस तरह की सामग्री तैयार करेंगे, यह आपकी खुद की विशेषज्ञता पर निर्भर करता है और इस पर भी कि आप किस तरह का ब्रांड बनाने की कोशिश कर रहे हैं। फिर भी यहाँ कुछ आम विचार और विषय दिए जा रहे हैं, जिनकी मदद से आप अंतहीन सामग्री तैयार कर सकते हैं।

- ध्यान खींचने वाले और प्रेरक उद्धरण
- टिप्स और नुस्खे
- कैसे-करें सामग्री
- व्यक्तिगत सामग्री - बीटीएस, फ़ेवरिट्स पर स्नीक पीक, पहले और बाद में, उद्गम की कहानी, आपके द्वारा पढ़ी जा रही पुस्तक की तसवीर, बकेट लिस्ट
- उद्योग संबंधी तथ्य, आँकड़े, लेख
- फ़्लैट ले पिक्चर्स
- कार्यक्रम/उत्सव
- विविध प्रकार के प्रश्न पूछें, जैसे "सत्य या मिथ्या," "क्या आप यह करेंगे...," राय या रिक्त स्थानों की पूर्ति, भविष्यवाणी करने के लिए कहना या वे साधारण प्रश्न पूछना जो कि लोग आपसे पूछते हैं
- गवाहियाँ या समीक्षाएँ
- वर्तमान घटनाएँ या क्या ट्रेंडिंग है

अपनी सामग्री का प्रकार बदलकर अपनी ऑडिएंस को विविधता और आश्चर्य का पुट देते रहें।

#5. सामग्री बैंक

सामग्री बैंक बनाना मेरी सबसे प्रिय रणनीतियों में से एक है, जिसकी बदौलत मैं अपने फ़ॉलोअर्स को नियमित रूप से सर्वश्रेष्ठ गुणवत्ता की सामग्री दे पाता हूँ। सामग्री बैंक का मतलब है सामग्री का ऐसा संग्रह, जिसे आप भविष्य में पोस्ट करने के इरादे से तैयार करते हैं। यह पोस्ट-के-लिए-तैयार सामग्री का संग्रह है, जिसे आप आने वाले दिनों या सप्ताहों में एक या कई प्लेटफ़ॉर्म्स पर पोस्ट करेंगे।

सामग्री बैंक न सिर्फ़ अच्छी गुणवत्ता की सामग्री उत्पन्न करने में आपकी मदद करता है, बल्कि यह पोस्ट करने की निरंतरता को क़ायम रखने में भी आपकी मदद करता है। यह विचारमंथन और सृजनात्मक सामग्री तैयार करने के आख़िरी मिनट के तनाव को ख़त्म करता है। अपने मोबाइल या लैपटॉप में सरल सामग्री प्रबंधन सिस्टम बनाएँ और इस तरह के फ़ोल्डर बना लें - 'प्रयुक्त,' 'अगले सप्ताह,' 'बैंक' आदि।

#6. अपने ख़ुद के फ़ोटोज़ का संग्रह

आपको अलग-अलग सोशल मीडिया अकाउंट्स पर पोस्ट करने के लिए एक और चीज़ की ज़रूरत होगी - आपके ख़ुद के फ़ोटोज़। इसलिए अपना फ़ोटो फ़ोल्डर हमेशा अपने पास रखें और उसमें अपने सबसे अच्छे फ़ोटो सेव करते रहें। जहाँ भी जाएँ, अपनी अच्छी तसवीरें लेने की आदत डालें। आप स्टूडियो में शानदार फ़ोटो खिंचवा सकते हैं या फिर अपने मित्रों से अपनी अच्छी फ़ोटो लेने को कह सकते हैं।

अलग-अलग पृष्ठभूमियों वाले 2-3 फ़ोटो रखें। कुछ औपचारिक और कैज़ुअल फ़ोटो रखें, जिनका आप नियमित रूप से इस्तेमाल कर सकें। कुछ फ़ोटोज़ की पृष्ठभूमि हटा लें, ताकि उन्हें अलग-अलग पृष्ठभूमियों में फ़िट किया जा सके।

#7. सामग्री के स्रोत

चूँकि आप अपने ख़ुद के ब्रांड वैल्यूज़ से संबंधित सामग्री तैयार कर रहे हैं, इसलिए आप अपने विद्यमान ज्ञान और अनुभव से काफ़ी सामग्री तैयार कर सकते हैं। लेकिन इसके अलावा आपको नीचे दिए स्रोतों से भी उत्कृष्ट सामग्री मिल सकती है -

- गूगल
- यूट्यूब
- पुस्तकें
- पत्रिकाएँ
- अपने ख़ुद के नोट्स
- प्रशिक्षण कार्यक्रम
- आयोजन
- शीर्षस्थ सोशल मीडिया इंफ़्लुएंसर्स
- आपके क्षेत्र में उद्योग के लीडर्स

जब भी किसी दूसरे की सामग्री का इस्तेमाल करें, तो उसे पर्याप्त श्रेय अवश्य दें। किसी दूसरे की सामग्री अपने नाम से पोस्ट न करें। जब आप दूसरों को श्रेय देते हैं, तो इससे यह संदेश जाता है कि आपका चरित्र और नज़रिया श्रेष्ठ है। ट्रेंडिंग या लोकप्रिय विषयों का पता लगाने के लिए आप कीवर्ड और टॉपिक रिसर्च भी कर सकते हैं। इससे आपकी सामग्री नवीनतम और प्रासंगिक बनती है।

"सामग्री डिज़ाइन से पहले आती है। सामग्री के अभाव में डिज़ाइन दरअसल डिज़ाइन नहीं है; यह तो सजावट है।"

—जेफ़्री ज़ाइडमैन

#8. सहायक सामग्री

हालाँकि आप अपनी खुद की मौलिक सामग्री तैयार कर सकते हैं, लेकिन आप अपने प्लेटफ़ॉर्म्स पर दूसरों की सामग्री भी शेयर कर सकते हैं। इस तरह की सामग्री को क्यूरेटेड अथवा सहायक सामग्री कहा जाता है। आप दूसरों को पर्याप्त श्रेय देकर उनकी पूरी सामग्री फ़ॉरवर्ड या शेयर कर सकते हैं या फिर इसके अंश का इस्तेमाल अपनी सामग्री में उद्धरण के रूप में कर सकते हैं।

मौलिक और क्यूरेटेड सामग्री के मिश्रण से आपकी सामग्री का कैलेंडर भरा रहता है। इससे यह आपकी ऑडिएंस को विविधता और पूर्ण ज्ञान मिलता है। क्यूरेटिंग नक़ल से अलग है। कभी दूसरों की सामग्री की नक़ल न करें। आपको दरअसल ऐसा करने की ज़रूरत ही नहीं है। आप कितने समय तक और किसकी नक़ल करेंगे? यह एक दीर्घकालीन खेल है। आपके ज़्यादातर फ़ॉलोअर्स उद्योग के लीडर्स को भी फ़ॉलो कर रहे होंगे और वे तुरंत समझ जाएँगे कि आप किसी दूसरे की सामग्री को अपने नाम से पोस्ट कर रहे हैं। इससे आपकी छवि धूमिल हो जाएगी।

#9. सामग्री का पुनर्वितरण

सामग्री के पुनर्वितरण का मतलब सिर्फ़ यह है कि आप सामग्री के एक रूप का इस्तेमाल करके उसके कई रूप तैयार करते हैं। यह एक उत्कृष्ट रणनीति है, जिससे आपका बहुत सारा समय और मेहनत बच जाएगी। एक सामग्री तैयार करें और फिर इस सामग्री की एडिटिंग अलग-अलग फ़ॉरमैट में करें। मिसाल के तौर पर, आपने यूट्यूब के लिए एक वीडियो बनाया। अब आप यूट्यूब की इस सामग्री से कई अलग-अलग सामग्रियाँ बना सकते हैं - आईजीटीवी वीडियो, फ़ेसबुक/इंस्टाग्राम वीडियो, लिंक्डइन वीडियो, पोस्ट, कैराउज़ल्स, ब्लॉग, पॉडकास्ट, रील्स, स्टोरी आदि। यह यात्रा शुरू करने के बाद आप धीरे-धीरे इसमें माहिर हो जाएँगे।

#10. बैच क्रिएशन

यह मेरी एक और प्रिय रणनीति है, जिसका मैं अक्सर इस्तेमाल करता हूँ। इससे मेरा बहुत सा समय और ऊर्जा बचती है। मैं अपने अनुभव से यह समझ गया हूँ कि सामग्री तैयार करने के लिए जिस मानसिक अवस्था की ज़रूरत होती है, वह ऑफ़िस या फ़ील्ड में काम करने वाली मानसिक अवस्था से अलग होती है। इसलिए मैं बहुत ज़्यादा अनुशंसा करता हूँ कि जब आप सृजनात्मक अवस्था में हों, तो आपको उसी समय कई सामग्री के अंश तैयार कर लेना चाहिए। मैं हमेशा 2-4 वीडियो स्क्रिप्ट्स पहले से तैयार रखता हूँ और फिर उन सभी को एक बैच में शूट कर लेता हूँ।

बैच क्रिएशन नए सृजनकारों और उन लोगों के लिए ख़ास तौर पर अच्छा होता है, जो सामग्री बनाने के अलावा कई दूसरी चीज़ें भी कर रहे हैं। सबसे कार्यकुशल सामग्री तैयार और पोस्ट करने के लिए सामग्री बैंक, सोशल मीडिया कैलेंडर तथा बैच क्रिएशन की रणनीतियों का इस्तेमाल करें।

#11. अपनी ऑडिएंस का सम्मान करें

मैं इस मामले में बहुत शिद्‌दत से भावुक हूँ। जब लोग आपको अपना समय और ध्यान दे रहे हों, तो अपना सर्वश्रेष्ठ काम करना आपकी नैतिक ज़िम्मेदारी है। आपको अपना 100 प्रतिशत प्रयास और समर्पण देना चाहिए। मैंने कुछ लोगों को निरंतर सामग्री तैयार करने की दौड़ में सरपट भागते देखा है। इस रणनीति से मुझे कोई समस्या नहीं है, बशर्ते आप प्रासंगिक और उपयोगी सामग्री दें। लेकिन मेरी प्रबल सलाह है कि आपको अपनी ऑडिएंस का सम्मान करना चाहिए और ऐसा करने का एक तरीक़ा यह है कि आप उन्हें अपनी सर्वश्रेष्ठ सामग्री दें।

हमेशा अपने फ़ॉलोअर्स का मूल्य बढ़ाने के सच्चे इरादे से काम करें। यह जादू की तरह काम करता है और मैं आज जहाँ पहुँचा हूँ, इसी दर्शन की बदौलत पहुँचा हूँ। मैं खुद इस दर्शन पर चलता हूँ और मेरे संगठन का हर व्यक्ति भी इसी पर चलता है - हम अपने किसी प्रॉडक्ट के लिए जो भुगतान लेते हैं, हम अपने ग्राहकों को उससे 10 गुना ज़्यादा मूल्य देने का लक्ष्य रखते हैं। हमें ग्राहकों की उम्मीद से 10 गुना ज़्यादा मूल्य देकर उन्हें चमत्कृत कर देना चाहिए।

हमारे ऑनलाइन प्रोग्राम के लिए रजिस्टर करने वाले हर व्यक्ति को हमारी टीम से रिमाइंडर कॉल या नोटिफ़िकेशन मिलता है, जिससे यह जाँच होती है कि क्या वे प्रोग्राम देख रहे हैं और उनकी प्रगति कैसी है। हम अपने प्राइवेट मेंटरशिप समूहों के ज़रिये 24X7 समर्थन प्रदान करते हैं, ताकि लोगों को कोर्स करने के साथ-साथ वे परिणाम भी हासिल हों, जिनकी उन्हें सबसे ज़्यादा ज़रूरत है। हम यह मानते हैं कि किसी ईवेंट का टिकट या ऑनलाइन प्रोग्राम बेचना ही प्रक्रिया का अंत नहीं है; यह तो दरअसल हमारी साझेदारी की शुरुआत है। इस तरह की सेवा प्रदान करने में हमारा बहुत पैसा ख़र्च होता है, लेकिन हमारे ग्राहकों के चेहरे पर आने वाली मुस्कान और इस सिस्टम से उन्हें मिलने वाले परिणाम को देखकर हमें सबसे बड़ी खुशी मिलती है तथा इससे हमारे ग्राहक हमारे ज़बर्दस्त प्रशंसक बन जाते हैं। जब आप अपने लोगों की परवाह करते हैं, तो वे आपकी और आपके व्यवसाय की परवाह करते हैं।

संक्षेप में, मैं आपको याद दिलाना चाहूँगा कि आप अनूठे हैं और यह आपका सुपर पॉवर है। कई मर्तबा आपको खुद पर या अपनी सामग्री पर शंका हो सकती है, कई बार आपको सोशल मीडिया के अपने प्रबंधन के तरीक़े पर शंका हो सकती है, कई दफ़ा आपको यह लग सकता है कि जो सामग्री आप बना रहे हैं, उसे पहले ही कई लोग प्रस्तुत कर चुके हैं आदि। कृपया याद रखें कि इस तरह की शंका स्वाभाविक है और यह हर एक के मन में आती है। लेकिन संसार को आपकी आवाज़ और आपका अनूठा संदेश सुनने की ज़रूरत है। मैदान न छोड़ें और बस प्रक्रिया को जारी रखें।

"सचमुच अपने ग्राहकों से बात करें। उसी भाषा का इस्तेमाल करें, जिसका वे इस्तेमाल करते हैं। उन चीज़ों के बारे में बात करें, जिनके बारे में वे बात करते हैं। शेर को कभी सलाद न खिलाएँ।"

—जे एक्यून्जो

याद रखें और बताएँ

- अच्छी सामग्री को आपकी ऑडिएंस को इन दो में से कोई एक चीज़ प्रदान करनी चाहिए - उनकी समस्याओं के समाधान या उनके लक्ष्यों तक ज़्यादा तेज़ी से पहुँचने में मदद करने वाली जानकारी
- यह सही होने के बारे में नहीं है; यह तो आपकी सामग्री की प्रासंगिकता और उपयोगिता के बारे में है।
- सामग्री बैंक, सामग्री पुनर्वितरण और बैच क्रिएशन निरंतर पोस्ट करने के लिए अत्यंत महत्त्वपूर्ण हैं।
- जब भी आप नई सामग्री बनाएँ, तो हर बार खुद से पूछें - आप क्या चाहते हैं कि इस सामग्री को देखने के बाद आपकी ऑडिएंस क्या करे या सोचे?
- मौलिक और क्यूरेटेड सामग्री के मिश्रण से आपका सामग्री कैलेंडर भरा रहता है और इससे आपकी ऑडिएंस को विविधता तथा पूर्ण ज्ञान मिलता है।
- अपनी ऑडिएंस का सम्मान करें। जब लोग आपको अपना समय और ध्यान दे रहे हैं, तो यह आपकी नैतिक ज़िम्मेदारी है कि आप उन्हें अपना सर्वश्रेष्ठ दें। अपने काम से अपनी ऑडिएंस को चमत्कृत कर दें।

आपके करने के लिए ज़रूरी काम

- उन क्षेत्रों को पहचानें, जिन पर आपको प्रभावी सामग्री तैयार करना चाहिए।
- आपने आज के सबक़ में जो सीखा है, उसके आधार पर अपनी खुद की सामग्री के सृजन की रणनीति बनाएँ।

8

अपने प्रभाव को अधिकतम कैसे करें और नए फ़ॉलोअर्स कैसे हासिल करें

"सोशल मीडिया प्रौद्योगिकी का लाभ लेने के बारे में नहीं है; यह तो समुदाय की सेवा करने के बारे में है।"

—साइमन मेनवेयरिंग

एक बार आप अपनी प्रोफ़ाइल बना लेते हैं, मूल्यवान सामग्री तैयार करने लगते हैं और उसे निरंतर पोस्ट भी करने लगते हैं तो फिर आपका अगला लक्ष्य क्या होना चाहिए? अब आपका लक्ष्य प्रभाव तथा परिणामों को बहुगुणित करना होना चाहिए। आपको अपनी सामग्री की पहुँच को बढ़ाने, अपने फ़ॉलोअर्स की संख्या बढ़ाने और अपनी सामग्री के प्रभाव को अधिकतम करने के तरीक़े खोजने चाहिए, क्योंकि यही आपके सोशल मीडिया प्रयासों से मनचाहे परिणाम हासिल करने का मार्ग है। यह अध्याय आपके प्रभाव को अधिकतम करने के तरीक़े बताएगा। इसमें आपको पेड विज्ञापनों या जटिल डिजिटल मार्केटिंग पर एक भी पैसा ख़र्च किए बिना नए फ़ॉलोअर्स हासिल करने की रणनीतियाँ और जानकारी दी जाएगी। आइए परिणाम को अधिकतम करने वाली 11 चीज़ों पर बात करते हैं।

परिणाम बहुगुणक #1

कभी मानकर नहीं चलें (हमेशा पूछ लें)

कई लोग यह मानने की ग़लती कर बैठते हैं कि वे अपनी ऑडिएंस को बहुत अच्छी तरह जानते हैं। इसी ग़लतफ़हमी की वजह से वे इस उम्मीद में बोरिंग और निरर्थक सामग्री पोस्ट करते रहते हैं कि उन्हें किसी न किसी दिन अच्छे परिणाम मिलेंगे।

ज़ाहिर है, वह दिन कभी नहीं आता। इसलिए समझदारी इसी में है कि आप अपनी ऑडिएंस से पूछते रहें कि वे सटीकता से क्या चाहते हैं। उनसे पूछें कि आप उनकी ज़्यादा सहायता कैसे कर सकते हैं और उन्हें ज़्यादा मूल्य कैसे दे सकते हैं। जब मैं आपसे ऑडिएंस से पूछने को कहता हूँ, तो मैं निश्चित रूप से यह उम्मीद नहीं करता हूँ कि आप एक पोस्ट डालकर उनसे पूछेंगे।

अपनी ऑडिएंस के संपर्क में रहना, उनके कमेंट्स पढ़ना, वर्तमान उद्योग के रुझानों से जुड़े रहना, लाइव सेशन्स, प्रश्न-उत्तर सत्र आदि कुछ तरीक़े हैं, जिनसे आप सटीकता से जान सकते हैं कि आपकी ऑडिएंस की ज़रूरत क्या है। रोचक बात यह है कि कई बार तो आपके फ़ॉलोअर्स की ज़रूरत की चीज़ प्रदान करना आपकी वर्तमान सामग्री प्रदान करने से ज़्यादा आसान होता है। अगर आप उनसे पूछते रहें, तो इससे आपकी कई वर्षों की कड़ी मेहनत बच सकती है और आपकी सामग्री भी प्रासंगिक व उपयोगी बनी रहेगी।

परिणाम बहुगुणक #2

नए और अलग फीचर्स का इस्तेमाल करें

सभी अच्छे सोशल मीडिया प्लेटफ़ॉर्म्स लगातार नवाचार करते रहते हैं। वे चौबीसों घंटे काम करके नए फ़ीचर्स जोड़ना चाहते हैं, ताकि वे अपने उपयोगकर्ताओं को अपने प्लेटफ़ॉर्म के प्रति आकर्षित रख सकें। हर सोशल मीडिया प्लेटफ़ॉर्म का चरम लक्ष्य यह होता है कि उपयोगकर्ताओं को अच्छा अनुभव मिले और वे वहीं रुके रहें, क्योंकि इसी तरह वे बचे रह सकते हैं और प्रगति कर सकते हैं। लेकिन जब तक उनकी ऑडिएंस का बड़ा हिस्सा नए फ़ीचर्स का इस्तेमाल नहीं करता, तब तक वे निरर्थक हैं। इसलिए सोशल मीडिया प्लेटफ़ॉर्म जब भी कोई नया फ़ीचर लाते हैं, तो वे नए फ़ीचर्स को ज़्यादा तेज़ी से लोकप्रिय बनाने के लिए बहुत मेहनत करते हैं। वे अपने सदस्यों द्वारा पोस्ट की गई ऐसी सामग्री का आक्रामक प्रचार भी करते हैं, जिसमें उन नए फ़ीचर्स का इस्तेमाल किया गया है, खास तौर पर शुरुआती सप्ताहों में।

इसलिए अगर आपको किसी सोशल मीडिया प्लेटफ़ॉर्म पर कोई नया फ़ीचर दिखता है और आप अपनी सामग्री में उसका इस्तेमाल करते हैं, तो सोशल मीडिया प्लेटफ़ॉर्म अपने आप आपकी सामग्री उन लोगों तक पहुँचाएँगे, जो आपको फ़ॉलो नहीं कर रहे हैं। स्मार्ट बनें और नए फ़ीचर्स के प्रति अपने आँख-कान खुले रखें। अगर आप अपने क्षेत्र में इंफ़्लुएंसर्स को फ़ॉलो कर रहे हैं, तो उनकी सामग्री देखकर आप ऐसे नए फ़ीचर्स को आसानी से पहचान सकते हैं। इसलिए प्रवृत्तियों को पहचानें और हो सके तो शुरुआत में ही नए फ़ीचर्स का इस्तेमाल करें।

"सोशल मीडिया परिदृश्य बहुत तेज़ी से बदलता है,
इसलिए इसकी बराबरी करने के लिए आपका मस्तिष्क
खुला और फुर्तीला होना चाहिए।"

—अलेक्सिस ओहानियन

परिणाम बहुगुणक #3

कोई भी आपके पेज पर डायरेक्ट सेलिंग नहीं देखना चाहता

आइए सच्चाई का सामना करते हैं - कोई भी नेटवर्क मार्केटिंग या डायरेक्ट सेलिंग संबंधी पोस्ट नहीं देखना चाहता या किसी ऐसे व्यक्ति का दोस्त नहीं बनना चाहता, जो हर समय अपने प्रॉडक्ट्स, कंपनी या मेरे साथ जुड़ जाओ आदि के बारे में बात करता हो। इसलिए अपने सोशल मीडिया पेज को व्यक्तिगत बनाएँ। इसे व्यवसाय का प्रसारण चैनल न बनाएँ।

आपकी सामग्री का मुख्य उद्देश्य लोगों को आपके पेज पर आने और रुके रहने का कारण देना है। इसका उद्देश्य वह कारण देना है, जिसकी वजह से लोग आपके पेज से प्रेम करें, आपके पेज के साथ संलग्न हों और धीरे-धीरे आपके साथ संबंध बनाएँ तथा संबंध जोड़ें। यह वह बुनियादी सिद्धांत है, जिसे आपको कभी नहीं तोड़ना चाहिए। अगर आपको इस बात का पूरा विश्वास है कि आपका अवसर सचमुच अद्भुत है, तो इसे हर एक को देने से पहले यह तसल्ली क्यों न कर लें कि वे इसके लिए उपयुक्त हैं या नहीं? आप पहली पोस्ट में ही अपने व्यवसाय के बारे में बात करने के लिए इतने उतावले क्यों हैं? यह नौसिखिये लोगों की निशानी है। यदि आप ऑनलाइन बिज़नेस सही से करना चाहते हैं, तो व्यवसाय बनाने की पूरी प्रक्रिया में माहिर बनें और सोशल मीडिया का इस्तेमाल सिर्फ़ उसी काम के लिए करें, जिसके लिए यह बना है।

परिणाम बहुगुणक #4

परिणामों पर नहीं, गतिविधियों पर ध्यान केंद्रित करें

मुझे यक़ीन है कि पुस्तक में यहाँ तक आने के बाद आप उन लोगों में से नहीं होंगे, जो पोस्ट करना शुरू करते हैं और तीसरी पोस्ट से ही नए रिक्रूट्स की उम्मीद रखते हैं। कृपया यह समझ लें कि यह निराशा का मुख्य कारण है। इसी वजह से भारी उत्साह से सोशल मीडिया शुरू करने वाले कुछ लोग कुछ हफ़्तों के भीतर ही इसे छोड़ देते हैं। जब भी आप अपना सोशल मीडिया पेज बनाएँ, तो सबसे पहले

आपको पाइपलाइन बनाना चाहिए - इस पाइपलाइन को आप अजनबियों से भरेंगे, जो बाद में परिचित और अंततः मित्र बनेंगे। यह तभी होगा, जब आप संबंध को पोषण देने की इस पूरी प्रक्रिया के दौरान निरंतर मूल्य प्रदान करेंगे।

इसलिए जब भी आप अपने सोशल मीडिया प्रयासों को गंभीरता से शुरू करते हैं, तो निरंतर दैनिक गतिविधि का संकल्प लेकर शुरू करें। पहले कुछ महीनों में मिलने वाले परिणामों को सिर्फ़ स्टाइपेंड मानें। असली जादू तब होगा, जब आप संपर्कों का एक बड़ा आधार बना लेंगे, जिनके साथ आप चर्चा की विभिन्न अवस्थाओं में होंगे। मेरे काम से परिचित लोग जानते हैं कि मैं इस गतिविधि को प्रॉस्पेक्टिंग पूल बनाना कहता हूँ। पिछले 14 वर्षों में दस लाख से ज़्यादा डायरेक्ट सेलर्स को प्रशिक्षण देने के बाद मैं आपको आश्वस्त करता हूँ कि जो डायरेक्ट सेलर प्रॉस्पेक्टिंग पूल बनाना जानता है, वह कभी व्यवसाय नहीं छोड़ेगा और एक बड़ा डायरेक्ट सेलिंग व्यवसाय बनाने में कामयाब होगा। कृपया यह समझ लें कि मैं परिणामों के ख़िलाफ़ नहीं हूँ। इसके विपरीत, मैं हमेशा मानता हूँ कि आपको परिणाम-केंद्रित व्यक्ति होना चाहिए। लेकिन मुझे यह अहसास हो चुका है कि अगर आप परिणामों पर ध्यान केंद्रित करते हैं, तो आपको परिणाम कभी नहीं मिलेंगे। दूसरी ओर, अगर आप दैनिक कार्यों पर ध्यान केंद्रित करते हैं, तो आपको परिणाम अपने आप मिलेंगे। इसलिए परिणामों को दिमाग़ में रखें, लेकिन अपना ध्यान दैनिक गतिविधियों पर केंद्रित करें।

"असाधारण एकाग्रता वाले साधारण लोग असाधारण उपलब्धियाँ हासिल कर सकते हैं।"

—दीपक बजाज

परिणाम बहुगुणक #5

संसार को एक और गुरु की ज़रूरत नहीं है

मैंने कई लोगों को यह कहते सुना है, *"इसका ढोंग करो, जब तक कि इसकी आदत न पड़ जाए"* और मुझे यक़ीन है कि कुछ लोग इस बात को गंभीरता से लेते हैं और एक के बाद एक चीज़ों की नक़ल या ढोंग या नाटक करते चले जाते हैं। नक़ली पेन, नक़ली घड़ियाँ, नक़ली आमदनी, नक़ली जीवनशैली, नक़ली फ़ॉलोअर्स, नक़ली विचार, नक़ली ख़ुशी आदि। लेकिन मैं अब तक एक भी नक़ली या ढोंगी इंसान से नहीं मिला हूँ, जिसने असलियत में ज़्यादा कुछ हासिल किया हो। मेरा प्रश्न है कि नक़ल क्यों करें? कोई ऐसी चीज़ करने का नाटक क्यों करें, जो आप नहीं हैं?

मैंने कई लोगों को देखा है, जो खुद को वेल्थ कोच कहते हैं, लेकिन वे जीरो बैलेंस अकाउंट पर गुज़ारा कर रहे हैं और उन्हें यह चिंता सताती रहती है कि अगले महीने का मकान किराया कैसे देंगे। मैं ऐसे लोगों को जानता हूँ, जिन्होंने जीवन में कुछ भी हासिल नहीं किया है, लेकिन जो मिलियनेयर बनाने वाला कोच होने का दावा करते हैं। न जाने क्यों लोग इस ग़लत अवधारणा के साथ जी रहे हैं कि गुरु या विशेषज्ञ होने का दावा करना सफलता के शॉर्टकट जैसा है। लेकिन यह इस तरह काम नहीं करता। मैं इस बात की प्रबल अनुशंसा करता हूँ कि आपको कभी गुरु या विशेषज्ञ बनने का नाटक नहीं करना चाहिए। आप कितने लंबे समय तक नाटक करेंगे? मैं आपको बार-बार बता रहा हूँ कि अपना ब्रांड बनाना एक दीर्घकालीन रणनीति होती है। आप एक-दो दिन तक, शायद एक सप्ताह तक नाटक कर सकते हैं, लेकिन आप कई महीनों तक हर दिन नाटक नहीं कर सकते। अपनी झूठी पहचान को क़ायम रखने के दबाव में आपका इतना ज़्यादा समय, ऊर्जा और मानसिक स्थान लग जाएगा कि आपके पास अपने सपनों पर सचमुच काम करने के लिए ज़रा सा भी समय या ऊर्जा नहीं बचेगी।

आप जो हैं, उससे ज़्यादा होने का नाटक करने के बजाय क्यों न लोगों को अपनी यात्रा में अपने साथ शामिल करें - जहाँ भी आप हैं, वहाँ से कहाँ तक आप पहुँचना चाहते हैं? दूसरे लोग इस तरह के व्यक्ति को फ़ॉलो करना चाहते हैं और उसके आस-पास रहना चाहते हैं। अगर आप अपनी सीखी हुई चीज़ों के बारे में बात करें, भले ही उन्हें आपने कल ही सीखा हो - ऐसी चीज़ें जो दूसरों के जीवन को बेहतर बनाएँगी - तो उन्हें इस बात की परवाह नहीं होगी कि आपने इसे कब सीखा या आपकी नेट वर्थ कितनी है। वे उनकी मदद करने के आपके प्रयासों की क़द्र करेंगे। मुझे विश्वास है कि आप जैसे हैं, खुद को उसी तरह पेश करना एकमात्र स्थायी मॉडल है, जिस पर आपको चलना चाहिए। बहुत से लोग मुझे चालाकी भरे पैंतरों का सुझाव देते रहते हैं, जिनसे मैं अपने फ़ॉलोअर्स की संख्या कई हज़ार बढ़ा सकता हूँ, लेकिन मैंने आज तक कोई भी ऐसी चीज़ नहीं की है, जो मेरी नैतिकता और मूल्यों के ख़िलाफ़ हो। आप बहुत सारे यूट्यूबर्स को देखेंगे, जो लोगों से क्लिक कराने के लिए थम्बनेल्स में लुभावने शीर्षक का इस्तेमाल करते हैं, हालाँकि उस शीर्षक का वीडियो की वास्तविक सामग्री से कोई संबंध नहीं होता। लोग उस लुभावने शीर्षक के बहकावे में आकर थम्बनेल पर क्लिक तो कर सकते हैं, लेकिन वीडियो देखने के बाद क्या उन्हें यह महसूस नहीं होगा कि उनके साथ धोखा किया गया है। बड़ा डायरेक्ट सेलिंग व्यवसाय या सोशल मीडिया अकाउंट बनाने की दौड़ में कभी अनैतिक चीज़ें न करें।

कुछ डायरेक्ट सेलर्स को महसूस होता है कि अगर वे बड़ी उपलब्धियाँ दिखाएँगे, तो वे ज़्यादा व्यवसाय कर सकेंगे। मेरे हिसाब से लोग आपकी कार या

मकान देखकर आपके साथ काम शुरू करने का निर्णय नहीं लेते हैं। मैं यह इसलिए कह रहा हूँ, क्योंकि मैंने आल्टो कार के साथ भी व्यक्तिगत स्पॉन्सरिंग की है और मर्सिडीज़-बेंज़ के साथ भी। मैंने किराये के 3 बीएचके मकान में रहते समय भी प्रॉस्पेक्टिंग की है और प्लान प्रज़ेंटेशनस दिए हैं तथा 10,000 वर्ग फ़ुट के विला में रहते समय भी यही किया है। कार के प्रकार या मकान के आकार की वजह से मुझे परिणामों में कोई अंतर नहीं दिखा। मैंने यह भी देखा है कि कुछ लोग अपनी दसों अँगुलियों में सोने की अँगूठियाँ पहनते हैं और अपने गले में इतनी सारी सोने की चेन पहन लेते हैं कि गला ही छिप जाता है। ऐसे लीडर्स का मैं कोई मूल्यांकन नहीं करता हूँ, लेकिन एक भी अँगूठी या चेन पहने बिना मैं ज़्यादा बड़ा और ज़्यादा तेज़ व्यवसाय बना सकता हूँ।

अगर आपके पास वास्तविक उपलब्धियाँ हों और आप उन्हें दिखाना चाहते हों, तो ऐसा अवश्य करें। यह पूरी तरह से आपका व्यक्तिगत निर्णय है, लेकिन मैं झूठे दावे करने के सख़्त ख़िलाफ़ हूँ। कभी किसी चीज़ का दावा न करें, जिसे आपने अर्जित न किया हो या जिसके आप स्वामी न हों। कुछ लोग नाटक करते हैं, क्योंकि उन्हें लगता है कि सोशल मीडिया पर उनके झूठे दावों पर कोई ग़ौर नहीं करेगा और कुछ लोगों को यह चिंता सताती है कि अगर वे फ़ैंसी चीज़ों की डींग नहीं हाँकेंगे, तो वे अच्छे लोगों को आकर्षित नहीं कर पाएँगे। झूठे दावे करने के पीछे आपका कारण जो भी हो, मैं आपको एक चीज़ पूरी स्पष्टता से बताना चाहता हूँ - अगर आप बेईमानी की नींव पर अपना व्यवसाय बनाते हैं, तो आपका व्यवसाय कभी आसमान नहीं छू पाएगा। अगर कोई रिश्ता झूठ से शुरू होता है, तो मेरे ख़याल से यह ज़्यादा लंबे समय तक नहीं चल पाएगा।

इस संबंध में मेरी कुछ अनुशंसाएँ ये हैं :

- किसी दूसरे की कार या महल के सामने पोज़ देकर यह न कहें कि यह आपका है
- कभी आमदनी के बारे में झूठ न बोलें
- कभी एक बार के चेक को अपनी मासिक आमदनी बताकर प्रचार न करें।
- कभी अपनी रैंक, लेवल या टीम के आकार के बारे में झूठ न बोलें।

कभी आमदनी के झूठे दावे न करें, क्योंकि देर-सबेर इंटरनेट आपकी पोल खोल देगा। भले ही ऐसे दावे देखकर कुछ लोग आपसे जुड़ जाएँ, लेकिन जब वे आपकी टीम का हिस्सा बन जाएँगे, तो फिर आप उनका सामना कैसे करेंगे। आप एक बिज़नेस में हैं, लॉटरी या जुए में नहीं हैं। व्यवसाय बनाने में समय लगता है। हर व्यक्ति सफल नहीं होता। यह ठीक है। लोग परिपक्व हैं और वे यह बात समझते

हैं। आपके झूठ उन्हें आपकी ओर नहीं खींच सकते, इसलिए कभी भी बढ़ा-चढ़ाकर न बताएँ। ख़ुद पर विश्वास रखें और आत्मविश्वास से व्यवसाय बनाएँ।

नक़ली चीज़ें ख़रीदने पर पैसे ख़र्च करने के बजाय उस पैसे का निवेश किसी अच्छे प्रशिक्षण या कोचिंग कार्यक्रम में करें, ताकि आप अपना विकास कर सकें। नेटवर्क मार्केटिंग में आप और आपका बिज़नेस अलग-अलग नहीं होते हैं, इसलिए जब आप ख़ुद का विकास करते हैं, तो आपके बिज़नेस का अपने आप विकास होगा।

परिणाम बहुगुणक #6

सार्थक सहयोग

यह साबित हो चुका है कि सहयोग या कोलेबोरेशन आपकी पहुँच को कई गुना बढ़ाने का बेहतर तरीक़ा है। अन्य सोशल मीडिया क्रिएटर्स और आपके क्षेत्र के विचार लीडर्स के साथ सहयोग करें, क्योंकि यह आपके प्रभाव को बढ़ाने और आपके समुदाय की सेवा करने का एक अद्‌भुत तरीक़ा है। जैसा कि नाम से ही स्पष्ट है, सहयोग का मतलब है मिलकर काम करना। अपने क्षेत्र में ऐसे क्रिएटर्स खोजें, जिनका कामकाजी दर्शन आपके दर्शन से मेल खाता हो और फिर उनके साथ मिलकर काम करने के तरीक़े खोजें - एक-दूसरे के पेज पर लाइव सेशन, मिलकर कोई ईवेंट करना, मिलकर कुछ गिवअवेज़ करना या एक-दूसरे के काम को बढ़ावा देना सहयोग के कुछ उदाहरण हैं। हर चीज़ की तरह ही आप सहयोग के लिए भी ऐसे नए सृजनात्मक विचार सोच सकते हैं, जो आपके तथा आपके फ़ॉलोअर्स के लिए उपयुक्त हों।

अपने उद्योग के विचार लीडर्स से संपर्क करके उनसे जुड़ें - उनके पेज लाइक करें, नियमित रूप से कमेंट करें और उनके काम पर नज़र रखें। उनकी प्रशंसा करें। उनके सबसे अच्छे मित्र या फ़ॉलोअर बनें और फिर उपयुक्त सहयोग की पेशकश करें। यदि आप उनसे बात नहीं कर सकते, तो अपने पेज पर उनके काम को शेयर करें। जब आप ऐसा लगातार करते हैं, तो वे ग़ौर करने लगेंगे। अलग-अलग सोशल मीडिया प्लेटफ़ॉर्म्स पर मेरे लगभग दस लाख फ़ॉलोअर हैं, लेकिन मुझे पता है कि मेरे सबसे अच्छे फ़ॉलोअर कौन हैं, जो सबसे पहले लाइक या कमेंट करते हैं और जो मेरे मिशन पर मेरे साथ हैं। इसलिए लगनशील और निरंतर बनें - हो सकता है कि वे तुरंत हाँ न कहें, लेकिन यह निश्चित रूप से किसी न किसी तरह कारगर होगा।

सही सहयोग माँगने की प्रक्रिया को मैंने एक आसानी से याद होने वाले 3 सी फ़ॉर्मूले में समाहित किया है।

1. कॉम्प्लिमेंट (प्रशंसा)
2. कनेक्ट (जुड़ें)
3. कॉलेबोरेट (सहयोग)

परिणाम बहुगुणक #7

नफरत करने वालों तथा नकारात्मक टिप्पणियों की अपेक्षा रखें

"आपको कुछ शत्रु बनाए बिना दस लाख मित्र नहीं मिलते हैं।"

—दीपक बजाज

यदि आपके मन में यह इच्छा है कि सोशल मीडिया पर हर व्यक्ति आपसे प्रेम करे, आपकी प्रशंसा करे और आपके अच्छे काम को पूरी तरह समझे, तो कृपया शुरू भी न करें। यह सोचना ही मूर्खतापूर्ण है कि एक भी व्यक्ति आपसे नफ़रत नहीं करेगा या शंका नहीं करेगा। क्या आप सचमुच यह जानना चाहते हैं कि आलोचकों और नफ़रत करने वालों से बचने का अचूक तरीक़ा क्या है? कोई भी चीज़ न करें और गुमनामी का जीवन जिएँ। बस मूक दर्शक बनें और संसार की जनसंख्या में एक संख्या बनकर ज़िंदगी बिता दें। यह एकमात्र तरीक़ा है, जिससे आपकी आलोचना नहीं होगी। लेकिन यदि आपके मन में कोई बड़ा प्रभाव डालने की इच्छा है और एक ऐसा बिज़नेस बनाने की इच्छा है, जिस पर आपको गर्व हो, तो आपको नफ़रत और शंका करने वालों का सामना करना होगा। यदि आप अपने सोशल मीडिया अकाउंट के दस लाख लोगों तक पहुँचने और कई लोगों के जीवन पर प्रभाव डालने की अपेक्षा करते हैं, तो नफ़रत और शंका करने वाले मुफ़्त में मिलते हैं। वे पैकेज का हिस्सा हैं, जो आपको एक के साथ एक मुफ़्त मिलता है।

लेकिन यदि आप उनकी चिंता करते रहेंगे, तो आपको वे चीज़ें करने का समय नहीं मिलेगा, जो आपके सपनों को पूरा करेंगी। आपने नफ़रत करने वालों पर जो ऊर्जा तथा समय बरबाद की, उनकी सहायता से आप कई लोगों पर प्रभाव डाल सकते थे, जिन्हें आप चूक जाते हैं। याद रखें - नफ़रत करने वाले होना सामान्य है; नफ़रत करने वाले न होना समस्या है।

आपका काम चाहे जितना भी अच्छा हो, कुछ बुरे कमेंट्स की उम्मीद रखें। आप कई बार खिन्न और निराश महसूस कर सकते हैं। आपके मन में एक संवाद चलेगा, जिसमें आप कई बार ख़ुद पर तथा अपने काम पर शंका करेंगे। यह भी हो सकता है कि आप एक नकारात्मक चक्र में उलझ जाएँ। मैं यह बात पूरी तरह से समझता हूँ, क्योंकि मैं इससे कई बार गुज़र चुका हूँ। नकारात्मक लोगों की नकारात्मक बातों को बर्दाश्त करना मुश्किल होता है, ख़ास तौर पर तब जब आप हर चीज़ सचमुच अच्छी कर रहे हों और अच्छे इरादे से कर रहे हैं। बस इस तथ्य को याद रखें और इसका सम्मान करें कि लोग अलग होते हैं और आप हर एक को ख़ुश नहीं कर सकते। लोग सोशल मीडिया पर जो कमेंट लिखते हैं, उनसे यह पता नहीं चलता है कि आप कैसे हैं; उनसे तो यह पता चलता है कि वे कैसे हैं।

मिसाल के तौर पर, मेरा ख़ुद का उदाहरण देख लें। आप इस समय जो पुस्तक पढ़ रहे हैं, उससे पहले मैं दो पुस्तकें लिख चुका हूँ। इन दोनों पुस्तकों में 1,70,000 से अधिक शब्दों की अविश्वसनीय मूल्य बढ़ाने वाली सामग्री है, जिसे लिखने में मैंने एक साल से ज़्यादा समय तक समर्पित दैनिक प्रयास किए हैं। अगर आप मेरी पुस्तक की मूल प्रति ख़रीदें, तो इसकी क़ीमत आम तौर पर 140 से 250 रुपये तक रहती है और पाइरेटेड संस्करण तो 50 रुपये में ही मिल जाता है। वैसे यहाँ प्रसंगवश यह भी बताना चाहूँगा कि मुझे अपनी श्रेणी में सबसे ज़्यादा पाइरेटेड लेखकों में से एक होने का सम्मान भी मिला है।

यह पुस्तक लिखे जाने तक मेरे यूट्यूब चैनल पर 370 से ज़्यादा वीडियो हैं, जिनमें से प्रत्येक की अवधि लगभग 10 मिनट है। हर वीडियो एक तरह का छोटा कोर्स है, जिसमें नवीनतम ज्ञान, योग्यताएँ और साधन भरे पड़े हैं। मैं अपने वीडियोज़ में प्रेरक कहानियाँ नहीं बताता हूँ, बल्कि असली साधन देता हूँ, जिन पर अमल करके किसी को भी तुरंत परिणाम मिल सकते हैं। अगर आप उन्हें गंभीरता से एक दिन में 8-10 घंटे सुनते हैं और नोट्स लेते हैं, तो आपको इस पूरी सामग्री को सचमुच आत्मसात करने में 10-15 दिन लग सकते हैं। यह समझना ज़रूरी है कि एक वीडियो का पूरा विचार तैयार करने, शूटिंग करने, संपादन करने और पोस्ट करने में 2-4 दिन लग जाते हैं। इसका मतलब है कि इन 370 वीडियोज़ को तैयार करने में 800 से 1,000 दिन लगे हैं। यानी इस मूल्य बढ़ाने वाली मुफ़्त सामग्री को तैयार करने में एक तरह से लगभग 2-3 साल का समय लगा है। अगर आप हर वीडियो की एडिटिंग फ़ीस सिर्फ़ 5,000 रुपये भी मान लें, तो सिर्फ़ यही 18.5 लाख रुपये होगी। इसमें मेरा समय और अनुभव जोड़ लें, तो यह अनमोल बन जाती है। मैं अपनी ऑडिएंस की इतनी ज़्यादा परवाह करता हूँ कि मैंने अपने यूट्यूब चैनल से किसी तरह के धनार्जन की कोई कोशिश नहीं की है, ताकि मेरे दर्शकों को सर्वश्रेष्ठ संभव अनुभव मिल सके।

मैंने यह सारी सामग्री लोगों को मुफ़्त उपलब्ध कराई है, लेकिन इसके बावजूद कुछ लोग नकारात्मक कमेंट लिखने से पहले पल भर भी नहीं सोचते हैं। शुरुआत में मैं ख़ुद से पूछता था - मैं इस बारे में क्या कर सकता हूँ? लेकिन अब मैं समझ गया हूँ - मैं हर एक को अपनी नेकनीयती का विश्वास नहीं दिला सकता। मैं चाहे कुछ भी कहूँ, लोग अपनी ख़ुद की समझ, मान्यताओं और रायों के अनुरूप ही उसका मतलब निकालेंगे।

कुछ नकारात्मक टिप्पणियाँ मिलना स्वाभाविक है। इस बारे में चिंता न करें। सर्वश्रेष्ठ प्रतिक्रिया यह है कि आप इन्हें नज़रअंदाज़ कर दें। लेकिन अगर कोई चीज़ लड़ने लायक़ है, तो लड़ें, लेकिन अपनी बात शालीनता से रखें। आप नकारात्मक कमेंट या आलोचना का जवाब कैसे देते हैं, यह आपके नेतृत्व की सच्ची निशानी है और मैं जानता हूँ कि आप यह काम शालीनता से करेंगे।

"सोशल मीडिया शक्तिशाली तब होता है, जब यह सच्ची गतिविधि की बुनियाद पर बनता है।"

—डेविड बैटस्टोन

परिणाम बहुगुणक #8

कभी दूसरी कंपनियों की आलोचना न करें

यदि कोई डायरेक्ट सेलिंग कंपनी बंद हो जाती है या किसी कंपनी के बारे में कोई नकारात्मक ख़बर आती है, तो आपको इसका जश्न मनाते हुए उस ख़बर को फैलाना नहीं चाहिए। दूसरी कंपनियों के बारे में नकारात्मक बातें न करें, क्योंकि इससे कभी अच्छे परिणाम नहीं मिलते। इससे पूरा पेशा बदनाम होता है। ध्यान रहे, आप अपनी कंपनी की तमाम ख़ूबियाँ शौक से गिना सकते हैं, लेकिन आपको किसी दूसरी कंपनी के बारे में एक भी बुरी बात नहीं करनी चाहिए।

परिणाम बहुगुणक #9

कभी नौकरी या दूसरे पेशों को नीचा न दिखाएँ

आपको किसी दूसरे को नीचा दिखाकर ख़ुद को बेहतर साबित करने की कोई ज़रूरत नहीं है। नौकरी को नीचा दिखाना या कॉलेज की डिग्रियों या दूसरे पेशों का अपमान करने से आपकी ही छवि ख़राब होती है। देखा जाए, तो यह सच भी नहीं है। लोग अपनी नौकरियों और पेशों में काफ़ी सफल हो रहे हैं। असंख्य कर्मचारी और पेशेवर

हैं, जिनकी आमदनी अच्छी है और जिनका सामाजिक स्तर भी उत्कृष्ट है। डायरेक्ट सेलिंग कोई लॉटरी या जैकपॉट नहीं है। यह भी किसी दूसरे पेशे या व्यवसाय की तरह एक पेशा या व्यवसाय है और आपका काम यह रेखांकित करना है कि यह आपके प्रॉस्पेक्ट्स के सपने हासिल करने या उनकी समस्याओं को सुलझाने में कैसे मदद कर सकता है।

कभी किसी से यह न कहें, "आप समस्या का हिस्सा हैं" या "आप चूहा दौड़ में हैं" आदि। आपको लोगों की आलोचना करने का कोई हक़ नहीं है। हर एक के अपने अनूठे सपने होते हैं और उन सपनों को हासिल करने के उनके अपने तरीक़े होते हैं। उनका जीवन उनका ख़ुद का चुनाव है, आपका नहीं है। आप लोगों को ज़्यादा करने के लिए प्रोत्साहित कर सकते हैं, लेकिन वे जो कर रहे हैं, उसे कभी नीचा न दिखाएँ। आप इस तरह उनका दिल नहीं जीत सकते। इसके बजाय इस तरह का व्यवहार आपके लिए भविष्य में उनके दरवाज़े बंद कर देगा। उन्हें डिस्ट्रिब्यूटर न बना पाएँ, तो अपने प्रॉडक्ट का ग्राहक बना लें। कौन जानता है, वे भविष्य में आपके संगठन में सबसे ज़्यादा व्यवसाय बनाने वालों में से एक बन जाएँ!

परिणाम बहुगुणक #10

स्पैमिंग बर्दाश्त नहीं की जा सकती

लोगों के साथ व्यवहार करते समय हमें शिष्टाचार और अपेक्षित व्यवहार का प्रशिक्षण दिया जाता है। इसी तरह सोशल मीडिया के लिए भी कुछ शिष्टाचार और व्यवहार के नियम होते हैं। हमें उन्हें समझना चाहिए और उन पर अमल करना चाहिए। सोशल मीडिया पर अच्छे लोगों से कुछ गतिविधियों की अपेक्षा नहीं की जाती है, क्योंकि उन्हें स्पैमिंग समझा जाता है। ऐसी कुछ गतिविधियाँ नीचे दी गई हैं और आपको इनसे बचना चाहिए।

- कभी किसी दूसरे की पोस्ट के कमेंट्स खंड में अपना विज्ञापन न करें या अपनी पेशकश न रखें। यह बहुत बुरा लगता है। इससे आपकी ही नहीं, आपकी कंपनी की छवि भी ख़राब होती है। यह आपकी कुंठा और हताशा का स्पष्ट संकेत होता है। मेरा यक़ीन मानें, इससे आपको सिर्फ़ एक ही परिणाम मिलेगा - लोग आपसे नफ़रत करेंगे।
- कभी भी बिना पूछे टैगिंग न करें - किसी की अनुमति के बिना उसे टैग न करें। इसके अलावा किसी पोस्ट में उन लोगों को टैग न करें, जिनका उनसे कोई संबंध न हो। कभी-कभार टैग करना तो क्षम्य होता है, लेकिन लोगों को बार-बार टैग न करें।

- भले ही आप किसी बिंदु पर असहमत हों, लेकिन कमेंट्स सेक्शन में बुरे या प्रतिबंधित शब्द न लिखें। इससे सामने वाले के बारे में कम, आपके बारे में ज़्यादा पता चलता है।
- कभी अपने मित्रों के मित्रों पर अतिक्रमण न करें। अपने मित्रों के मित्रों को मास मैसेजिंग न करें।

ज़रा सोचिए कि यह सब आपकी प्रतिष्ठा या ब्रांड छवि के लिए क्या करेगा। इस तरह का व्यवहार करने वाले व्यक्ति से जुड़ने के लिए कौन प्रतिक्रिया देगा या कौन पसंद करेगा? यह अंततः अपनी प्रतिष्ठा और व्यवसाय को ख़त्म कर देगा।

परिणाम बहुगुणक #11

कभी सीखना न छोड़ें

"विकास जीवन है। जिस दिन आप सीखना छोड़ देते हैं,
उस दिन आपका विकास रुक जाता है और जिस दिन
आपका विकास रुक जाता है,
उस दिन आप बेजान हो जाते हैं।"

—दीपक बजाज

मेरा दृढ़ विश्वास है कि आपकी आमदनी और सफलता का वर्तमान स्तर आपके ज्ञान, मानसिकता तथा योग्यताओं के वर्तमान स्तर का प्रतिबिंब है। यदि आप अपनी सफलता, आमदनी या जीवनशैली के स्तर को कई गुना ऊपर उठाना चाहते हैं, तो आपको अपनी मानसिकता, योग्यताओं और औज़ारों के स्तर को कई गुना बढ़ाने की ज़रूरत है। पिछले कुछ वर्षों में विकसित होने वाली प्रौद्योगिकी, पारदर्शिता, जानकारी तक आसान पहुँच और बढ़ती महत्त्वाकांक्षाओं ने कामकाजी शैली को नाटकीय रूप से बदल दिया है। लोगों की जीवनशैली, संस्कृति और व्यवहार बहुत तेज़ी से बदल रहे हैं। जो व्यक्ति या व्यवसाय इस परिवर्तन की गति के साथ क़दम मिलाकर नहीं चल पाएगा, वह जल्दी ही व्यवसाय से बाहर हो जाएगा। इसलिए निरंतर सीखने को अपनी सर्वोच्च प्राथमिकता बनाएँ।

कुछ लोग महसूस करते हैं कि अभ्यास करने से वे आदर्श बन जाएँगे। लेकिन यहाँ एक पेंच है। अभ्यास से आप वही करने में अच्छे बन सकते हैं, जो आप कर रहे हैं, लेकिन इससे आप बेहतर नहीं बनेंगे। बेहतर परिणाम पाने के लिए आपको बेहतर चीज़ों का अभ्यास करने की ज़रूरत है। मुझे यह देखकर हैरानी होती है

कि हज़ारों डायरेक्ट सेलर्स आज भी आमदनी के उसी स्तर पर हैं, जिस पर वे 10 साल पहले थे। हर साल वे अपने वर्तमान स्तर को क़ायम रखने में विशेषज्ञ बन रहे हैं। दुखद है! सचमुच दुखद है! वे बार-बार वही चीज़ें कर रहे हैं, इसलिए उन्हें परिणाम भी वही मिल रहे हैं। हर साल वे ख़राब प्रदर्शन करने और कम आमदनी पाने में बेहतर बनते जा रहे हैं।

सोशल मीडिया प्रगतिशील है। उद्यमिता के नियम हर पल बदल रहे हैं। कई बार किसी ऑनलाइन कोर्स या लाइव ईवेंट में सीखा गया एक नया विचार ही आपके खेल को पूरी तरह बदल सकता है। नई चीज़ें सीखते रहें और अपनी मानसिकता, योग्यताओं तथा टूल्स को लगातार अपग्रेड करते रहें। हमेशा याद रखें कि आप अपने सोशल मीडिया के खेल को ऊँचे स्तर पर पहुँचाने के लिए जो समय और मेहनत लगा रहे हैं, वह एक उज्ज्वल, सुरक्षित, स्वतंत्र और समृद्ध भविष्य में निवेश है। हालाँकि आपका वर्तमान लक्ष्य टीम में कुछ नए सदस्यों को शामिल करना है, जो आपकी एक-दो जूझने वाली टीमों में आपकी मदद कर सकें या आपको अपने टारगेट्स पूरे करने के लिए थोड़ा ज़्यादा वॉल्यूम दिला सकें, लेकिन सोशल मीडिया में महारत हासिल करने का असली लाभ आपको कुछ महीनों या वर्षों के बाद ही मिलेगा।

पिछले महीने मैं सूरत की एक लड़की को उच्च प्रदर्शन कोचिंग सत्र में सिखा रहा था। उसकी उम्र सिर्फ़ 22 साल है और यह उसके जीवन का पहला व्यवसाय है। उसने पंजाब में एक अजनबी के साथ मिलकर अपना डायरेक्ट सेलिंग व्यवसाय शुरू किया था और उसने लॉकडाउन के चंद महीनों में ही 220 से ज़्यादा सहयोगियों की टीम बना ली है। उसकी सफलता की कहानी की सबसे रोचक बात यह है कि वह अपने अपलाइन से आमने-सामने कभी नहीं मिली, न ही वह अपनी टीम के 220 साथियों में से किसी से भी आमने-सामने मिली। उसने अपना व्यवसाय पूरी तरह से सोशल मीडिया के ज़रिये ऑनलाइन ही बनाया है। उसने सोशल मीडिया और ऑनलाइन टूल्स का इस्तेमाल करके अपनी पूरी टीम को ऑनलाइन बनाया है। उसे हर महीने 1 लाख रुपये से ज़्यादा की आमदनी होती है। मेरे ऑनलाइन कोर्स *सोशल मीडिया ऐंड ऑनलाइन बिज़नेस मास्टरी* के हज़ारों प्रतिभागियों ने ऐसी ही कायाकल्पकारी सफलता की कहानियाँ बताई हैं। सोशल मीडिया और ऑनलाइन व्यवसाय बनाने के टूल्स ने पूरे संसार के हज़ारों डायरेक्ट सेलर्स को नई दिशा और गति दी है। लेकिन क्या आप अंदाज़ा लगा सकते हैं कि इन सभी सफलता की कहानियों में क्या समानता है – उन सभी ने लगातार सीखने और विकास करने को अपनी सर्वोच्च प्राथमिकता बनाया है। बाक़ी लोगों से ज़्यादा तीव्र गति से विकास करने के लिए आपको लगातार बाक़ी लोगों से ज़्यादा सीखना चाहिए और ज़्यादा तेज़ी से विकास करना चाहिए।

अब पहले शामिल होकर शिखर पर पहुँचने वाली बात नहीं रह गई है, जिसे फ़र्स्ट मूवर एडवांटेज कहा जाता है। आजकल के संसार में तो फ़ास्ट मूवर एडवांटेज का सिक्का चलता है, यानी जीत उसी की होगी, जो सबसे तेज़ होगा। ये 11 परिणाम बहुगुणक आपको तेज़ी से सफल बना सकते हैं। बस सक्रिय हो जाएँ और आज से ही उन पर अमल करने लगें। मैं जानता हूँ कि आप तेज़ी से काम कर सकते हैं। इसे करके दिखाएँ।

"हर व्यक्ति में संसार पर सकारात्मक प्रभाव डालने की क्षमता होती है। यह सब इस पर निर्भर करता है कि आपके पास जो है, उसके साथ आप क्या करते हैं।"

—गैरी चैपमैन

याद रखें और बताएँ

- आपका व्यक्तिगत पेज आपका होना चाहिए; यह आपकी कंपनी, प्रॉडक्ट या व्यवसाय के बारे में नहीं होना चाहिए।
- गुरु बनने का ढोंग न करें और अपनी आमदनी या उपलब्धियों के बारे में झूठ न बोलें।
- अपने क्षेत्र के दूसरे लोगों या संगठनों के मूल्य को बढ़ाएँ, उनका प्रचार करें और उनके बारे में जानकारी शेयर करें। जब आप अच्छी चीज़ें करेंगे, तो आपको बेहतर चीज़ें मिलेंगी।
- कभी दूसरी कंपनियों की आलोचना न करें; कभी नौकरी या अन्य पेशों को नीचा न दिखाएँ।
- जब आप विकास करेंगे, तो आपसे नफ़रत करने वाले और आप पर शंका करने वाले लोगों की संख्या भी बढ़ेगी। उन पर अपनी ऊर्जा बरबाद न करें। अपने सपने को बनाते रहें।
- नेटवर्क मार्केटिंग और सोशल मीडिया प्रगतिशील हैं। अपनी मानसिकता, योग्यताओं और टूल्स को उन्नत करते रहें।

आपके करने के लिए ज़रूरी काम

- इस अध्याय की 3 मुख्य रणनीतियाँ लिखें, जिन पर आप तुरंत अमल करेंगे, ताकि आप सोशल मीडिया पर अपने प्रभाव को कई गुना बढ़ा सकें।
- अपने क्षेत्र के 5 अच्छे सोशल मीडिया अकाउंट्स का विश्लेषण करें और पता लगाएँ कि वे क्या सही कर रहे हैं।

9

सही सोशल मीडिया प्लेटफ़ॉर्म चुनना

"सामाजिक औज़ार सिर्फ़ लोगों को आवाज़ देने के बारे में ही नहीं हैं; ये तो उन्हें सहयोग करने, योगदान देने और जुड़ने का तरीक़ा देने के बारे में भी हैं।"

—जॉन स्टेपर

सोशल मीडिया पर आपकी सफलता का एक मुख्य घटक वह प्लेटफ़ॉर्म है, जिस पर आप काम कर रहे हैं। देखिए, कोई भी प्लेटफ़ॉर्म अपने आप में अच्छा या बुरा नहीं होता। यह तो बस ऐसा प्लेटफ़ॉर्म खोजने के बारे में है, जिस पर काम करना आपको बेहद पसंद हो और जो कम समय में आपको अधिकतम लाभ देता हो। आपको अपने लिए सबसे उपयुक्त प्लेटफ़ॉर्म खोजना चाहिए और इस अध्याय में दी गई जानकारी तथा विचारों से आपको समझदारी से विकल्प चुनने की शक्ति मिलेगी :

1. आपकी टारगेट ऑडिएंस किस प्लेटफ़ॉर्म का सबसे ज़्यादा इस्तेमाल कर रही है?
2. सामग्री का आपका सबसे पसंदीदा रूप कौन सा है?
3. आपको अपनी सामग्री पर सबसे ज़्यादा प्रतिक्रिया या लाभ कहाँ मिलता है?

हालाँकि आप अपना ब्रांड बहुत से प्लेटफ़ॉर्म्स पर बना सकते हैं, लेकिन आपको अपने समय का सबसे ज़्यादा निवेश उस प्लेटफ़ॉर्म में करना चाहिए, जिसमें उस तरह के लोग हों, जिन्हें आकर्षित करने की आप सबसे ज़्यादा कोशिश कर रहे हैं। इसलिए आपके हिसाब से सर्वश्रेष्ठ 2-3 सोशल मीडिया प्लेटफ़ॉर्म्स को चुनें और

वहाँ पर अपना ब्रांड बनाना शुरू करें। 2-3 प्लेटफ़ॉर्म्स की सलाह के पीछे एक कारण यह है कि सोशल मीडिया प्लेटफ़ॉर्म्स प्रगतिशील होते हैं। जो प्लेटफ़ॉर्म आज आपको उत्कृष्ट परिणाम दे रहा है, वह किसी भी समय बदल सकता है। इसीलिए 2-3 प्लेटफ़ॉर्म्स इकट्ठे बनाने से आपको लीवरेज मिलता है और प्लेटफ़ॉर्म्स के बीच आने-जाने का लचीलापन रहता है।

साथ ही किसी भी सोशल मीडिया अकाउंट को बनाने में बहुत समय और मेहनत लगती है। 3 से ज़्यादा चैनलों पर काम करने पर आपको व्यवसाय बनाने या जीवन में दूसरी चीज़ें सँभालने के लिए ज़रा भी समय नहीं बचेगा। 3 से ज़्यादा चैनलों पर काम करने से आपका प्रभाव भी बिखर जाएगा, क्योंकि आपके चैनल की संलग्नता, फ़ॉलोअर्स की संख्या और सामग्री का भंडार बढ़ने पर आपकी विश्वसनीयता भी बढ़ती है और नए प्रॉस्पेक्ट्स के आपको फ़ॉलो करने की संभावना भी बढ़ती है। जब ऑडिएंस आपकी सामग्री पर प्रतिक्रिया करने लगती है, तो सोशल मीडिया एलगोरिद्म सक्रिय हो जाते हैं। वे आपकी सामग्री नई ऑडिएंस तक पहुँचाकर आपका समर्थन करने लगते हैं, जिससे आप विकास के प्रक्षेप पथ पर पहुँच जाते हैं। चूँकि नए प्लेटफ़ॉर्म्स हर दिन शुरू हो रहे हैं, इसलिए आपके मन में यह प्रलोभन आएगा कि आप हर जगह अपना अकाउंट बना लें, लेकिन यक़ीन मानें, अगर आप सोशल मीडिया पर दिन में 24 घंटे भी काम करें, तब भी कई ऐसे प्लेटफ़ॉर्म्स रहेंगे, जिन्हें आप कवर नहीं कर पाएँगे।

मुझे यक़ीन है कि आपने कुछ डायरेक्ट सेलर्स को देखा होगा, जो लॉटरी लगने और फटाफट सफलता पाने की उम्मीद में एक डायरेक्ट सेलिंग कंपनी से दूसरी पर कूदते रहते हैं। ऐसे लोग कभी सफल नहीं होते। मैं ऐसे कुछ लोगों को जानता हूँ, जो यह प्रक्रिया एक दशक से ज़्यादा समय से दोहरा रहे हैं, लेकिन वे अब भी आदर्श कंपनी नहीं खोज पाए हैं। इसके बजाय लोग उनसे पूछने लगे हैं - *"अब इस बार आपके पास कौन सी धमाकेदार चीज़ है?"* डायरेक्ट सेलर्स को मेरी यही सलाह रहती है कि वे सर्वश्रेष्ठ कंपनी की तलाश न करें। सिर्फ़ एक सही कंपनी की तलाश करें, जो सरकार के सभी दिशानिर्देशों का पालन करती हो और जिसके प्रॉडक्ट्स पर आपको भरोसा हो। जब आप सही कंपनी और सही अपलाइन को चुन लें, तो इसके बाद आपको अपनी पूरी एकाग्रता और प्रयास अपनी टीम तथा बिज़नेस वॉल्यूम को कई गुना करने में लगाना चाहिए। अगर आपको सही डायरेक्ट सेलिंग कंपनी चुनने में मदद की ज़रूरत है, तो इस विषय पर मेरी दोनों पुस्तकों - *एचीव मोर, सक्सीड फ़ास्टर* और *बी अ नेटवर्क मार्केटिंग मिलियनेयर*- में एक वृहद् अध्याय दिया गया है।

इसी तरह बहुत से लोग सर्वश्रेष्ठ प्लेटफ़ॉर्म की तलाश में एक सोशल मीडिया प्लेटफ़ॉर्म से दूसरे प्लेटफ़ॉर्म पर भटकते रहते हैं। डायरेक्ट सेलिंग कंपनी के मामले

में मेरी जो सलाह है, वही सोशल मीडिया के मामले में भी है। आपको सही सोशल मीडिया प्लेटफ़ॉर्म की तलाश करनी चाहिए और जब आपको अपने लिए आदर्श प्लेटफ़ॉर्म मिल जाए, तो आपको उस पर अपना ब्रांड बनाने में अपनी पूरी एकाग्रता और समर्पण से जुट जाना चाहिए।

इस अध्याय में मेरा लक्ष्य आपको बुनियादी अवधारणाओं में माहिर बनाना है, ताकि आप यह विश्लेषण कर सकें कि कोई सोशल मीडिया प्लेटफ़ॉर्म आपके लिए कितना उपयुक्त है। जब आप ब्रांड बनाने और बेचने की प्रक्रिया के पीछे के मनोविज्ञान को समझ लेते हैं और एक प्लेटफ़ॉर्म में उस पर अमल करने लगते हैं, तो आप यही काम आज या भविष्य में किसी भी प्लेटफ़ॉर्म पर कर सकते हैं। आप चाहे जो करें, कभी अपने उद्देश्य को न भूलें - प्लेटफ़ॉर्म चाहे जो हो, आपका उद्देश्य है लोगों के साथ सच्चे संबंध बनाना। साथ ही आपको यह समझने की ज़रूरत है कि अलग-अलग प्लेटफ़ॉर्म्स कैसे काम करते हैं, हर प्लेटफ़ॉर्म पर क्या सबसे अच्छी तरह काम करता है, अलग-अलग प्लेटफ़ॉर्म्स के लिए किस तरह की सामग्री उपयुक्त होता है, कौन वहाँ ज़्यादा सक्रिय रहता है और किसलिए। इस बुनियादी स्पष्टता की बदौलत आप आगे पहुँच जाएँगे और आगे ही बने रहेंगे।

"आपकी ऑडिएंस का आकार मायने नहीं रखता।
महत्त्वपूर्ण तो यह है कि आपकी ऑडिएंस
आपकी बात सुन रही है।"

—रैंडी पॉश

आइए कुछ सबसे लोकप्रिय प्लेटफ़ॉर्म्स के मुख्य फ़ीचर्स पर फटाफट बातचीत करते हैं। हमने इस वक़्त के लोकप्रिय प्लेटफ़ॉर्म्स को चुना है और यह सूची भविष्य में बदल सकती है। कृपया समझ लें, मैं यह नहीं चाहता कि आपकी समझ चंद लोकप्रिय प्लेटफ़ॉर्म्स तक ही सीमित रहे, लेकिन मैं आपको किसी भी सोशल मीडिया प्लेटफ़ॉर्म के पीछे काम करने वाले विज्ञान को बताना चाहता हूँ, ताकि आप भविष्य में किसी भी अन्य प्लेटफ़ॉर्म पर विश्वास के साथ काम कर सकें। आप आज इस अध्याय में जो अवधारणाएँ सीख रहे हैं, वे सर्वव्यापी हैं और आप उनका इस्तेमाल किसी भी सोशल मीडिया प्लेटफ़ॉर्म के विश्लेषण के लिए कर सकते हैं।

#फ़ेसबुक

यह नंबर वन सोशल मीडिया प्लेटफ़ॉर्म है। फ़ेसबुक के पूरे संसार में 2.79 अरब सक्रिय उपयोगकर्ता हैं, जिसका मतलब है संसार की एक तिहाई जनसंख्या। भारत में

इसके सक्रिय उपयोगकर्ताओं की संख्या 31 करोड़ है और सक्रिय उपयोगकर्ताओं की संख्या के संदर्भ में भारत फ़ेसबुक के लिए नंबर वन* देश है। सभी आयु समूहों के लोग फ़ेसबुक का इस्तेमाल करते हैं। इसकी सामग्री आम तौर पर चित्रों और वीडियो के रूप में होती है। पोस्ट आसानी से और तुरंत होती है। लोग दूसरे लोगों की तलाश में फ़ेसबुक पर आते हैं, क्योंकि यहाँ लोगों की तलाश करना बहुत आसान होता है।

इसमें फ़ॉलोअर्स के साथ संलग्न होने तथा जुड़े रहने के कई विकल्प होते हैं, जैसे आसान कमेंट करना, लाइव स्ट्रीमिंग और स्टोरीज़। आप आसानी से कमेंट्स और चर्चा को पब्लिक प्रोफ़ाइल से हटाकर प्राइवेट मैसेजिंग में ले जा सकते हैं; बस इसके लिए आपको फ़ेसबुक मैसेंजर का इस्तेमाल करना होता है। फ़ेसबुक आजकल विज्ञापन देने वालों के सबसे पसंदीदा प्लेटफ़ॉर्म्स में से एक है। फ़ेसबुक में एक फ़ीचर है, जिसकी मदद से आप अपने फ़ॉलोअर्स के साथ ऑनलाइन ईवेंट्स आयोजित कर सकते हैं। फ़ेसबुक ग्रुप्स की मदद से आप अपनी ऑनलाइन कम्युनिटी बना सकते हैं और इसे पोषण दे सकते हैं। कई विशेषज्ञ कहते हैं कि इन दिनों फ़ेसबुक उतनी ऑर्गैनिक पहुँच नहीं दे रहा है, जितनी पहले देता था। कई लोग फ़ेसबुक प्रोफ़ाइल, फ़ेसबुक पेज या फ़ेसबुक समूहों के अंतर को समझने में भी दुविधा महसूस करते हैं। इसलिए आइए इन तीनों के बुनियादी अंतर को समझते हैं :

फेसबुक प्रोफाइल

प्रोफ़ाइल फ़ेसबुक की वह जगह है, जहाँ आप अपने बारे में जानकारी दे सकते हैं, जैसे आपकी रुचियाँ, फ़ोटो, वीडियो, वर्तमान शहर, काम-धंधा और रहने की जगह। हम सभी अपने फ़ेसबुक अकाउंट इसी तरह शुरू करते हैं।

फेसबुक पेज

पेज फ़ेसबुक पर वह जगह है, जहाँ लोग, व्यवसाय, ब्रांड और संगठन अपने प्रशंसकों या ग्राहकों से जुड़ सकते हैं। जब कोई फ़ेसबुक पर किसी पेज को लाइक या फ़ॉलो करता है, तो उसे अपनी न्यूज़फ़ीड में उस पेज के अपडेट दिखने लगते हैं। पेज बनाने के लिए प्रोफ़ाइल बनाना अनिवार्य होता है। जब आपकी प्रोफ़ाइल 5,000 मित्रों के पार चली जाती है, तो इसे पेज में बदलना होता है, लेकिन किसी पेज के लिए फ़ॉलोअर्स की संख्या की कोई सीमा नहीं है। फ़ेसबुक पेज पर बहुत से विश्लेषण के टूल्स और जानकारी भी उपलब्ध होती है, जो फ़ेसबुक प्रोफ़ाइल में नहीं

* https://www.statista.com/statistics/268136/top-15-countriesbased-on-number-of-facebook-users/

होती। यह जानकारी और विश्लेषण पाने के लिए आप किसी भी समय आसानी से अपनी प्रोफ़ाइल को पेज में बदल सकते हैं, भले ही आपके मित्रों की संख्या 5,000 से कम हो।

फेसबुक ग्रुप

फ़ेसबुक ग्रुप वह जगह है, जहाँ आप निश्चित लोगों के साथ साझी रुचियों के बारे में संवाद कर सकते हैं। आप किसी भी चीज़ के लिए ग्रुप बना सकते हैं - पारिवारिक रियूनियन, खेल की टीम, नेटवर्क मार्केटिंग टीम, व्यावसायिक टीम, कॉलेज के पूर्व छात्र, पड़ोसी, ऑफ़िस के सहकर्मी, बुक क्लब आदि। आप समूह की प्राइवेसी सेटिंग को अपने हिसाब से बदलकर यह निर्णय ले सकते हैं कि आप इसमें किसे शामिल करना चाहते हैं और इस ग्रुप को कौन देख सकता है, कौन पोस्ट कर सकता है, कौन कमेंट कर सकता है आदि। किसी ग्रुप में सदस्यों को जोड़ना और हटाना बहुत आसान होता है। जब कोई फ़ेसबुक पर किसी ग्रुप में शामिल होता है, तो वह अपनी न्यूज़फ़ीड में उस समूह की सामग्री देख सकता है। जब आप फ़ेसबुक पर अपने समुदाय तथा प्रभाव को बढ़ाते हैं, तो आप अपने ग्रुप शुरू कर सकते हैं। आप एक से ज़्यादा ग्रुप भी शुरू कर सकते हैं।

किसी ऐसी चीज़ का सृजन करें,
जिसे लोग शेयर करना चाहें।
—जॉन जैंट्स्क

#इंस्टाग्राम

इंस्टाग्राम के 127 करोड़ से ज़्यादा सक्रिय उपयोगकर्ता हैं। यह काफ़ी लोकप्रिय सोशल मीडिया प्लेटफ़ॉर्म है, ख़ास तौर पर युवाओं में। हाल के आँकड़ों के अनुसार इंस्टाग्राम का इस्तेमाल मुख्यतः 18 से 29 वर्ष के आयु समूह द्वारा किया जाता है। इस पर हर दिन 8 करोड़ फ़ोटो और वीडियो शेयर किए जाते हैं। इंस्टाग्राम मूलतः फ़ोटो शेयर करने वाले एप के रूप में शुरू हुआ था, लेकिन अब आप अलग-अलग लंबाई और फ़ॉरमैट के वीडियो भी शेयर कर सकते हैं। पोस्ट करना आसान है और इसे काफ़ी जल्दी किया जा सकता है। लोग दूसरे लोगों की तलाश में इंस्टाग्राम पर आते हैं। इसमें अपनी ऑडिएंस के साथ संलग्न होने के लिए कई उत्कृष्ट विकल्प हैं, जैसे स्टोरी, रील्स और लाइव स्ट्रीमिंग।

आपकी इंस्टाग्राम प्रोफ़ाइल पर एक अनूठा 'हाईलाइट्स' फ़ीचर भी होता है, जिसका इस्तेमाल करके आप अपनी उपलब्धियों, प्रॉडक्ट्स, जीवनशैली, संबंधों या किसी दूसरी महत्त्वपूर्ण चीज़ के बारे में संसार को बता सकते हैं। हालाँकि लोग आपकी पोस्ट पर सार्वजनिक रूप से कमेंट कर सकते हैं, लेकिन डीएम (डायरेक्ट मैसेजिंग) नामक अद्भुत प्राइवेट मैसेजिंग का विकल्प भी होता है। व्यवसाय और ब्रांड भी इंस्टाग्राम का आक्रामक इस्तेमाल करने लगे हैं। चूँकि यह युवाओं पर ज़्यादा केंद्रित है, इसलिए यहाँ लोगों का ध्यान आकर्षित करने के लिए आपको नवाचार, सृजनात्मकता और प्रामाणिकता की ज़रूरत होती है। फ़ेसबुक की तरह आप अपने व्यक्तिगत इंस्टाग्राम अकाउंट को बिज़नेस अकाउंट में भी बदल सकते हैं। बिज़नेस अकाउंट में आपको अपने अकाउंट तथा इसकी गतिविधियों के बारे में बहुत सी जानकारी मिल सकती है, जैसे पोस्ट का प्रदर्शन, फ़ॉलोअर्स की गतिविधि और ऑडिएंस के बारे में कई अन्य जानकारियाँ।

चूँकि इंस्टाग्राम और फ़ेसबुक दोनों एक ही कंपनी के ब्रांड हैं, इसलिए आपके पास एक विकल्प होता है, जहाँ आप अपनी इंस्टाग्राम पोस्ट और स्टोरीज़ को एक क्लिक करके फ़ेसबुक पर भी दिखाने का विकल्प चुन सकते हैं। आप इसे स्थायी सेटिंग बना सकते हैं या फिर पोस्ट के हिसाब से व्यक्तिगत चुनाव कर सकते हैं। हालाँकि दोनों ही फ़ोटो और वीडियो शेयर करने वाले प्लेटफ़ॉर्म्स हैं, लेकिन फ़ेसबुक तीन ऐसे फ़ीचर्स देता है, जो कई लोगों को इंस्टाग्राम से बेहतर लगते हैं -

1. आप इंस्टाग्राम पर 10 से ज़्यादा इमेज पोस्ट नहीं कर सकते, जबकि फ़ेसबुक पर ऐसी कोई सीमा नहीं है।
2. आप फ़ेसबुक पर किसी भी पोस्ट या वीडियो के नीचे वर्णन में क्लिक करने वाली कोई भी लिंक डाल सकते हैं; आप इंस्टाग्राम में ऐसा नहीं कर सकते।
3. आप फ़ेसबुक पर अपने पेज के सबसे ऊपर कवर इमेज में अपना मुख्य संदेश या टैगलाइन दे सकते हैं। इंस्टाग्राम में कवर इमेज का कोई विकल्प नहीं है।

यूट्यूब

यूट्यूब मूलतः वीडियो शेयर करने वाले प्लेटफ़ॉर्म के रूप में शुरू हुआ था, लेकिन अब यह संसार का दूसरा सबसे बड़ा सर्च इंजन बन चुका है और यहाँ हर महीने 300 करोड़ सर्च की जाती हैं। वर्तमान आँकड़ों के अनुसार, यूट्यूब के 229 करोड़ सक्रिय उपयोगकर्ता हैं और यूट्यूब पर हर मिनट 100 घंटे के वीडियो अपलोड होते हैं। लोग आम तौर पर व्यक्तियों को खोजने के लिए यूट्यूब पर नहीं जाते हैं;

बल्कि लोग विशिष्ट सामग्री की खोज के लिए यूट्यूब पर जाते हैं। यूट्यूब पर कैसे, ट्यूटोरियल्स, समस्या समाधान और शैक्षिक तथा विषय विशिष्ट वीडियो सामग्री के सबसे लोकप्रिय रूपों में से हैं। आप अपनी सामग्री को अपने दर्शकों के साथ लाइव साझा करने और टिप्पणियों के माध्यम से वास्तविक समय में उनके साथ जुड़ने के लिए यूट्यूब की लाइवस्ट्रीमिंग सुविधा का भी उपयोग कर सकते हैं। यूट्यूब पर छवियों को पोस्ट करने के लिए एक कम्यूनिटी सेक्शन है। छोटी अवधि की कहानियां आप भी वैसे ही पोस्ट कर सकते हैं जैसे आप फ़ेसबुक या इंस्टाग्राम पर पोस्ट करते हैं। वे एक छोटी अवधि के वीडियो प्रारूप का भी परीक्षण कर रहे हैं जिसे "शॉर्ट्र्स" कहा जाता है।

कहा जाता है समय और संसाधन की दृष्टि से यह ज़्यादा गहन प्लेटफ़ॉर्म है और तुलनात्मक रूप से हम सभी के लिए ज़्यादा जटिल है। केवल सामग्री ही नहीं, बल्कि कई दूसरी चीज़ें भी, जैसे कैप्शन, थम्बनेल, टैग्स, वर्णन आदि, जो आपकी सामग्री को सर्च में सबसे ऊपर पहुँचाने के लिए काम करते हैं। पिछले कुछ वर्षों में यह विज्ञापन करने वालों के प्रिय डिजिटल प्लेटफ़ॉर्म्स में से एक भी बन गया है। आपकी यूट्यूब सर्च में आपको जो रिज़ल्ट्स मिलते हैं, वे कई बार विज्ञापनों से प्रेरित होते हैं और हो सकता है कि सर्च में सबसे ऊपर आने वाला व्यक्ति उस विषय का सर्वश्रेष्ठ विशेषज्ञ न हो, बल्कि सर्वश्रेष्ठ बेचने वाला या विज्ञापनदाता हो। आपके चैनल के सारे वीडियो किसी भी समय देखे जा सकते हैं और एलगोरिद्म बदलते रहने के कारण सर्च में सबसे ऊपर कोई भी वीडियो आ सकता है। चूँकि लोग अपने मनचाहे विषय पर आधारित किसी भी वीडियो को किसी भी समय देख सकते हैं, इसलिए कमेंट्स पर नज़र रखना काफ़ी मुश्किल होता है।

यूट्यूब पर ऑडिएंस के साथ संलग्नता सीमित होती है, क्योंकि यहाँ आम तौर पर सामग्री एकतरफ़ा शेयर की जाती है। आजकल इस प्लेटफ़ॉर्म पर बहुत ज़्यादा कोलाहल और प्रतिस्पर्धा हो गई है।

लिंक्डइन

लिंक्डइन करियर केंद्रित लोगों के लिए पेशेवर नेटवर्क है। इसका इस्तेमाल मुख्यतः 30 से 54 वर्ष तक के आयु समूह के लोग करते हैं। आप गंभीर सामग्री की तलाश में यहाँ जाते हैं, जैसे करियर में तरक़्क़ी करना, नौकरी की तलाश करना, योग्यता बढ़ाना, प्रशिक्षण लेना तथा उद्यमिता संबंधी सामग्री। ज़्यादातर सामग्री पेशेवर प्रकृति की होती है और लिंक्डइन पर लोग आम तौर पर मनोरंजन की सामग्री, यात्रा या व्यक्तिगत जीवन के फ़ोटो शेयर नहीं करते हैं। दूसरों के साथ संबंध बनाना संभव है, लेकिन संवाद सीमित है और सक्रिय उपयोगकर्ताओं की संख्या कम है। आप

करियर व पेशेवर जीवन संबंधी लेख, इनफ़ोग्राफ़िक्स और वीडियो पोस्ट कर सकते हैं। कंपनियाँ लोगों को नियुक्त करने के लिए भी लिंक्डइन का इस्तेमाल करती हैं और पेशेवर नेटवर्किंग के लिए भी। आपको लिंक्डइन पर डायरेक्ट सेलिंग के लिए काफ़ी अच्छे प्रॉस्पेक्ट्स मिल सकते हैं।

ट्विटर

ट्विटर संदेश प्रसारण प्लेटफ़ॉर्म की तरह है, जिसका इस्तेमाल आम तौर पर 24 से 40 वर्ष की आयु समूह के लोग करते हैं। ज़्यादातर सामग्री शब्दों में होती है, जैसे कैसे करें वाले लेख या लिस्ट। ट्विटर जानकारी देने, पीआर और नवीनतम घटनाओं के बारे में बताने के लिए सबसे अच्छा प्लेटफ़ॉर्म है।

हर रोज़ कितने ट्वीट किए जाने चाहिए, इसके संदर्भ में अलग-अलग विशेषज्ञों की अलग-अलग राय है लेकिन आप उपलब्ध समय के आधार पर रोज़ के ट्वीट्स के लिए अपनी संख्या तय कर सकते हैं और देख सकते हैं कि आप एक दिन में कितनी बार अच्छी गुणवत्ता वाले ट्वीट बना सकते हैं। प्रत्येक ट्वीट में कैरेक्टर्स की एक सीमा तय होती है। आप डीएम को ट्विटर पर भी भेज सकते हैं और न केवल टेक्स्ट बल्कि आप चित्र, वीडियो या जीआईएफ़ भी जोड़ सकते हैं।

पिन्ट्रेस्ट

पिन्ट्रेस्ट इमेज शेयर करने वाला प्लेटफ़ॉर्म है और यहाँ पोस्ट को पिन कहा जाता है। इसके अधिकांश उपयोगकर्ता 30 से 49 वर्ष के बीच हैं। पिन्ट्रेस्ट का इस्तेमाल करने वालों में लगभग 80 प्रतिशत महिलाएँ हैं। ज़्यादातर सामग्री में भारी ग्राफ़िक्स, हाई रिज़ॉल्यूशन, हाई क्वालिटी और ज़्यादातर मामलों में पेशेवरों द्वारा संपादित इमेजेस होती हैं। कई ई-कॉमर्स रिटेलर्स ट्रैफ़िक और लीड्स के लिए भी इसका इस्तेमाल करते हैं। अनुशंसित फ़्रीक्वेंसी हर दिन 30 पिन्स पोस्ट करना है।

स्नैपचैट

स्नैपचैट मुख्यतः फ़ोटो शेयर करने वाला प्लेटफ़ॉर्म है, लेकिन आप इस पर 10 सेकेंड के वीडियो और व्यवसाय बढ़ाने वाली सामग्री भी अपलोड कर सकते हैं। स्नैपचैट का अनूठा फ़ीचर यह है कि इसमें बेहतरीन फ़िल्टर्स की संख्या बढ़ती रहती है, जो उपयोगकर्ताओं को बहुत कल्पनाशील तरीक़े से फ़ोटो एडिट करने की अनुमति देते हैं। नए आश्चर्यजनक फ़िल्टर नियमित रूप से आते रहते हैं, लेकिन आपके पोस्ट किए हुए फ़ोटो 24 घंटे के भीतर अपने आप डिलीट हो जाते हैं। आपके पास कोई

रिकॉर्ड नहीं होता कि आपने क्या शेयर किया और आप यह भी नहीं जान पाते कि टारगेट ऑडिएंस ने आपके फ़ोटो या वीडियो देखे हैं या नहीं। लोगों से जुड़ने के लिए आपके पास डायरेक्ट मैसेजिंग का विकल्प भी होता है।

"शुरू करना, निरंतरता क़ायम रखना और कभी न छोड़ना अद्भुत होने से ज़्यादा महत्त्वपूर्ण है।"

—मार्क स्कैफ़र

यह अध्याय समेटते समय मैं आपको याद दिलाना चाहूँगा कि डायरेक्ट सेलर की हैसियत से अपना सोशल मीडिया ब्रांड बनाते वक़्त आपका प्राथमिक उद्देश्य अपने व्यावसायिक लक्ष्यों तक पहुँचने की गति को तेज़ करना है। इसलिए आप जिस सोशल मीडिया प्लेटफ़ॉर्म को चुनें, उसमें ये तीन विशेषताएँ होनी चाहिए :

1. आसान और डुप्लीकेबल

डायरेक्ट सेलिंग व्यवसाय में हम बेहतरीन चीज़ें नहीं करते हैं; हम तो वे चीज़ें करते हैं, जिन्हें दूसरे भी कर सकते हैं। इसलिए ऐसा प्लेटफ़ॉर्म चुनें, जहाँ आपकी टीम के साथी भी आसानी से अपने अकाउंट खोल सकते हों और एक दूसरे के साथ संप्रेषण कर सकते हों।

2. केएलटी नियम

आपका चुना हुआ सोशल मीडिया प्लेटफ़ॉर्म ऐसा होना चाहिए कि लोग आसानी से और जल्दी ही आपको पसंद कर सकें, जान सकें और आप पर विश्वास कर सकें।

3. बातचीत की आसानी

आपको सोशल मीडिया प्लेटफ़ॉर्म से जो परिणाम मिलते हैं, वे फ़ॉलोअर्स की संख्या पर नहीं, बल्कि बातचीतों पर निर्भर होते हैं। इसलिए ऐसा प्लेटफ़ॉर्म चुनें, जहाँ आप आसानी से बातचीत कर सकते हों।

अपनी सोशल मीडिया यात्रा में मैं एक शब्द से प्रेम करने लगा हूँ, जो मेरा सर्वश्रेष्ठ साथी रहा है। वह शब्द है 'प्रयोग।' जब भी शंका हो, प्रयोग करें; परिणाम आपको सही रास्ता दिखा देंगे। अगर आप दो प्लेटफ़ॉर्म्स के बीच दुविधा में हों या दो-तीन अलग-अलग गतिविधियों को लेकर पशोपेश में हों, तो प्रयोग करके देखें। आपको फ़ॉलो करने वाले सही समाधान के साथ आपका मार्गदर्शन कर देंगे।

सोशल मीडिया की इस यात्रा में खुशी को अपना कम्पास बना लें। प्रक्रिया से प्रेम करें। अगर आप केवल व्यावसायिक लक्ष्यों का ही पीछा करते रहे, तो आप उस बहुत सारे आनंद को चूक जाएँगे, जो आपको अपना सोशल मीडिया ब्रांड बनाते समय मिल सकता है और उस भारी प्रभाव को भी चूक जाएँगे, जो आपका असंख्य लोगों पर पड़ सकता है। आनंद लें।

"मैं अकेली संसार को नहीं बदल सकती, लेकिन मैं पानी में एक पत्थर डाल सकती हूँ, जिससे कई लहरें उत्पन्न हो सकती हैं।"

—मदर टेरेसा

याद रखें और बताएँ

- कोई भी सोशल मीडिया प्लेटफ़ॉर्म अच्छा या बुरा नहीं होता; आपको यह तय करने की ज़रूरत है कि कौन सा प्लेटफ़ॉर्म आपको सबसे अच्छे परिणाम देगा।
- हालाँकि आप बहुत से प्लेटफ़ॉर्म्स पर अपना ब्रांड बना सकते हैं, लेकिन सबसे ज़्यादा समय उस प्लेटफ़ॉर्म में लगाएँ, जिसमें उस तरह के लोग हों, जिन्हें आकर्षित करने की आप सबसे ज़्यादा कोशिश कर रहे हों और जहाँ आपको सर्वश्रेष्ठ परिणाम मिल रहे हों।
- सोशल मीडिया पर कोई भी चीज़ स्थायी नहीं है। प्रवृत्तियों और ऑडिएंस की गतिविधि के हिसाब से चलते रहें।
- ऐसा प्लेटफ़ॉर्म चुनें, जहाँ अपनी ऑडिएंस के साथ जुड़ाव, बातचीत और संलग्नता रखना आसान हो।
- ऐसा सोशल मीडिया प्लेटफ़ॉर्म चुनें, जिसे डुप्लीकेट करना आसान हो।

आपके करने के लिए ज़रूरी काम

- अगर आपने अब तक अपने दो शीर्ष सोशल मीडिया प्लेटफ़ॉर्म्स को न चुना हो, जिन्हें आप गंभीरता से बनाना चाहते हैं, तो इसी समय निर्णय लें और वहाँ अपना ब्रांड बनाने का काम शुरू कर दें।

All the data given in this chapter has been taken from statista.com.
Other sources used:

- https://www.statista.com/statistics/471370/usadults- who-use-social-networks-age/
- https://aofund.org/resource/choosing-right-socialmedia-platform-your-business/

10

मन को भाने वाली आकर्षक पोस्ट बनाने की 11 रणनीतियाँ

"अर्थव्यवस्था में शामिल होने के लिए इंसान को सिर्फ़ एक कंप्यूटर, नेटवर्क कनेक्शन, पहलशक्ति और सृजनात्मकता की चिंगारी की ज़रूरत होती है।"

—डॉन टैप्सकॉट

पोस्ट आपकी ऑडिएंस के साथ जुड़ने का सबसे तेज़ तरीक़ा है। आप इसे काफ़ी जल्दी तैयार कर सकते हैं और तुरंत पोस्ट कर सकते हैं। आपकी ऑडिएंस को एक ही निगाह में आपका संदेश समझ में आ जाता है। लेकिन आकर्षक पोस्ट बनाना विज्ञान के साथ-साथ कला भी है। मैं इसे कला इसलिए कहता हूँ, क्योंकि आप अपनी सृजनात्मकता और विचारों का इस्तेमाल करके अपनी अनूठी शैली में पोस्ट तैयार कर सकते हैं। आप अपने अकाउंट के मालिक हैं, इसलिए आप अपने मनचाहे तरीक़े से पोस्ट तैयार करने के लिए स्वतंत्र होते हैं। पोस्ट तैयार करना विज्ञान भी है, क्योंकि पोस्ट तैयार करते समय आपको कुछ सिद्धांतों का पालन करना चाहिए। सृजनात्मकता और नवाचार वाला हिस्सा मैं आप पर छोड़ता हूँ। इस अध्याय में मैं आपको आकर्षक और आँखों को रिझाने वाली पोस्ट तैयार करने के 11 मुख्य सिद्धांत बताऊँगा। इन सिद्धांतों में माहिर बन जाएँ और अपनी अनूठी शैली में उन पर अमल करके सोशल मीडिया पर अपना समुदाय बनाएँ।

#1. किस (KISS) सिद्धांत को कभी न तोड़ें

किस संप्रेषण का एक अमर सिद्धांत है, जिसे मैं दस साल से ज़्यादा समय से अपनी वर्कशॉप्स में सिखा रहा हूँ। आप अपने जीवन के सभी क्षेत्रों में इसका इस्तेमाल कर

सकते हैं। अगर आप अपनी पोस्ट तैयार करते समय इसे मार्गदर्शक सिद्धांत बनाते हैं, तो आपकी पोस्ट कभी ग़लत नहीं होगी। किस को याद रखना आसान है - (कीप इट शॉर्ट ऐंड सिम्पल) इसे संक्षिप्त और सरल रखें।

कहा जाता है कि एक चित्र एक हज़ार शब्दों के बराबर होता है। अच्छी पोस्ट का मतलब है एक विज़ुअल और एक मुख्य संदेश। कभी बहुत लंबा संदेश न लिखें। एक हेडिंग और एक सब-हेडिंग पर्याप्त हैं। आपकी पोस्ट में शब्दों को एक तिहाई से ज़्यादा जगह नहीं लेनी चाहिए। मोटा नियम यह है कि पोस्ट स्वतः स्पष्ट होनी चाहिए। आपको अपना संदेश पहुँचाने के लिए कोई स्पष्टीकरण देने की ज़रूरत नहीं होनी चाहिए। सर्वश्रेष्ठ पोस्ट वे होती हैं, जिन्हें देखकर आपकी ऑडिएंस एक निगाह में ही समझ जाती है कि आप क्या कहना चाहते हैं। तकनीकी और जटिल शब्दों से बचें। ऐसी भाषा का इस्तेमाल करें, जिसे आपकी ऑडिएंस आसानी से समझ सके।

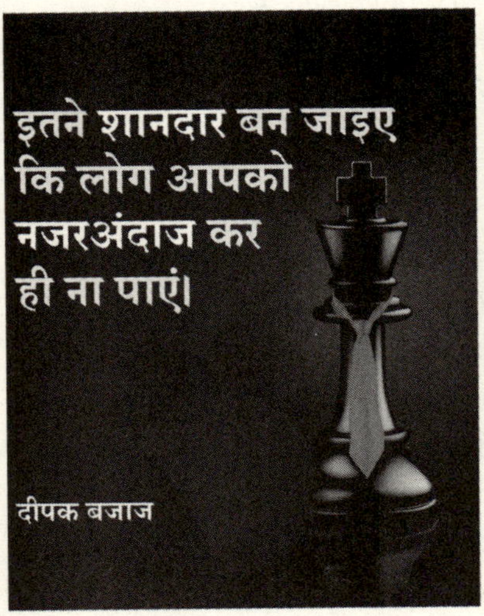

#2. आर^{3}एमएटी टेस्ट का इस्तेमाल करें

आर3एमएटी सभी विज्ञापन और मार्केटिंग प्रचार अभियानों का अंतर्निहित लक्ष्य होता है। यदि आपकी ज़्यादातर पोस्ट्स **आर^{3}एमएटी** के परीक्षण में खरी उतरती हैं, तो आपको अपने सोशल मीडिया प्रयासों से ज़बर्दस्त परिणाम मिलेंगे।

आर^{3}एमएटी यानी गिविंग द राइट मैसेज टु द राइट ऑडिएंस एट द राइट टाइम = (सही समय पर सही ऑडिएंस को सही संदेश देना)।

दरअसल यह हर पोस्ट का असली उद्देश्य होता है - ऑडिएंस तक सही संदेश पहुँचाना। इसलिए कोई भी सामग्री पोस्ट करने से पहले फटाफट आर³एमएटी की जाँच कर लें।

"मैं सोशल मीडिया का इस्तेमाल हमारे सभी ऑनलाइन व्यवसायों के रणनीतिक कम्पास के रूप में करता हूँ, जिससे नए विचार उत्पन्न होते हैं और प्रवृत्ति का पता लगता है।"

—पॉल बैरन

#3. आसानी से पढ़े जा सकने वाले फ़ॉन्ट्स का इस्तेमाल करें

आपके मन में स्टाइलिश और फ़ैंसी फ़ॉन्ट्स का इस्तेमाल करने का कितना भी लालच आए, लेकिन यह बात याद रखें कि आसानी से पढ़े जा सकने वाले सामान्य फ़ॉन्ट्स का सबसे ज़्यादा प्रभाव पड़ता है। ज़्यादातर लोग अपने मोबाइल फ़ोन पर सोशल मीडिया चलाते हैं, इसलिए चित्र बहुत छोटे दिखते हैं और पोस्ट्स को ग्रिड में देखने पर वे और ज़्यादा छोटी दिखती हैं। इस वजह से अपनी पोस्ट्स के लिए फ़ॉन्ट चुनते समय किसी भी फ़ैंसी फ़ॉन्ट से बचें, जो स्टाइलिश तो हो, लेकिन उसे पढ़ना मुश्किल हो। ऐसे फ़ॉन्ट्स का इस्तेमाल करें, जिन्हें दूर से भी पढ़ा जा सकता हो। वास्तव में आप अलग-अलग फ़ॉन्ट्स पर प्रयोग करके अंततः कुछ फ़ॉन्ट्स चुन सकते हैं, जिनसे आपको सर्वश्रेष्ठ परिणाम मिलते हों। अपनी पोस्ट्स में बार-बार इस्तेमाल करने के लिए ऐसे फ़ॉन्ट्स का संग्रह बना लें, ताकि आपको पोस्ट तैयार करते समय नए सिरे से फ़ॉन्ट्स खोजने की ज़रूरत न रहे। बस अपने संग्रह तक जाएँ और सर्वश्रेष्ठ फ़ॉन्ट को चुन लें।

पोस्ट की पृष्ठभूमि भी शब्दों की पठनीयता को प्रभावित करती है। पृष्ठभूमि सादा हो, तो शब्द रेखांकित होते हैं।

#4. एक पोस्ट में 3 से ज़्यादा रंगों का इस्तेमाल न करें

सामान्य नियम यह है, एक पोस्ट में 3 से ज़्यादा रंगों का इस्तेमाल न करें। इससे आपकी ऑडिएंस को उलझन होती है। रंगों का चयन उस ब्रांड इमेज पर निर्भर करता है, जो आप प्रदर्शित करना चाहते हैं। जब आप काफ़ी समय तक निश्चित रंगों में पोस्ट करते रहते हैं, तो वे आपकी ब्रांड की पहचान बन जाते हैं। कुछ

समय बाद लोग बस रंगों के मिश्रण को देखकर ही पहचानने लगेंगे कि यह आपकी पोस्ट है। विविधता देने और अपने संदेश के प्रभाव को अधिकतम बनाने के लिए अलग-अलग पैटर्न्स और शैलियों पर प्रयोग करते रहें।

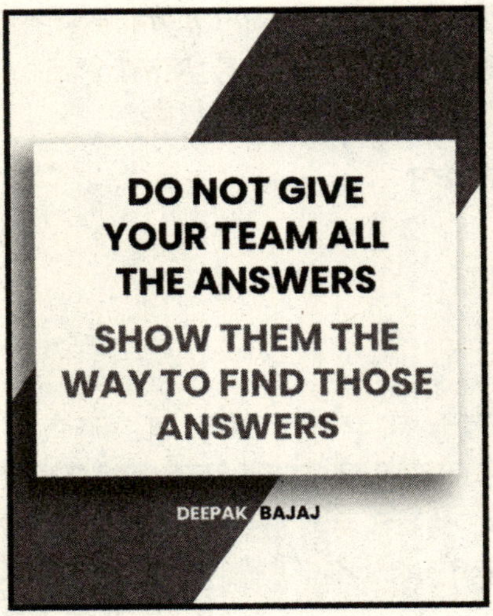

#5. फ़ोटो एडिटिंग/पोस्टर मेकिंग एप्स का इस्तेमाल करें

आप फ़ोटो एडिटिंग एप्स का इस्तेमाल करके अपनी पोस्ट में जान डाल सकते हैं और इसे पेशेवर बना सकते हैं। आजकल बहुत सारे एप्स आ गए हैं, जिनका इस्तेमाल करना आसान होता है। उनमें इतने सारे प्रिसेट टेंप्लेट होते हैं कि उनकी मदद से आप बहुत तेज़ी से उत्कृष्ट गुणवत्ता वाली पोस्ट तैयार कर सकते हैं। मैंने कुछ एप्स का इस्तेमाल किया है, जो मुझे अच्छे भी लगे हैं। वे ये हैं -

- इनशॉट - नए उपयोगकर्ताओं के लिए आदर्श। उपयोग करने में बेहद आसान। यह आपको काफ़ी लचीलापन तथा शैलियों के विकल्प देता है।
- कैनवा - इसमें पोस्टर, इंस्टाग्राम स्टोरीज़, यूट्यूब स्टोरीज़, इंस्टाग्राम तथा यूट्यूब कम्युनिटी पोस्ट बनाने के लिए पहले से बने टेंप्लेट रहते हैं।
- एडोब लाइटरूम
- स्नैपसीड

यह सूची अंतहीन है। असंख्य एप्स उपलब्ध हैं और हर दिन कई एप लॉन्च होते हैं। नए आने वाले एप्स को आज़माते रहें। नए एप इंस्टाल करने के बाद अगर वे आपको पसंद आते हैं, तो उन्हें रखें। लेकिन अगर आपको उनके फ़ीचर तथा डिज़ाइन पसंद न आएँ, तो उन्हें तुरंत अनइंस्टाल कर दें। हर एप के कुछ निश्चित फ़ीचर होते हैं। अपने फ़ोन में सबसे उपयुक्त एप्स ही रखें। डिज़ाइन संबंधी विकल्पों की विविधता के लिए अलग-अलग एप्स की शैलियों तथा फ़ीचर्स का इस्तेमाल करें।

#6. फ़िल्टर्स को सावधानी से चुनें

जब आप अपने सोशल मीडिया एप्स को अपडेट करते हैं, तो हर बार आपको एक चीज़ निश्चित रूप से मिलती है - कुछ नए फ़िल्टर। सोशल मीडिया प्लेटफ़ॉर्म्स और डिज़ाइनिंग एप्स दोनों ही आपको बहुत सारे फ़िल्टर्स के विकल्प प्रदान करते हैं। फ़िल्टर्स आपके फ़ोटो में शैली तथा विविधता प्रदान करने का आकर्षक तरीक़ा हैं। इंस्टाग्राम और स्नैपचैट में कुछ बेहतरीन फ़िल्टर्स मौजूद हैं। लेकिन फ़िल्टर आपके लिए तभी काम करेंगे, जब आप समझदारी से सही फ़िल्टर का चुनाव करेंगे। देखिए, डिज़ाइनर पोशाकें शोरूम विंडो की डमी पर तो बेहतरीन दिखती हैं, लेकिन हो सकता है कि उन्हें घर पर पहनने पर वे उतनी अच्छी न दिखें। इसी तरह कई फ़ैंसी फ़िल्टर्स दिखते तो बेहतरीन हैं, लेकिन हो सकता है कि वे आपके ब्रांड के लिए कारगर या उपयुक्त न हों। ऐसे फ़िल्टर्स का इस्तेमाल करें, जो आपकी शैली के हिसाब से उपयुक्त हों और आपकी पोस्ट के सौंदर्य को भी बढ़ाते हों।

"डिज़ाइन का मतलब सिर्फ़ यह नहीं है कि यह कैसा दिखता और महसूस होता है। डिज़ाइन का मतलब तो यह है कि यह कैसे काम करता है।"

—स्टीव जॉब्स

#7. ऐसी पोस्ट बनाएँ, जो आपकी ऑडिएंस को आकर्षक लगें

इंटरनेट का एक बहुत बड़ा नुक़सान यह है कि यहाँ मुफ़्त सलाह की भरमार रहती है और ज़्यादातर सलाह ऐसे लोग देते हैं, जिन्हें उस चीज़ का कोई सच्चा अनुभव नहीं होता और जिनके खुद के अकाउंट की हालत अच्छी नहीं होती। हर दूसरे मिनट में आपको एक नया ब्लॉग, यूट्यूब वीडियो, पॉडकास्ट या ई-बुक मिल जाएगी, जो आपको सिखाएगी कि वाइरल पोस्ट कैसे बनाएँ। सावधान रहें, क्योंकि इनमें से कई लेख ऐसे लोगों ने लिखे हैं, जिनके लेखों या वीडियोज़ पर 50 व्यूज़ भी नहीं हैं।

दूसरे जो कर रहे हैं, वह उन्हें करने दें, लेकिन आप कृपया हर पढ़े गए नए विचार को आज़माने के प्रलोभन से बचें। आपके पास अपनी खुद की ऑडिएंस है और आप जानते हैं कि उनके लिए क्या कारगर है। कभी-कभार प्रयोग करना अच्छी बात है, लेकिन हर पोस्ट में प्रयोग करने से आपकी ऑडिएंस दुविधा में पड़ जाएगी और यह कुंठा तथा निराशा में आपको छोड़ देगी। अपनी ऑडिएंस को स्पष्टता से पहचानें और फिर ऐसी पोस्ट्स तैयार करें, जो आपकी ऑडिएंस को आकर्षक लगती हों।

अपनी सोशल मीडिया की इनसाइट्स (जानकारी) देखें या कमेंट तथा स्टोरीज़ के माध्यम से उनसे बातचीत करें। यह पुष्टि करें कि आपकी ऑडिएंस को सबसे ज़्यादा आकर्षक या रोचक क्या लगता है। फिर उनकी आवश्यकताओं के आधार पर ऐसी सामग्री बनाएँ, जिससे वे तालमेल बैठा सकें।

#8. अपने पेज को वास्तविक और व्यक्तिगत बनाएँ

कई बार हम सिस्टम्स और पैटर्न्स में इतने तल्लीन हो जाते हैं कि हम यह बुनियादी बात भूल जाते हैं कि आपके पेज के बारे में सबसे ख़ास चीज़ आप हैं। हालाँकि हम उपकरणों के माध्यम से व्यवहार कर रहे हैं, लेकिन अंततः एक मानव दूसरे से जुड़ रहा है। इसलिए अपने पेज को व्यक्तिगत स्पर्श दें। अपने पेज में अपनी ऊर्जा

तथा उपस्थिति शामिल करें। अपने बहुत से फ़ोटोज़ का इस्तेमाल करें। इनफ़ोग्राफ़िक्स के बजाय फ़ोटो जोड़ने का काम ज़्यादा करते हैं। आप अपने व्यक्तिगत फ़ोटोज़ का प्रभाव तुरंत देख सकते हैं, जो लाइक्स तथा कमेंट्स की संख्या में स्पष्ट दिखता है। अपने फ़ोटोज़ के अलावा आप रोचक चीज़ों के फ़ोटो भी शेयर कर सकते हैं, जैसे कोई पुस्तक, लेख, किसी पुस्तक की कोई ख़ास इमेज या पैराग्राफ़, पोस्टर, होर्डिंग, ईवेंट फ़ोटोज़ आदि। आप बीटीएस (परदे के पीछे की हक़ीक़त) को भी शेयर कर सकते हैं। इससे आपकी प्रोफ़ाइल को व्यक्तिगत स्पर्श मिलता है और इसमें जान आ जाती है।

#9. प्रेरणा की तलाश करें

वैचारिक लीडर्स, उद्योग के दिग्गजों और अपने पसंदीदा इंफ़्लुएंसर्स की पोस्ट्स में प्रवृत्तियों और विचारों की तलाश करें। आपको प्रवृत्तियाँ बनाने की ज़रूरत नहीं है, लेकिन अपने आँख-कान खुले रखने भर से ही आप नए रुझानों को समझ सकते हैं। अपनी पोस्ट में नए रुझानों या शैलियों को अपनाने की कोशिश करें; इससे आपकी पोस्ट तरोताज़ा तथा प्रगतिशील होगी। अगर आप अपनी पोस्ट में कोई नया फ़ीचर शामिल करते हैं, जिसे कोई सोशल मीडिया प्लेटफ़ॉर्म बढ़ावा दे रहा है, तो आपकी पोस्ट मुफ़्त में ही बहुत से अनजान लोगों तक पहुँच जाएगी।

#10. एक ही पोस्ट में कई पोस्ट

कभी-कभी जब आप एक ही विषय या विषय से संबंधित कई बिंदुओं को साझा करना चाहते हैं, तो आप समान डिज़ाइन में कई पोस्ट बना सकते हैं और उन्हें एक पोस्ट के रूप में डाल सकते हैं। आप इन पोस्ट में इमेज के साथ-साथ वीडियो भी डाल सकते हैं और ऐसे पोस्ट को विशेष रूप से इंस्टाग्राम, ट्विटर और लिंक्डइन पर कैरोसेल पोस्ट कहा जाता है। भले ही उपयोगकर्ता को एक समय में केवल एक ही इमेज दिखाई दे, वह पोस्ट में अन्य संबंधित इमेजों को देखने के लिए स्वाइप कर सकता है। फ़ेसबुक फ़ीड पर यूजर्स को ग्रिड की तरह 3-4 फ़ोटो दिखेंगी और एक बार क्लिक करने पर वे एक-एक करके तमाम फ़ोटो या वीडियो देख सकते हैं। मुख्य रूप से मेरी सभी पोस्ट समान डिज़ाइन, पैटर्न या रंग योजनाओं के साथ बनाई गई हैं।

कैरोसेल पोस्ट आश्चर्यचकित कर देते हैं और सबसे अच्छे तरीके से लंबे संदेश या बिंदुओं का एक सेट देते हैं। सामग्री जैसे X के 3 तरीके, X के 5 समाधान, X के लिए 6 क्विक हैक्स, X के लिए 8 विचार और इसी तरह की अन्य सामग्री को कैरोसेल पोस्ट के माध्यम से सबसे ढंग से दर्शाया जा सकता है।

#11. लोगों को वही दें, जिसकी उन्हें ज़रूरत है

आप जिस विषय पर अपनी सामग्री तैयार करना चाहते हैं, उससे संबंधित शब्दावली की जानकारी के लिए गूगल ट्रेंड्स का इस्तेमाल करें। क्षेत्र, दिन जैसे फ़िल्टर लगाएँ और अपनी सर्च को बेहतर बनाने के लिए उप-विषयों के साथ प्रयोग करें। अपने उद्योग में बढ़ते या शीर्ष रुझानों के बारे में सामग्री तैयार करने के लिए इस डेटा

का इस्तेमाल करें। आप अपनी सामग्री को ज़्यादा प्रासंगिक और आकर्षक बनाने के लिए डेली ट्विटर ट्रेंड्स का इस्तेमाल भी कर सकते हैं।

इस बात की कोई गारंटी नहीं है कि इन ग्यारह सिद्धांतों पर चलने के बाद आपकी हर पोस्ट वाइरल होगी, लेकिन मुझे यक़ीन है कि इन सिद्धांतों पर अमल करने पर आपकी एक भी पोस्ट ग़लत नहीं होगी।

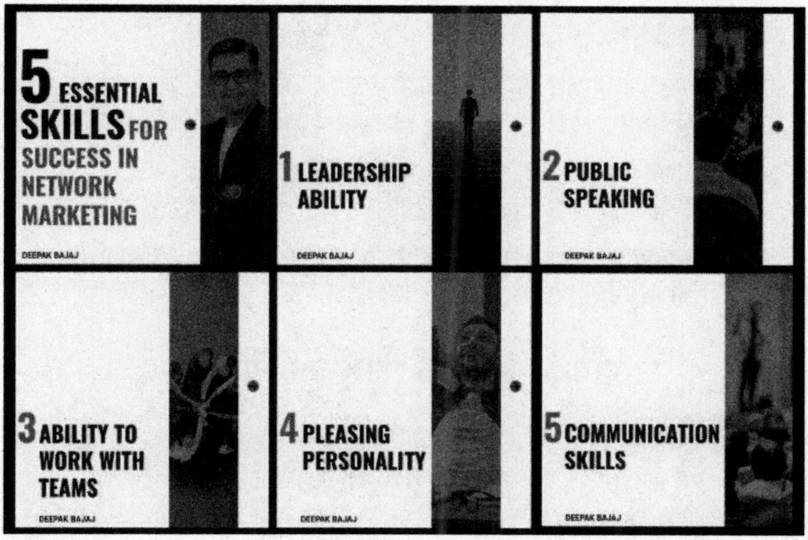

“आपको किलर सामग्री तैयार करने के बारे में जो कुछ भी जानने की ज़रूरत है, उसे तीन शब्दों में कहा जा सकता है : स्पष्ट, संक्षिप्त और आकर्षक।”

—डेमियन फ़ार्नवर्थ

याद रखें और बताएँ

- पोस्ट्स अपना संदेश ऑडिएंस तक पहुँचाने का सबसे तेज़ रास्ता हैं।
- पोस्ट विज्ञापन से अलग होती है। इसे छोटा और सरल रखें।
- पोस्ट पहली नज़र में ही स्पष्टता से समझ में आ जाना चाहिए।
- अपनी ऑडिएंस और उस पोस्ट को तैयार करने के उद्देश्य के बारे में बहुत स्पष्ट बनें।
- प्रभाव की कुंजी यह है कि आपका संदेश आसानी से पढ़ा जा सके। इसी अनुरूप फ़ॉन्ट, रंग और पृष्ठभूमियाँ चुनें।
- आपके फ़ोटो और बीटीएस आपकी सोशल मीडिया पोस्ट्स तथा प्रोफ़ाइल में जान डालते हैं। उनका उपयोग प्रायः करते रहें।
- सृजनात्मक बनें। अपनी ऑडिएंस को समय-समय पर विविधता तथा आश्चर्य दें।

आपके करने के लिए ज़रूरी काम

- पिछले कुछ सप्ताह में आपने जो पोस्ट्स शेयर की हैं, उनका विश्लेषण करें। पहचानें कि आप उनमें कौन सी ग़लतियाँ कर रहे हैं?
- आज के सबक़ के आधार पर वे कौन से शीर्ष 5 परिवर्तन हैं, जिन्हें आप आज से ही अपनी पोस्ट में करेंगे।
- इस अध्याय से सीखी बातों पर एक पोस्ट तैयार करें और अपने मित्रों तथा समुदाय को शेयर करें।

11

कम बजट में प्रभावी वीडियो बनाने के 14 विशेषज्ञतापूर्ण रहस्य

"वेब पर आज जो भी सफल है, उसके पीछे है प्रामाणिकता, ईमानदारी और व्यक्तिगत आवाज़।"

—रिक लेवाइन

सामग्री तैयार करने तथा ऑडिएंस के साथ जुड़ने का सर्वश्रेष्ठ तरीक़ा वीडियोज़ हैं। वीडियोज़ में ज़्यादा जीवन और ऊर्जा होती है, जिससे आपकी ऑडिएंस आपके संदेश के साथ ज़्यादा अच्छी तरह जुड़ती है। वीडियो में किसी चित्र, पोस्ट या लिखित सामग्री से ज़्यादा भावना होती है और इसके अलावा लोग वीडियो देखते समय तुलनात्मक रूप से ज़्यादा एकाग्रचित्त होते हैं। केएलटी नियम के अनुसार भी वीडियोज़ सबसे अच्छी तरह काम करते हैं। जब लोग आपको सुनते और देखते हैं, तो उनके यह महसूस करने की ज़्यादा संभावना रहती है कि वे आपको जानते हैं, आपको पसंद करते हैं और आप पर विश्वास करते हैं। हाल के वर्षों में, मैंने अनेक बार देखा है कि वीडियो को आम तौर पर सभी प्रमुख नंबर्स - लाइक्स, टिप्पणियों और शेयर्स के संदर्भ में अधिक स्कोरिंग पाया जाता है। इन सारे घटकों की वजह से आजकल वीडियोज़ सामग्री का सबसे पसंदीदा रूप बन चुके हैं और वीडियो बनाने की कला में पारंगत होना एक अनिवार्य योग्यता बन चुकी है।

मैं नहीं जानता कि आज आप वीडियो बनाने में कितने दक्ष हैं? मैं नहीं जानता कि आप कैमरे के सामने आरामदेह हैं या नहीं? हो सकता है कि आपको डर लग रहा हो और आपके मन में बहुत सी शंकाएँ हों, जैसे "मैं नहीं जानता कि वीडियो कैसे बनाते हैं," "मैं कैमरे के सामने अच्छा नहीं दिखता हूँ," "मेरे पास अच्छा सेट-अप नहीं है," "मेरे पास शेयर करने के लिए कोई बेहतरीन चीज़ नहीं है," "मेरी भाषा आदर्श नहीं है" या "हो सकता है लोग मेरे वीडियोज़ को पसंद न

करें," आदि। मैं चाहता हूँ कि वीडियो बनाने की तकनीकी बातों में जाने से पहले आप ये दो बातें समझ लें और याद रखें। ये दरअसल मेरे जीवन के मार्गदर्शक सिद्धांत हैं और इन्हें मैंने अपने जीवन के हर क्षेत्र में लागू किया है :

मेरे जीवन का मार्गदर्शक सिद्धांत #1

डर को महसूस करो, लेकिन फिर भी काम कर दो

डर स्वाभाविक है और यह हर एक को लगता है। कई बार डर आपके अवचेतन का संदेश होता है, ताकि आप ज़्यादा अच्छी तैयारी करें। डर को स्वीकार करें, डर को महसूस करें, लेकिन फिर भी आगे बढ़कर वह काम कर दें, जिसकी ज़रूरत है। यह स्कूल के दिनों से मेरा मंत्र रहा है। जब भी मुझे कोई ऐसी चीज़ करने का मौक़ा मिला, जो मैंने पहले कभी नहीं की थी, तो मैंने अपना हाथ उठाकर "हाँ" कह दिया। क्या मुझे डर महसूस हुआ? सारे समय। लेकिन मैंने कभी डर को यह अनुमति नहीं दी कि वह मुझे उस काम को करने से रोके, जो मैं जीवन में हमेशा से करना चाहता था।

कुछ साल पहले मैं मकाऊ, चीन में विश्व की सबसे ऊँची बंजी जम्प करने गया। आपको ग्राउंड फ़्लोर पर बंजी जम्प के टिकट ख़रीदने पड़ते हैं और फिर जम्प के लिए लिफ़्ट से मकाऊ टॉवर के ऊपर जाना होता है। यह ज़मीन से 764 फ़ुट ऊपर है। आपके पैरों में एक रस्सी बँधी होती है और आपको निर्धारित जगह से कूदना होता है। कूदने के मंच की ओर चलना, इसके कोने पर कुछ मिनट खड़े रहना और इतने नीचे देखना अपने आप में बहुत डरावना था। अगले कुछ सेकेंड तक मैं हवा में था और पत्थर की तरह ज़मीन की ओर गिर रहा था। क्या यह डराने वाला था? यह सवाल पूछने की ज़रूरत नहीं है! मैं बुरी तरह डर रहा था। फिर भी मैं फ़ोटोज़ के लिए मुस्कराया, लेकिन अगर आप उस जम्प का वीडियो देखें, तो आप उस नक़ली मुस्कान के नीचे मेरे डर को आसानी से देख सकते हैं। मेरे प्रशिक्षक ने मुझसे कूदने को कहा और मैंने कुछ सेकेंड तक अपना सारा साहस बटोरा और कूद गया।

जब मैंने जम्प पूरा कर लिया और मैं ज़मीन पर सुरक्षित लौट आया, तो आपको पता है, क्या हुआ? मेरा सिर तब भी घूम रहा था और सामान्य महसूस करने में मुझे 20 मिनट से ज़्यादा लग गए। लेकिन एक और चीज़ हुई। मुझे गिनीज़ बुक ऑफ़ वर्ल्ड रिकॉर्ड्स का सर्वोच्च बंजी जम्प पूरा करने का प्रमाणपत्र मिल गया। उस प्रमाणपत्र पर मेरा नाम और जम्प के मेरे फ़ोटो थे। मुझे बहुत गर्व महसूस हुआ कि मैंने अपने डर को हरा दिया था। मैंने उस प्रमाणपत्र का फ़ोटो खींचकर अपने

बच्चों को ईमेल कर दिया। मैं एक विजेता था। मुझे ऐसा महसूस हुआ, जैसे दीपक बजाज को कोई नहीं रोक सकता।

इसके बाद मैंने क्या किया? मैंने दुबई जाकर स्काईडाइव बुक कर दी। इस बार कूदने की ऊँचाई 764 नहीं, बल्कि 13,000 फ़ुट थी। आप विमान में सवार होते हैं और जब आप ज़मीन से 13,000 फ़ुट ऊपर आसमान में होते हैं, तो वे विमान के द्वार खोल देते हैं, जिसमें से आप बाहर कूदते हैं। इमारतें माचिस की डिब्बियों जैसी दिख रही थीं। कारें और बसें चींटियों जैसी दिख रही थीं। क्या विमान से कूदना डरावना था? हाँ! यह था! अगर आप 13,000 फ़ुट की ऊँचाई पर विमान के खुले दरवाज़े का हैंडल पकड़े हों, तो आप और क्या महसूस कर सकते हैं? मैं बहुत बुरी तरह डरा हुआ था। इतना ज़्यादा कि मेरी कुल्फ़ी जम गई थी। मेरा यक़ीन मानें, कूदते समय मैं हँस नहीं रहा था। लेकिन फिर भी मैं कूदा। पहले 2-3 सेकेंड तक तो ऐसा लगा, जैसे संसार ख़त्म हो गया था। मैं अकल्पनीय गति से किसी पत्थर की तरह नीचे गिर रहा था। इतनी ऊँचाई से गिरने का क्या मतलब होता है, यह सिर्फ़ अनुभव से ही समझ आ सकता है।

लेकिन कुछ सेकेंड बाद पैराशूट खुल गया, ठंडी हवा मेरे चेहरे को चूमने लगी और मैं किसी पक्षी की तरह उड़ने लगा। परम शांति और स्वप्न का अहसास। मुझे लगा कि काश! मैं कभी ज़मीन पर न उतरूँ। मैं सोचने लगा कि काश! यह अनुभव कभी ख़त्म नहीं हो। अब अंदाज़ा लगाएँ। इस कूदने से मैंने क्या हासिल किया? मैंने एक बार फिर डर को जीत लिया था। मेरा आत्मविश्वास बहुत बढ़ गया और मैंने अपने दिल में दोबारा लिख लिया कि मैं अजेय हूँ और कुछ भी कर सकता हूँ।

मैं यहीं नहीं रुका। मैं स्कूबा डाइविंग करने के लिए बाली, इंडोनेशिया गया। मैं समुद्र के बीच में था और मेरे प्रशिक्षक ने मुझसे समुद्र में कूदने को कहा। मेरी बात का यक़ीन करें, समुद्र में कूदने का अनुभव स्विमिंग पूल में कूदने से काफ़ी अलग होता है। मैं अकड़ गया था और हिल भी नहीं सकता था। जब मैं हिम्मत करके कूद गया, तो पानी के अंदर जाते ही मुझे लगने लगा कि मेरा दम घुट जाएगा और मेरे प्रशिक्षकों ने मुझे पानी से बाहर निकाल लिया। यह तीन बार हुआ। चौथी छलाँग से मैं धीरे-धीरे सामान्य होने लगा और पानी के नीचे आरामदेह महसूस करने में मुझे आधा दिन लग गया। लेकिन मैं उस डर को जीतने पर इतना आमादा था कि मैं तब तक कूदता रहा, जब तक कि मैं यह नहीं जान गया कि अब मुझे इससे डर नहीं लगता। अंदाज़ा लगाएँ कि इससे मुझे क्या हासिल हुआ - इससे मेरा आत्मविश्वास और ज़्यादा बढ़ गया कि मैं अपने किसी भी डर से ज़्यादा बड़ा हूँ। इसने इस बात की पुष्टि की कि मैं जो ठान लूँ, वह कर सकता हूँ।

यह केवल एडवेंचर स्पोर्ट्स की ही बात नहीं है। जब भी मैंने अपने जीवन में कोई नई चीज़ शुरू की, तो मुझे हर बार डर महसूस हुआ। अपने शहर से दक्षिण भारत पढ़ने जाना, नेटवर्क मार्केटिंग बिज़नेस शुरू करना, बिज़नेस चलाने के लिए नौकरी छोड़ना, शहर बदलना, यूट्यूब चैनल शुरू करना, पहली पुस्तक लिखना, इंस्टाग्राम पर पहली पोस्ट शेयर करना, अपना ऑनलाइन प्रोग्राम लॉन्च करना, अपनी प्रशिक्षण व परामर्शदाता कंपनी शुरू करना, लाखों रुपये के प्रशिक्षण कार्यक्रमों में जाना - ये सभी पहले पहल बहुत डरावने महसूस हुए। मेरे अंदर भी शंकाएँ और असुरक्षाएँ थीं, लेकिन मेरा जीवन इस बात से बदला कि मैंने डर महसूस करने के बावजूद वह काम कर दिया।

कृपया यह समझ लें कि डर को ख़त्म करने का एकमात्र तरीक़ा उस चीज़ को करना है, जिससे आप डरते हैं। इसे कई बार करें, ताकि आपका चेतन और अवचेतन दोनों तरह के मन यह भूल जाएँ कि किसी दिन आप डर से भरे हुए थे। मेरे कोच टोनी रॉबिन्स हमेशा कहते हैं - "डर के बावजूद ज़बर्दस्त काम सफल होने का एकमात्र तरीक़ा है।" इसलिए डर को महसूस करें और इसके बावजूद वह काम कर दें। जब भी आप ऐसा करते हैं, तो आप हर बार अपने विश्वास को अपने डर से ज़्यादा शक्तिशाली बनाते हैं। अपने विश्वास को ज़्यादा शक्तिशाली बनाते रहें और अजेय बने रहें।

मेरे जीवन का मार्गदर्शक सिद्धांत #2

तैयारी किसी भी समस्या का सर्वश्रेष्ठ समाधान है

मुझे एक बार फिर दोहराने दें कि डर आपके अवचेतन मन का संदेश होता है कि आपको ज़्यादा तैयारी करने की ज़रूरत है।

मेरे प्रिय फुटबॉल कोच विन्स लॉम्बार्डी ने एक बार कहा था, *"जीतने की इच्छा इतनी महत्त्वपूर्ण नहीं है, जितनी कि जीतने की तैयारी करने की इच्छा। जीतने की इच्छा ज़्यादातर लोगों में होती है। जीतने में और इससे जुड़ी हर चीज़ में सबको आनंद आता है। ज़्यादा दुर्लभ लोग वे होते हैं, जो तैयारी करने की कड़ी मेहनत लंबे समय तक करने के इच्छुक हों। बेहतरीन प्रदर्शन करने वालों में तैयारी करने की यही दुर्लभ इच्छाशक्ति होती है।"*

यदि आपको महसूस होता है कि आप अब तक अच्छे वीडियो नहीं बना पाए हैं, तो ऐसा शायद इसलिए था, क्योंकि आपने इसे सीखने में कभी समय नहीं लगाया। अब अगर आप वीडियो बनाना सीखने को प्राथमिकता बना लेते हैं, तो मुझे यक़ीन है कि आप अपने खेल को बहुत तेज़ी से बदल सकते हैं। इसलिए इसी समय समर्पित हो जाएँ।

आइए एक तथ्य समझ लें : अगर आप सोशल मीडिया पर अपने ब्रांड को स्थापित करना चाहते हैं, तो वीडियो बनाना वैकल्पिक नहीं, अनिवार्य है। यदि आप चाहते हैं कि ज़्यादा से ज़्यादा लोग आपके साथ जुड़ें, आपका संदेश देखें और आपके संदेश को फैलाएँ, तो वीडियो ही सबसे प्रभावी तरीक़ा है।

अच्छी ख़बर यह है कि वीडियो बनाना एक ऐसी योग्यता है, जिसे पूरी तरह सीखा जा सकता है। यह पैदल चलने जितनी ही सहज बोध वाली और आसान है। क्या आपने कभी किशोरों और युवाओं को फ़ोन से सृजनात्मक वीडियो बनाते और कुछ ही मिनटों में इसकी एडिटिंग करते देखा है? पूरा प्रौद्योगिकी तंत्र इस काम में आपका समर्थन कर रहा है। आपको तो बस कम बजट और कम समय में प्रभावी वीडियो बनाने का तरीक़ा सीखने की ज़रूरत है। इस अध्याय में आज आप यही सीखेंगे।

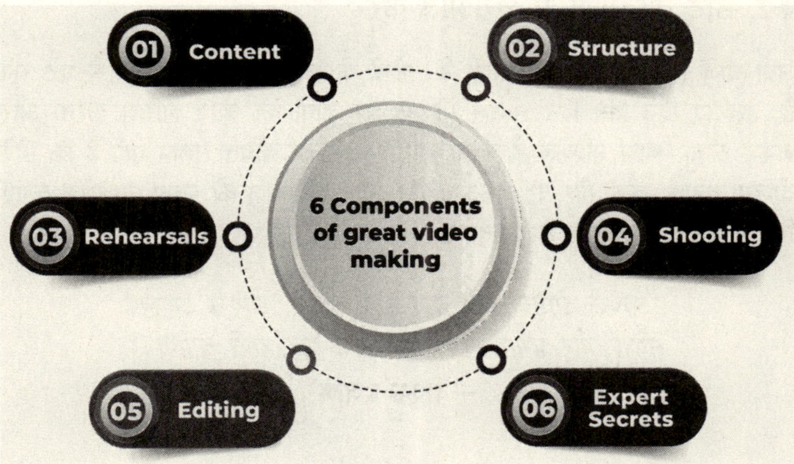

चित्र 6

स्रोत - ***सोशल मीडिया ऐंड ऑनलाइन बिज़नेस मास्टरी*** **- दीपक बजाज का ऑनलाइन ट्रेनिंग कोर्स।**

सिद्धांततः बेहतरीन वीडियो बनाने के 6 घटक हैं, जैसा ऊपर दिए गए रेखाचित्र में बताया गया है। अगर आप अपने वीडियो बनाते समय इन छह घटकों का ध्यान रख सकें, तो आपसे कभी ग़लती नहीं होगी। इन 6 घटकों को विस्तार से स्पष्ट करने के लिए एक पूरी पुस्तक की ज़रूरत होगी, इसलिए मैं 14 सबसे महत्त्वपूर्ण जानकारियाँ और तकनीकें दे रहा हूँ, जो कम बजट और कम समय में प्रभावी वीडियो बनाने में आपकी मदद करेंगी।

#1. तीन का नियम

हालाँकि आप एक वीडियो में कितनी भी चीज़ें सिखा सकते हैं और कितने भी मुख्य बिंदु बता सकते हैं, लेकिन दस लाख से ज़्यादा प्रतिभागियों के साथ मेरे प्रशिक्षण तथा कोचिंग अनुभव ने बार-बार साबित किया है कि किसी वीडियो में तीन मुख्य बातों से ज़्यादा नहीं सिखाना चाहिए या तीन मुख्य बिंदुओं से ज़्यादा नहीं रखना चाहिए। इसलिए अपने हर वीडियो में सिर्फ़ तीन मुख्य बातें चुन लें। अपनी सामग्री, उदाहरण, अध्ययन, संख्याओं, कहानियों तथा बाक़ी सारे आँकड़ों से उन तीन बिंदुओं की पुष्टि करें तथा उन्हें मज़बूत बनाएँ। अगर वीडियो देखने के बाद आपकी ऑडिएंस उन तीन बिंदुओं को याद रख सके, तो इसका मतलब है कि आपने बहुत अच्छा काम किया है।

#2. छोटे वीडियोज़ से शुरुआत करें

लंबी चीज़ें हमेशा अच्छी नहीं होती हैं। लोगों के ध्यान की अवधि तेज़ी से घट रही है, इसलिए दिन प्रति दिन सोशल मीडिया पर लोगों का ध्यान हासिल करना और जकड़े रहना ज़्यादा मुश्किल होता जा रहा है। इसलिए उचित सलाह यही है कि छोटे वीडियो बनाएँ, ख़ास तौर पर शुरुआत में। अपने वीडियोज़ को इतना आकर्षक बनाएँ कि लोग उन्हें पूरे ध्यान से देखते रहें।

"आपके वीडियो लंबे नहीं होने चाहिए, लेकिन आपका संदेश और प्रभाव लंबे समय तक याद रहने चाहिए।"

—दीपक बजाज

ज़्यादा लंबे वीडियो बनाने में विचारमंथन, सामग्री लिखने और एडिटिंग में ज़्यादा समय तथा प्रयास की ज़रूरत होगी। इसलिए अगर आप शुरुआत कर रहे हैं, तो 10 टिप्स या 7 विचारों पर काम करने के बजाय केवल 2-3 मुख्य बिंदुओं पर केंद्रित रहें और अपनी ऑडिएंस को उस समय के बदले में अच्छा मूल्य दें, जो वे आपके वीडियोज़ देखने में लगा रहे हैं।

#3. कभी अच्छी गुणवत्तापूर्ण सामग्री के मूल्य को कम नहीं आँकें

मैं पहले ही ज़िक्र कर चुका हूँ कि सामग्री सचमुच बहुत महत्त्वपूर्ण होती है। अच्छे थम्बनेल्स और कैप्शन्स से आप लोगों को अपना वीडियो देखने तक तो ला सकते हैं,

लेकिन लोग आपके वीडियो तभी पूरे देखेंगे, जब आपकी सामग्री में दम होगा। अच्छी सामग्री के लिए कड़ी मेहनत करें। मैं सामग्री की शक्ति से मंत्रमुग्ध हूँ, इसीलिए मैंने इस पुस्तक में सामग्री पर एक पूरा अध्याय दिया है। किसी भी सामग्री को अच्छा तभी माना जा सकता है, जब यह अपनी ऑडिएंस की सेवा करे। इसे ऑडिएंस को उत्कृष्ट मूल्य और समाधान देना चाहिए।

"सामग्री आग है। सोशल मीडिया पेट्रोल है।"

—जे बेयर

#4. कभी वाइरल वीडियो के लिए काम न करें

कई बार अच्छी गुणवत्ता वाली सामग्री बनाने की राह में एक बड़ा मानसिक अवरोध आता है। मेरी राय में सामग्री तैयार करने वाला कोई भी व्यक्ति जो सबसे बड़ी ग़लती कर सकता है, वह यह है कि वह अपना ध्यान मूल्य बढ़ाने वाली सामग्री बनाने से हटाकर वाइरल सामग्री बनाने पर केंद्रित कर ले। जीवन पूरी तरह से एकाग्रता और इरादे के बारे में है। वाइरल वीडियो के बजाय मूल्यवर्धक वीडियो पर फ़ोकस का यह परिवर्तन छोटा और महत्त्वहीन दिखता है, लेकिन इसका प्रभाव बहुत ज़्यादा होता है, जो हर व्यक्ति को महसूस करता है। जब आपका ध्यान वाइरल सामग्री बनाने पर केंद्रित होता है, तो आप यह तलाश करेंगे कि क्या बिकता है, किस चीज़ से ज़्यादा लाइक या ज़्यादा व्यूज़ मिलते हैं या नवीनतम क्या है और ट्रेंडिंग क्या है। यह खोजने के उतावलेपन में आप एक लेख से दूसरे लेख तक जाएँगे, एक सोशल मीडिया अकाउंट से दूसरे पर जाएँगे और अंत में आप इतने ज़्यादा दुविधाग्रस्त तथा कुंठित हो जाएँगे कि या तो आप अपना अकाउंट बंद कर देंगे या फिर इतनी बुरी सामग्री उत्पादित करेंगे कि उसे कोई नहीं देखेगा।

हर सोशल मीडिया बनाने वाले की एक अनूठी ऑडिएंस और ब्रांड इमेज होती है। हर व्यक्ति अपने चुने हुए क्षेत्र में काम कर रहा है और उस ख़ास क्षेत्र के लिए सामग्री बना रहा है। जब आप पूरी तसवीर को समझे बिना उनकी नक़ल करने लगते हैं, तो आप अंत में कहीं नहीं पहुँच पाते।

सच तो यह है कि वीडियो बनाते समय कोई नहीं जानता कि यह वाइरल होगा या नहीं। मैं पहले ही अपने यूट्यूब चैनल का उदाहरण बता चुका हूँ। मेरे कई वीडियोज़ के दस लाख व्यूज़ हैं और उन्हीं विषयों पर कुछ ऐसे वीडियोज़ भी हैं, जिनके 50,000 व्यूज़ भी नहीं हैं। आपका मुख्य काम उत्कृष्ट सामग्री उत्पन्न करना है, जिससे मूल्य बढ़े। यह वीडियो कितनी दूर पहुँचेगा, यह निर्णय कई घटकों पर निर्भर होता है, जो आपके नियंत्रण के बाहर हैं। ऑडिएंस की सेवा करने पर ध्यान

केंद्रित रखें; वह करने पर नहीं रखें, जो लोकप्रिय नज़र आता है या शोहरत का शॉर्टकट दिखता है।

#5. अधिकतम प्रभाव के लिए सही तंत्र का अनुसरण करें

आपकी सामग्री चाहे जितनी अच्छी हो, आपको अधिकतम प्रभाव के लिए इसे सही तंत्र में पेश करना होगा। बेतरतीब या क्रमरहित प्रस्तुति से आपकी ऑडिएंस उलझन में पड़ जाएगी और आपको मनचाहे परिणाम नहीं मिलेंगे। सर्वश्रेष्ठ वीडियोज़ पर शोध करने और अलग-अलग तंत्रों के साथ प्रयोग करने के बाद मुझे एक सिस्टम मिला है, जिसने कई वर्षों से मुझे अच्छे परिणाम दिए हैं। इसी सिस्टम से मेरे हज़ारों ऑनलाइन कोर्स प्रतिभागियों को भी उत्कृष्ट परिणाम मिले हैं। अपने विचार किसी वीडियो में पेश करने का मेरा अनुशंसित क्रम यह है :

क. फटाफट परिचय

बस अपना नाम बताएँ और अभिवादन करें। 100वाँ वीडियो बनाते समय भी यह काम करें।

ख. ज़बर्दस्त शुरुआत

लोगों को एक दमदार कारण बताएँ कि उन्हें आपका वीडियो क्यों देखना चाहिए? उन्हें शुरुआत में ही बता दें कि उस वीडियो के ज़रिये आप कौन सा फ़ायदा पहुँचाने जा रहे हैं या कौन सी समस्या सुलझाने जा रहे हैं?

ग. मुख्य सामग्री

अपनी मुख्य सामग्री को उन दिशानिर्देशों के अनुरूप तैयार करें, जो सामग्री तैयार करने वाले अध्याय में दिए गए हैं।

घ. कर्म का आह्वान

वीडियो देखने के बाद आप उनसे क्या कराना चाहते हैं?

"समर्पण वाले सामान्य लोग संसार पर असाधारण प्रभाव डाल सकते हैं।"

—जॉन सी. मैक्सवेल

#6. रिहर्सल

किसी वीडियो को शूट करने से पहले रिहर्सल बेहद महत्त्वपूर्ण हैं। भले ही आप यह सोचते हों कि आप उस क्षेत्र के सबसे बड़े विशेषज्ञ हैं, लेकिन फिर भी मेरी प्रबल अनुशंसा यही है कि वीडियो शूट करने से पहले रिहर्सल करना कभी न भूलें। अपने मोबाइल पर ही फटाफट डेमो वीडियो बनाएँ और कुछ बुनियादी चीज़ों की जाँच करें, जैसे शब्दों का चयन, आवाज़ की टोन और सबसे महत्त्वपूर्ण बात - टाइमिंग। ज़्यादातर समय आपको अहसास होगा कि या तो आप अपनी मूल योजना से बहुत जल्दी बात ख़त्म कर रहे हैं या फिर उससे बहुत ज़्यादा देर तक बोल रहे हैं। मैंने अपनी लाइव ईवेंट्स के प्रतिभागियों के साथ अक्सर अनुभव किया है कि 10 मिनट की रिहर्सल आपके वीडियोज़ की गुणवत्ता को 3 से 5 गुना बेहतर बना सकती है।

#7. लाइटिंग

लाइटिंग सबसे ज़्यादा महत्त्वपूर्ण होती है, लेकिन वीडियो शूट करते समय इस पर ज़्यादा ध्यान नहीं दिया जाता है। लाइव होते समय या किसी वीडियो की शूटिंग करते समय आपको बहुत अच्छी लाइटिंग की ज़रूरत होती है। अच्छी लाइटिंग से वीडियो पेशेवर दिखता है और ज़्यादा महत्त्वपूर्ण बात यह है कि लोगों का इसे देखते रहने का मन होता है। ख़ुद से पूछें - अगर आपको वक्ता को ही देखने में मुश्किल आ रही हो, तो क्या आप किसी वीडियो को कुछ सेकेंड और देखेंगे? नहीं, आप नहीं देखेंगे। तो फिर आप लाइटिंग की ख़राब गुणवत्ता वाले अपने वीडियो के बारे में यह उम्मीद कैसे कर सकते हैं कि आपकी ऑडिएंस इसे पूरा देखेगी?

पर्याप्त प्रकाश के बिना सर्वश्रेष्ठ कैमरों से भी उत्कृष्ट परिणाम नहीं मिलेंगे। पेशेवर लोग दिन में शूटिंग करते समय भी अतिरिक्त प्रकाश की व्यवस्था करते हैं। प्रायः प्रकाश जितना ज़्यादा होता है, वीडियो की गुणवत्ता उतनी ही बेहतर होती है। इस मोटे नियम को याद रखें - जब भी आपको शंका हो, प्रकाश थोड़ा और बढ़ा लें। मैं यह उम्मीद नहीं कर रहा हूँ कि आप महँगी स्टूडियो लाइट्स ले आएँ, लेकिन अच्छी रिंग लाइट, टी-लाइट या कुछ एलईडी बल्ब आपको अच्छी गुणवत्ता वाला वीडियो देने के लिए पर्याप्त हैं।

मेरी सलाह यह है कि आप वीडियोज़ शूट करने के लिए एक-दो निश्चित जगहें तय कर लें, ताकि जब भी आपको कोई वीडियो शूट करना हो, तो आप वहाँ जाकर शूटिंग कर सकें। अलग-अलग प्रकाश व्यवस्था और पृष्ठभूमि के साथ प्रयोग करें। इसके बाद एक निश्चित सेट अप बनाएँ, ताकि हर बार सेटअप तैयार करने में लगने वाला समय और ऊर्जा बच सके। आप एक-दो फ़िक्स्ड लाइट्स रख

सकते हैं और एक-दो पोर्टेबल लाइट्स रख सकते हैं, जिनका आप ज़रूरत पड़ने पर इस्तेमाल कर सकते हैं।

#8. अच्छा माइक

लोग आपसे कितना भी प्रेम करते हों या आपकी सामग्री कितनी भी ज़बर्दस्त हो, अगर लोगों को आपकी बात सुनने में मुश्किल आ रही है या आवाज़ धीमी अथवा अस्पष्ट है, तो वे तुरंत कोई दूसरा वीडियो देखने लगेंगे। अच्छे वीडियो के लिए अच्छी आवाज़ अनिवार्य है। अपने फ़ोन के माइक पर कभी भरोसा न करें। हमेशा अच्छी गुणवत्ता वाले बाहरी माइक का इस्तेमाल करें। शुरुआती लोगों को एक हज़ार रुपये से कम में अच्छा माइक मिल सकता है।

कई वर्षों से मैं एक बेसिक बोया माइक (मॉडल बीवाईएम 1 ऑम्निडायरेक्शनल लैवेलियर कंडेन्सर माइक्रोफ़ोन) का उपयोग कर रहा हूं, जिसकी क़ीमत मुझे सिर्फ़ 600 रुपये पड़ी और मुझे सैकड़ों वीडियो बनाने के लिए अद्भुत गुणवत्ता मिली।

अगर आप नियमित रूप से सामग्री तैयार कर रहे हैं, तो बैकअप के लिए अपने पास अतिरिक्त माइक और बैटरियाँ रखें।

#9. आपकी पृष्ठभूमि

पृष्ठभूमि से भी आपके वीडियो की गुणवत्ता पर बहुत ज़्यादा फ़र्क़ पड़ता है। आम तौर पर हल्के रंग की साफ़ दीवार या सादे पर्दे सबसे अच्छी तरह काम करते हैं। अगर आप घर पर शूटिंग कर रहे हों, तो वीडियो की पृष्ठभूमि में आने वाली जगह को साफ़ कर लें। आप अलग-अलग रंगों के 2-3 पर्दे रख सकते हैं, ताकि उन्हें अदल-बदलकर लगाने से वीडियोज़ में विविधता आ सके। यदि आप विभिन्न वीडियो को पृष्ठभूमि के साथ प्रयोग करना चाहते हैं, तो आप पृष्ठभूमि में चमकीले हरे रंग की स्क्रीन का उपयोग कर सकते हैं जिसका लोकप्रिय नाम क्रोमा कीइंग है। जब आप कोई वीडियो हरे रंग की स्क्रीन के साथ शूट करते हैं, तो आप अधिकतर एडिटिंग सॉफ़्टवेयर में मौजूद क्रोमा कीइंग फ़ीचर्स से आसानी से अपनी वीडियो पृष्ठभूमि को अपनी पसंद के अनुरूप संशोधित कर सकते हैं।

#10. लंबे वीडियो की शूटिंग छोटे क्लिप्स में करें

मैंने देखा है कि कुछ लोग पूरे वीडियो की शूटिंग एक साथ करने की कोशिश में बहुत परेशान होते हैं। दिलचस्प बात यह है कि वे ऐसा पहली बार में ही बगैर किसी ग़लती

के करना चाहते हैं। अगर आप ऐसा कर सकते हों, तो बेहतरीन है, लेकिन अगर आपको इसमें दिक़्क़त आ रही है, तो यह जान लें कि ऐसा करना क़तई ज़रूरी नहीं है। एक ही बार में पूरे वीडियो की शूटिंग करना ज़रूरी नहीं है। कैमरे के सामने लगातार बोलने से आपका शरीर और आवाज़ दोनों थक सकते हैं। ब्रेक लें, थोड़ा पानी पिएँ और अपनी पटकथा को रिवाइज़ करें। छोटे-छोटे क्लिप्स की शूटिंग करें और एडिटिंग करके उन्हें मिला दें। ज़रूरत हो, तो आप अपने सामने मुख्य बिंदु रख सकते हैं। अगर आप शूटिंग के दौरान ब्रेक लेना चाहते हैं, तो मैं आपको एक फटाफट नुस्ख़ा दे सकता हूँ। मिसाल के तौर पर, अगर आप एक वीडियो में तीन बिंदु रख रहे हों, तो एक बिंदु पूरा करने के बाद ब्रेक लें। इससे एडिटिंग ज़्यादा आसान हो जाएगी और ज़्यादा तेज़ी से भी होगी।

#11. सही एस्पेक्ट रेशियो में शूट करें

विभिन्न सोशल मीडिया प्लेटफ़ॉर्म्स की सामग्री के लिए बेहद पसंदीदा एस्पेक्ट रेशियो

चित्र 7

किसी इमेज या वीडियो का एस्पेक्ट रेशियो उसकी चौड़ाई और ऊंचाई का अनुपात होता है। इसे आमतौर पर एक कोलन द्वारा अलग दी गई दो संख्याओं के रूप में व्यक्त किया जाता है, जैसे कि 16:9। हर सोशल मीडिया प्लेटफ़ॉर्म की सामग्री

के लिए एक पसंदीदा एस्पेक्ट रेशियो होता है। सर्वोत्तम प्रतिक्रिया पाने के लिए, इस बात पर अधिक ज़ोर दिया जाता है कि आप सामग्री को उस एस्पेक्ट रेशियो में पोस्ट करें जो उस विशेष सोशल मीडिया प्लेटफ़ॉर्म के लिए सबसे ठीक हो। चित्र 7 पर जल्द नज़र डालने से विभिन्न एस्पेक्ट रेशियो की अवधारणा स्पष्ट हो जाएगी।

ज़ाहिर है, आप एडिटिंग के समय भी रिज़ॉल्यूशन बदल सकते हैं, लेकिन वीडियो बनाने वाले समझदार लोग शूटिंग के पहले ही रिज़ॉल्यूशन संबंधी निर्णय ले लेते हैं। आपको पता होता है कि आप उस ख़ास वीडियो को किस प्लेटफ़ॉर्म पर पोस्ट करने वाले हैं, इसलिए उसी के अनुसार इसकी शूटिंग क्यों न करें? इससे एडिटिंग का काम भी काफ़ी आसान हो जाता है। यूट्यूब के लिए पोर्ट्रेट वीडियो क्यों शूट करना, जबकि आप जानते हैं कि उस प्लेटफ़ॉर्म पर लैंडस्केप वीडियो सबसे अच्छे दिखते हैं? आज के सबसे लोकप्रिय कुछ प्लेटफ़ॉर्म्स के वर्तमान स्क्रीन रिज़ॉल्यूशन्स ये हैं। आप समय-समय पर इनकी जाँच कर सकते हैं, क्योंकि सोशल मीडिया पर चीज़ें बहुत तेज़ी से बदलती रहती हैं।

- यूट्यूब वीडियोज़ - 16:9
- इंस्टाग्राम सामान्य वीडियोज़ - 4:5 या 1:1
- आईजीटीवी वीडियोज़, इंस्टाग्राम रील्स - 9:16
- फ़ेसबुक - 16:9 या 9:16

#12. वीडियो एडिटिंग

अच्छी एडिटिंग से आपके वीडियो की गुणवत्ता और दर्शनीयता दोनों ही बढ़ जाती हैं। एडिटिंग आपके वीडियो के लिए वही काम करती है, जो तोहफ़े लपेटने वाला क़ागज़ करता है। हालाँकि आप किसी एडिटिंग के बिना भी वीडियो पोस्ट कर सकते हैं, लेकिन मेरी सलाह है कि आपको हर वीडियो की एडिटिंग करनी चाहिए, क्योंकि इससे ऑडिएंस का अनुभव बेहतर होता है। कई लोग एडिटिंग से इसलिए डरते हैं, क्योंकि उन्हें लगता है कि इसमें बेहद तकनीकी योग्यता की ज़रूरत होती है। सबसे पहले तो इस मानसिक अवरोध को बाहर निकाल दें कि एडिटिंग बहुत मुश्किल काम है और आपको अच्छा वीडियो बनाने के लिए किसी प्रमाणित वीडियो एडिटर की ज़रूरत है। जब तक आप बड़े कॉरपोरेट ब्रांड या बड़े सोशल मीडिया इंफ़्लुएंसर नहीं हों, तब तक दरअसल आपको फ़ैंसी एडिटिंग की ज़रूरत नहीं है। मैं कुछ बड़े सोशल मीडिया इंफ़्लुएंसर्स को जानता हूँ, जो अपने वीडियोज़ की बुनियादी एडिटिंग

करते हैं और उनके वीडियोज़ लाखों लोगों तक पहुँचते हैं। इतने सारे मोबाइल एप और सॉफ़्टवेयर हैं, जिनका इस्तेमाल करना बेहद आसान है और जो एडिटिंग में नौसिखिये लोगों के लिए ही बनाए गए हैं।

यदि आप सही प्रकाश, कैमरे की सही जगह, अच्छे माइक और सही पृष्ठभूमि में वीडियो शूट करते हैं, तो आपको वैसे भी न्यूनतम एडिटिंग की ज़रूरत होगी। ज़्यादातर समय आपको या तो कुछ हिस्सों को काटना पड़ सकता है या फिर कुछ छोटे क्लिप्स को मर्ज़ करना होता है। आप वीडियोज़ में शब्द जोड़ने के लिए रेडीमेड टेंपलेट्स का इस्तेमाल कर सकते हैं। रॉयल्टी-फ़्री इमेजेस और वीडियोज़ के फुटेज भी इंटरनेट पर प्रचुरता से उपलब्ध हैं।

हज़ारों मोबाइल एप में अद्भुत फ़ीचर्स मौजूद हैं, जिनकी सहायता कोई भी नया व्यक्ति ले सकता है। चूँकि हर दिन नए और बेहतर एप्स आते जा रहे हैं, इसलिए आपको अलग-अलग एप्स की जाँच करते रहना चाहिए, लेकिन जिनका मैं वीडियो एडिटिंग के लिए जिन मुफ़्त एप्स का काफ़ी समय से इस्तेमाल कर रहा हूँ, वे हैं InShot, KineMaster और FilmoraGo।

#13. अपने वीडियोज़ में ईएसपीएन रखें

यह मेरे *सोशल मीडिया ऐंड ऑनलाइन बिज़नेस मास्टरी* कोर्स के प्रतिभागियों का प्रिय फ़ॉर्मूला है। मैंने चार मुख्य चीज़ों को ईएसपीएन नाम दिया है, जिन्हें आपको अपने वीडियो में शामिल करना चाहिए। ईएसपीएन का मतलब है एनर्जी (ऊर्जा), स्पार्क (चिंगारी), पैशन (जोश) और नेचुरल स्टाइल (आपकी स्वाभाविक शैली)। सोशल मीडिया प्लेटफ़ॉर्म चाहे जो हो और आप चाहे जिस भी प्रकार की सामग्री की शूटिंग कर रहे हों, आपके वीडियो में ये चार मुख्य चीज़ें होनी चाहिए। इनसे आपके वीडियो में जान आती है और ऊर्जा संप्रेषित होती है।

"ऊर्जा और जोश के साथ मूल्य बढ़ाने वाली सामग्री देने से क्रांति को ईंधन मिल सकता है।"

—दीपक बजाज

#14. अपने काम की तुलना कभी किसी से नहीं करें

यह अंतिम लेकिन बेहद महत्त्वपूर्ण बात है। मैंने इसे 14 जानकारियों और विशेषज्ञतापूर्ण रहस्यों की सूची में शामिल इसलिए किया, क्योंकि कई लोग सोशल मीडिया पर अद्भुत काम कर सकते हैं और बहुत सारे लोगों को बहुत प्रेरणा दे

सकते हैं, लेकिन वे अपने काम की तुलना किसी दूसरे बड़े लीडर या अनुभवी सोशल मीडिया इंफ़्लुएंसर से करके कुंठित हो जाते हैं। कई बार ये सचमुच अच्छे लोग प्लेटफ़ॉर्म या सोशल मीडिया छोड़कर चले जाते हैं, क्योंकि उन्हें ऐसा लगता है कि उनका काम दूसरों की तुलना में ज़्यादा छोटा या हीन है। मेरा यक़ीन मानें, कोई भी काम छोटा नहीं होता, बशर्ते इसे दूसरों की मदद करने के सही इरादे से किया जाए।

बड़े यूट्यूबर्स या उद्योग के लीडर्स से भयभीत न हों और कभी उनकी सामग्री तथा शैली की नक़ल करने की कोशिश न करें। आप नहीं जानते कि उन्होंने कब शुरू किया और उनकी ऑडिएंस तथा चैनल किस प्रकार विकसित हुए। कई बड़े यूट्यूबर्स सिर्फ़ उनकी सामग्री के कारण लोकप्रिय नहीं हुए थे, बल्कि जल्दी शुरुआत करने की वजह से भी हुए थे। कई अन्य पेशेवर यूट्यूबर्स या सोशल मीडिया इंफ़्लुएंसर्स हैं, जो पूरी पेशेवर टीम के साथ चौबीसों घंटे अपने अकाउंट चला रहे हैं। आप उनके उद्देश्य और रणनीति नहीं जानते।

आपको सोशल मीडिया से विशिष्ट परिणाम हासिल करना है। आपका संदेश अनूठा है और आपकी ऑडिएंस अनूठी है, जिसकी आपको सेवा करनी है। इसी पर केंद्रित बने रहें। वैसे भी अपनी पहली कक्षा की तुलना किसी आठवीं या नवीं कक्षा वाले विद्यार्थी से नहीं करें। हर एक की उसकी ख़ुद की दौड़ होती है। इसी समय शुरू कर दें और अपने सर्वश्रेष्ठ प्रयास करें। कल आप और आपका सोशल मीडिया पेज कई दूसरे लोगों के लिए आशा, जानकारी और प्रेरणा का बड़ा स्रोत बन सकता है।

हालाँकि मैंने इस पुस्तक में वे सभी मुख्य विचार बता दिए हैं, जो आपकी सोशल मीडिया की कायाकल्पकारी यात्रा शुरू करने के लिए बेहद अनिवार्य हैं, फिर भी मैं सोचता हूँ कि वीडियो बनाना सीखने का सर्वश्रेष्ठ तरीक़ा दरअसल वीडियो बनाकर ही सीखा जा सकता है। अगर आपमें ज़्यादा विस्तार से इन विचारों की पड़ताल करने का समर्पण और जोश है, तो मैं आपको अपने *सोशल मीडिया ऐंड ऑनलाइन बिज़नेस मास्टरी* प्रोग्राम की जाँच करने के लिए आमंत्रित करता हूँ, जो बड़ा ऑनलाइन बिज़नेस बनाने के लिए संसार के डायरेक्ट सेलर्स के लिए अपनी तरह का अनूठा, पूर्ण, परिणाम-केंद्रित और काफ़ी किफ़ायती प्रोग्राम है।

अंत में, मैं आपको याद दिलाना चाहूँगा कि वीडियो बनाना एक ऐसी योग्यता है, जिसे सीखा जा सकता है और आप जैसे-जैसे ज़्यादा वीडियो बनाते जाएँगे, आप इसमें माहिर बनते जाएँगे। अब आप सारे मुख्य विचार जान चुके हैं और मुझे यक़ीन है कि जब आप इन पर अमल करके अपने वीडियो बनाएँगे, तो आपको

अद्भुत परिणाम मिलेंगे। कुछ ज़बर्दस्त वीडियो बनाएँ और मेरे साथ और हमारे समुदाय के साथ भी शेयर करें। मैं आपको वीडियो सुपरस्टार के रूप में देखने को लेकर बेहद रोमांचित हूँ।

"जीनियस विचार में होता है। लेकिन प्रभाव कार्य से पड़ता है।"

—साइमन सिनेक

याद रखें और बताएँ

- कभी भी तीन का नियम न भूलें - एक वीडियो में तीन से ज़्यादा मुख्य संदेश/सीखने की चीज़ें न रखें।
- अगर आप अपनी सामग्री को सही क्रम में पेश नहीं करेंगे, तो सर्वश्रेष्ठ सामग्री से भी बेहतरीन परिणाम नहीं मिलेंगे।
- अच्छी शुरुआत और प्रभावी कर्म का आह्वान किसी वीडियो के प्रभाव तथा परिणामों को कई गुना बढ़ा देता है।
- 10 मिनट की रिहर्सल आपके वीडियो की गुणवत्ता को 3 से 5 गुना बेहतर बना सकती है।
- वीडियो की शूटिंग करने से पहले पर्याप्त प्रकाश व्यवस्था, अच्छे माइक, सही पृष्ठभूमि, उचित ऊँचाई और सही स्थान सुनिश्चित करें।
- अपने वीडियोज़ में ईएसपीएन बनाए रखें - एनर्जी (ऊर्जा), स्पार्क (चिंगारी), पैशन (जोश) और नेचुरल स्टाइल (आपकी स्वाभाविक शैली।)
- अपनी तुलना किसी दूसरे यूट्यूबर, बड़े लीडर या किसी बड़े सोशल मीडिया अकाउंट से कभी न करें।

आपके करने के लिए ज़रूरी काम

- सोशल मीडिया पर पोस्ट किए हुए अपने पिछले 10 वीडियो देखें और पहचानें कि आप क्या बेहतर कर सकते थे।
- आज के सबक़ के आधार पर वीडियो बनाने की अपनी खुद की रणनीति बनाएँ।
- इस अध्याय की तीन सर्वश्रेष्ठ सीखी बातों पर आज ही एक वीडियो बनाएँ और उसे अपने मित्रों तथा समुदाय के साथ शेयर करें।

12

विश्व के सर्वश्रेष्ठ सोशल मीडिया इंफ़्लुएंसर्स का गोपनीय फ़ॉर्मूला

"अगर आप सर्वश्रेष्ठ बनना चाहते हैं, तो आपको ऐसी चीज़ें करनी होंगी, जिन्हें बाक़ी लोग नहीं करना चाहते।"

— माइकल फेल्प्स

मुझे आप पर 100 प्रतिशत भरोसा है। मुझे यक़ीन है कि आपके भीतर महानता के बीज हैं। आप प्रतिभा, क्षमता, ऊर्जा और समर्पण के शक्तिपुंज हैं। आप जिस भी चीज़ की ठान लें, उसे हासिल कर सकते हैं। इस पुस्तक का यह अध्याय आपमें मेरे विश्वास का सबूत है। मैं पहले ही इस पुस्तक में हर वह चीज़ बता चुका हूँ, जिससे आप सोशल मीडिया में बड़ी सफलता हासिल कर सकते हैं, इसलिए मैं सोच रहा था कि क्या मुझे इस विषय पर शीर्ष 1 प्रतिशत लीडर्स के रहस्य बताना चाहिए या नहीं। अंततः मैंने ऐसा करने का निर्णय लिया, क्योंकि मैं सचमुच विश्वास करता हूँ कि महानता हर व्यक्ति का जन्मसिद्ध अधिकार है। हर महान व्यक्ति ने किसी दिन अपनी यात्रा किसी न किसी दिन शून्य से शुरू की थी। आज आपके सुनहरे भविष्य का पहला दिन है। हर उस चीज़ के प्रति पूरी तरह समर्पित हो जाएँ, जिससे आपके सपने सच हो जाएँ और आपको हर वह चीज़ मिल जाए, जिसे आप हासिल करना चाहते हैं। मैंने यह अध्याय अपने सबसे लोकप्रिय वैश्विक ऑनलाइन प्रोग्राम - *सोशल मीडिया ऐंड ऑनलाइन बिज़नेस मास्टरी* से लिया है। यह संपूर्ण सोशल मीडिया और ऑनलाइन बिज़नेस बनाने में महारत दिलाने वाला 3 सप्ताह का प्रोग्राम है और यह अध्याय उस कोर्स के 13वें दिन का हिस्सा है।

कृपया याद रखें कि हर उद्योग के शीर्ष 1 प्रतिशत लोग किसी न किसी समय बाक़ी 99 प्रतिशत लोगों का हिस्सा थे। उन्होंने तो बस बड़ी सफलता के लिए आवश्यक मानसिकता, योग्यताओं और टूल्स को विकसित करने पर मेहनत की,

जिसकी बदौलत वे शीर्ष 1 प्रतिशत में पहुँच गए। इसका मतलब है कि आप आज चाहे जहाँ हों, अगर आप सीखने और विकास करने के प्रति समर्पित कर देते हैं, तो जीत हमेशा आपकी होगी।

जब आपकी प्रोफ़ाइल बन जाती है और आप उपयोगी सामग्री बनाने तथा पोस्ट करने का काम नियमित रूप से शुरू कर देते हैं, तो अगला लक्ष्य यह होना चाहिए कि आपका प्रभाव और सोशल मीडिया प्रयासों से आपको मिलने वाले परिणाम कई गुना बढ़ जाएँ। यह अध्याय आपको यह बताएगा कि शीर्ष 1 प्रतिशत लोग बाक़ी लोगों से क्या अलग करते हैं। आसानी से समझने के लिए मैंने इसे एक संक्षिप्त रूप दिया है - केयर - कन्वर्शेसंस (बातचीत), एनालिटिक्स (विश्लेषण), रिलेशनशिप्स (संबंध) और एंड रिजल्ट (अंतिम परिणाम)। शीर्ष लीडर्स इसी संक्षिप्त रूप का इस्तेमाल बाक़ी लोगों से ज़्यादा करते हैं। आइए केयर के इन चार घटकों को समझते हैं।

विश्व के सर्वश्रेष्ठ सोशल मीडिया इंफ़्लुएंसर्स अपने फ़ॉलोअर्स के लिए केयर का इस्तेमाल कैसे करते हैं

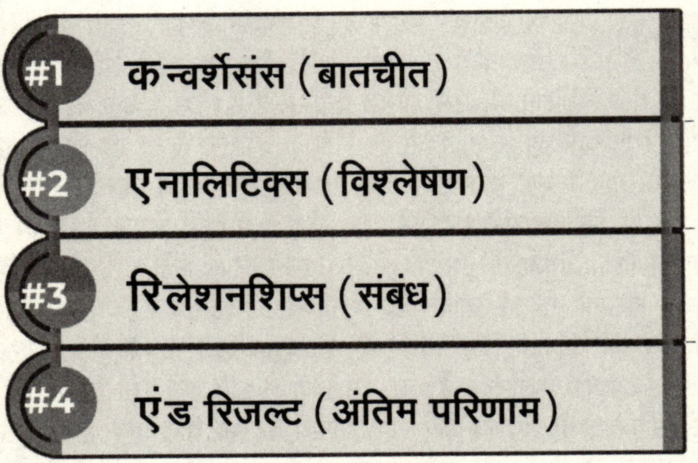

चार्ट 8

"अपने से ज़्यादा परवाह अपने ग्राहकों की करेंगे, तो आप अच्छा प्रदर्शन करेंगे।"

—डेरेक सिवर्स

#1. बातचीत

बातचीत नेतृत्व का हृदय है। यह सोशल मीडिया पर सफलता की अहम आवश्यकता है और अगर आप ऑनलाइन रिक्रूट करना चाहते हैं तथा एक बड़ी टीम का प्रबंधन करना चाहते हैं, तो यह ख़ास तौर पर महत्त्वपूर्ण है। शीर्ष 1 प्रतिशत लीडर्स बातचीत और संवाद में माहिर होते हैं। उन्होंने सोशल मीडिया से ज़बर्दस्त परिणाम हासिल करने का फ़ॉर्मूला समझ लिया है :

पोस्ट + बातचीत = ज़बर्दस्त परिणाम।

याद रखें, सिर्फ़ पोस्ट ही पर्याप्त नहीं है। रोबोट भी सर्वश्रेष्ठ रणनीतियों और एलगोरिद्म का इस्तेमाल करके पोस्ट कर सकते हैं। एक अच्छा चित्र शेयर करना, कुछ अच्छे शब्द लिखना, कुछ प्रासंगिक हैशटैग्स का इस्तेमाल करना सभी महत्त्वपूर्ण हैं, लेकिन अगर आप बातचीत वाला महत्त्वपूर्ण हिस्सा नहीं करेंगे, तो आपको उनसे कोई परिणाम नहीं मिलेगा। परिणाम बातचीत से मिलते हैं।

यदि आप इस बात से सहमत हैं कि बातचीत महत्त्वपूर्ण होती है, तो कृपया बातचीत के बारे में एक और चीज़ समझ लें। सोशल मीडिया पर बातचीत दो तरह की होती है :

1. प्रतिक्रियाशील चर्चा

कमेंट्स और आने वाले मेंशन या डीएम के जवाब देना प्रतिक्रियाशील चर्चा के रूप हैं। किसी ने कोई चर्चा शुरू की या प्रश्न पूछा और आपने उसका जवाब दे दिया। यह बेहद महत्त्वपूर्ण है और इसे अच्छा सोशल मीडिया शिष्टाचार माना जाता है।

2. प्रोएक्टिव चर्चा

यह आपकी विजेता धार है और यहीं पर आपको लीडर्स का अगला समूह मिलेगा। लोगों के कमेंट करने या आपको प्राइवेट मैसेज भेजने का इंतज़ार नहीं करें। अपनी ओर से अपने फ़ॉलोअर्स और अजनबियों के साथ चर्चाएँ शुरू करें। आप या तो अपनी पोस्ट पसंद करने वाले लोगों के साथ चर्चा शुरू कर सकते हैं या फिर प्रासंगिक चर्चाओं में शामिल हो सकते हैं। आप उन लोगों के साथ नई चर्चा छेड़ सकते हैं, जो आपके, आपके ब्रांड या आपके उद्योग के बारे में बातचीत कर सकते हैं। अगर कोई व्यक्ति उद्योग के किसी लीडर की पोस्ट पर कमेंट करता है, तो आप वहाँ भी बातचीत शुरू कर सकते हैं।

चर्चा को सज़ा या कष्टकारी काम न मानें। समय निकालें और खुशी-खुशी लोगों से बातचीत करें। याद रखें, बातचीत और संलग्नता से ही आपको स्वर्णकलश मिलेगा।

संलग्नता

जब आप अपने दर्शकों से आमने-सामने की बातचीत करते हैं, तो इसे आम तौर पर कन्वर्शेसन कहा जाता है, लेकिन जब आप एक ही पोस्ट या वीडियो के मार्फ़त कई लोगों से बातचीत करते हैं, तो इसे सोशल मीडिया की भाषा में एंगेजमेंट कहा जा सकता है। आपकी पोस्ट पर सभी लाइक, शेयर, कमेंट और सेव को जोड़कर एंगेजमेंट कहा जाता है। एंगेजमेंट यह जानने के महत्त्वपूर्ण उपायों में से एक है कि आपके दर्शक आपसे कितना प्यार करते हैं और आपकी सामग्री कितनी प्रभावी है। इसलिए एंगेजमेंट बढ़ाना सोशल मीडिया पर आपके प्रमुख लक्ष्यों में से एक होना चाहिए।

शीर्ष 1 प्रतिशत लीडर्स लगातार ऐसी गतिविधियाँ करते हैं, जिससे उनके पेज पर ऑडिएंस की संलग्नता कई गुना हो जाए। मूल्य बढ़ाने वाली सामग्री आपके फ़ॉलोअर्स की संलग्नता को बढ़ाने की सर्वश्रेष्ठ गारंटी है, लेकिन इसके साथ ही आप अपने पेज पर संलग्नता बढ़ाने के लिए नीचे दी गई कुछ गतिविधियाँ करने की भी सोच सकते हैं :

- अपनी ऑडिएंस से प्रश्न पूछें और उन्हें सहभागिता करने दें। प्रश्न पूछने के लिए इंस्टाग्राम स्टोरी पर एक ख़ास टूल उपलब्ध है।
- अपने फ़ॉलोअर्स को आपके काम से संबंधित कोई सामग्री तैयार करने को कहें; इसके बाद आप उनके सर्वश्रेष्ठ काम को अपने पेज पर रेखांकित कर सकते हैं।
- गिवअवे करें।
- कभी-कभार अपने एक-दो फ़ॉलोअर्स के साथ लाइव रहें।
- यूजीसी (यूज़र-जेनरेटेड कंटेंट) को प्रोत्साहित और शेयर करें
- फ़ेसबुक और इंस्टाग्राम पर स्टोरीज़ पोस्ट करते रहें। जब भी आप कोई नई स्टोरी पोस्ट करते हैं, तो आपकी प्रोफ़ाइल पिक्चर आपके फ़ॉलोअर्स के होम स्क्रीन के शीर्ष पैनल पर दिखती है। स्टोरीज़ आपकी ब्रांड उपस्थिति को स्थापित करने में भी मदद करती हैं।

#2. विश्लेषण

अपनी पोस्ट्स और सोशल मीडिया पेज की सतत निगरानी व मूल्यांकन आपके अकाउंट के विकास के लिए पूरी तरह से अनिवार्य है। आपने मुझे यह कहते सुना होगा - आप जिस भी चीज़ की निगरानी करते हैं, वह बेहतर हो जाती है। इसलिए केवल पोस्ट ही न करें, बल्कि यह जाँच भी करें कि आपकी पोस्ट्स का प्रदर्शन कैसा है। और आपकी पोस्ट्स कैसा प्रदर्शन कर रही हैं, इसकी जाँच के काम को एनालिटिक्स कहा जाता है। अगर आपके पास बिज़नेस अकाउंट है, तो आपकी प्रोफ़ाइल का एनालिटिक्स खंड आपको इस बारे में बहुत सी जानकारी दे सकता है कि आपकी सामग्री कौन देख रहा है और कब, कि क्या लोग आपकी पोस्ट्स पर कार्य कर रहे हैं आदि। भले ही आप एनालिटिक्स की ज़्यादा गहराई में न जाएँ, लेकिन आपको अपने सोशल मीडिया अकाउंट की नब्ज़ जाँचने के लिए इन पैमानों की निगरानी करनी चाहिए -

- लाइक्स
- कमेंट्स
- शेयर्स
- रिपोर्ट्स
- लिंक क्लिक्स
- व्यूज़
- न्यू फ़ॉलोअर्स
- सेव्ज़
- मेंशन्स

मोटे तौर पर, आपकी सोशल मीडिया रणनीति सही तब मानी जाएगी यदि आपके सोशल मीडिया अकाउंट पर इनमें से सभी या अधिकतर पैरामीटर हर महीने के आधार पर बढ़ रहे हैं।

#3. संबंध

अपने फ़ॉलोअर्स के साथ संबंध शुरू करना और बढ़ाना आपकी प्राथमिक ज़िम्मेदारी है। यह शीर्ष लीडर्स का बहुत महत्त्वपूर्ण गुण है और आपको सीखना चाहिए कि सोशल मीडिया पर संबंध कैसे बनाएँ तथा बढ़ाएँ। आपके फ़ॉलोअर्स के साथ आपका

संबंध ही उन्हें आपके पेज पर रोककर रखेगा और भविष्य में आपको अपना व्यावसायिक अवसर उनके सामने रखने की राह खोलेगा। बेहतरीन संबंध बनाने के 5 फटाफट नुस्ख़े ये हैं :

1. कमेंट्स और प्राइवेट मैसेज पर तुरंत प्रतिक्रिया करें। त्वरित प्रतिक्रिया से न सिर्फ़ आपकी ऑडिएंस आनंदित होती है, बल्कि इससे लोग आप पर ज़्यादा विश्वास भी करते हैं। दिन भर में 10-15 मिनट के दो-तीन खंड निर्धारित कर लें, जिनमें आप कमेंट्स और प्राइवेट मैसेजेस का जवाब दे सकें।
2. समय-समय पर प्रतिस्पर्धाएँ और गिवअवेज़ देकर उनकी निष्ठा को पुरस्कृत करें।
3. आपकी प्रोफ़ाइल पर चल रही बातचीतों को शुरू करके और उनमें योगदान देकर अपने पेज पर दिखते रहें, ताकि उन्हें पता चल जाए कि आप उनकी बात सुनते हैं और उनकी परवाह करते हैं।
4. फ़ीडबैक के प्रति खुले रहें - आपको जो फ़ीडबैक मिलता है, उसे सुनें और उपयोगी फ़ीडबैक को अपने भावी काम में शामिल करके उसका अधिकतम लाभ लें।
5. अगर आप चाहते हैं कि दूसरे लोग आपकी सामग्री पर लाइक, शेयर और कमेंट करें, तो आपको भी उनके लिए ऐसा ही करना चाहिए। इसलिए लाइक और कमेंट करने में उदार रहें।

"अगर आप सूरज की तरह चमकना चाहते हैं, तो आपको पहले सूरज की तरह जलना होगा।"

—ए.पी.जे. अब्दुल कलाम

#4. अंतिम परिणाम

जब आप सामग्री तैयार करने और पोस्ट करने में व्यस्त हो जाते हैं, तो आपको यह नहीं भूलना चाहिए कि आप अपने सोशल मीडिया प्रयासों से अंततः कौन सा परिणाम हासिल करना चाहते हैं। लक्ष्य पर ध्यान केंद्रित करने पर आप अपने प्रयासों को जारी रखते हैं। ज़्यादातर लोग सोशल मीडिया के दीर्घकालीन लक्ष्य तय करते हैं, जबकि शीर्ष 1 प्रतिशत लीडर्स न सिर्फ़ दीर्घकालीन लक्ष्य तय करते हैं, बल्कि वे दैनिक लक्ष्य भी तय करते हैं, क्योंकि वे यह बात अच्छी तरह से समझते हैं कि दैनिक निरंतरता ही सफलता की कुंजी है। प्रगति ही पूर्णता है।

हम सोशल मीडिया को आपका विस्तार बनाना चाहते हैं। यह आपके लिए उतना ही आसान होना चाहिए, जितना सुबह ब्रश करना या अपने घर पर लंच करना होता है। मैं चाहता हूँ कि आप सोशल मीडिया पर प्रयासरहित तरीक़े से काम करें और इसे हासिल करने का सर्वश्रेष्ठ तरीक़ा यह है कि आप कुछ छोटे और आसानी से हासिल हो सकने वाले दैनिक लक्ष्य बनाकर शुरुआत करें। हर दिन कोई चीज़ करने की आदत डाल लें - जुड़ाव, पोस्ट, संदेश, रिप्लाई आदि।

ज़्यादा से ज़्यादा लोगों तक पहुँचें और फिर उन्हें मूल्य बढ़ाने वाली शानदार नियमित सामग्री देकर अपनी और अपने काम की याद दिलाते रहें। हम चाहते हैं कि लोग आपको कभी न भूलें। जितने ज़्यादा लोग आपको देखते-सुनते हैं, उन्हें उतना ही ज़्यादा अहसास होगा कि आप उनकी परवाह कर रहे हैं और हर दिन उनके जीवन में मूल्य का योगदान दे रहे हैं, वह भी किसी वित्तीय लाभ की त्वरित अपेक्षा के बिना। एक बार जब आप यह स्थापित करने में कामयाब हो जाते हैं, तो यह ज़्यादा संभव है कि जब आप उन्हें अपने साथ व्यवसाय करने के लिए आमंत्रित करते हैं, तो वे आप पर भरोसा करने लगें। याद रखें, सोशल मीडिया रातोंरात सफलता के बारे में नहीं है। यह कोई 100 मीटर की दौड़ नहीं है, मेरे दोस्त, यह तो मैराथन है।

जब आप हर दिन निरंतरता से पोस्ट करते हैं, तो आपको एक और लाभ मिलता है, जिसे मैं सफलता का छिपा पहलू कहता हूँ। आप जितनी ज़्यादा पोस्ट करते हैं, आप पोस्ट करने में उतने ही ज़्यादा माहिर बनते हैं। हर पोस्ट के साथ आप मूल्यवान सामग्री देने में बेहतर बनते हैं और आप इस काम को ज़्यादा अच्छी तरह, ज़्यादा चतुराई से, ज़्यादा तेज़ी से तथा ज़्यादा कुशलता से करते हैं। इससे न सिर्फ़ दूसरों का जीवन बेहतर बनता है, बल्कि दूसरों की मदद करने की आपकी योग्यता भी बेहतर होती है। और एक समय ऐसा आएगा, जब आप ऐसी जगह पर होंगे, जो ज़्यादातर लोगों की कल्पना से भी परे होगी।

सोशल मीडिया पर शीर्ष 1 प्रतिशत लीडर्स क्या अलग करते हैं - **केयर - कन्वर्शेसंस (बातचीत), एनालिटिक्स (विश्लेषण), रिलेशनशिप्स (संबंध) और एंड रिजल्ट (अंतिम परिणाम)।**

अपने मित्रों और फ़ॉलोअर्स की परवाह करें। उनके साथ एक संख्या की तरह व्यवहार न करें, जो आपके पेज पर सजी हैं। वे इंसान हैं, जिनकी अपेक्षाएँ और आकांक्षाएँ हैं। वे आपको अपना क़ीमती समय और ध्यान दे रहे हैं। हमेशा उनकी सेवा और सहायता करने के सच्चे इरादे से काम करें। आपको अपना इरादा कहने या लिखने की ज़रूरत नहीं है; यह आपके हर काम में नज़र आता है। अगर आप अपनी ऑडिएंस की परवाह करते हैं और उन्हें वह देते हैं, जिसकी वे तलाश कर रहे हैं, तो आपको वह मिल जाएगा, जिसकी आप तलाश कर रहे हैं।

इस पुस्तक में बताया गया हर टूल, जानकारी या तकनीक एक बीज है, जो एक दिन अंकुरित होगा और मिलकर वे आपको बेहद सफल बना देंगे। मैं अपनी पुस्तकों, वीडियोज़, ऑनलाइन कोर्सेस या लाइव ईवेंट्स में जो भी सामग्री बताता हूँ, उसके पीछे मेरा इरादा यह होता है कि इससे आपको मदद मिले और आप इतने सशक्त बन जाएँ कि अपने सभी सपने पूरे कर सकें और उल्लेखनीय जीवन जी सकें। मेरा हर शब्द दिल से निकलता है और इसमें आपकी भारी सफलता के लिए मेरा प्रेम, दुआएँ और प्रार्थनाएँ रहती हैं। मैं सचमुच चाहता हूँ कि आप और मैं मिलकर डायरेक्ट सेलिंग के पेशे को ऊपर उठाएँ और मिलकर उद्योग को नई ऊँचाइयों पर ले जाएँ।

"आप जीवन में हर मनचाही चीज़ पा सकते हैं, बशर्ते आप पर्याप्त दूसरे लोगों को उनकी मनचाही चीज़ हासिल करने में मदद करें।"

— जिग जिग्लर

याद रखें और बताएँ

- शीर्ष 1 प्रतिशत आमदनी कमाने वाले लोग ऐसे सामान्य लोग होते हैं, जिन्होंने अपनी मानसिकता, योग्यताओं और टूल्स को विकसित करने में समय और धन का निवेश किया है।
- पोस्ट + चर्चा = परिणाम
- सिर्फ़ पोस्ट न करें; एनालिटिक्स का इस्तेमाल करके यह जाँच भी करें कि आपकी पोस्ट्स का कैसा परिणाम मिल रहा है।
- अपने पेज पर नियमित रूप से दिखें, फ़ीडबैक लें और अपने संबंध को पोषण देने के लिए अपनी ऑडिएंस के साथ बातचीत करें।
- निरंतरता कुंजी है और प्रगति ही पूर्णता है। सोशल मीडिया के लिए न सिर्फ़ दीर्घकालीन लक्ष्य तय करें, बल्कि दैनिक लक्ष्य भी तय करें।
- हर पोस्ट के साथ आप मूल्य पहुँचाने में बेहतर बनेंगे और इसे ज़्यादा अच्छी तरह, ज़्यादा चतुराई से, ज़्यादा तेज़ी से तथा ज़्यादा कार्यकुशलता से करेंगे।

आपके करने के लिए ज़रूरी काम

- आज के अध्याय की 5 मुख्य जानकारियाँ या रणनीतियाँ लिखें, जिन पर अमल करके आप सोशल मीडिया पर अपना ब्रांड बनाना चाहते हों।

13

निरंतर ऑनलाइन बिज़नेस उत्पन्न करने के लिए सोशल मीडिया सेल्स फ़नेल

"जो लोग आपकी बात सचमुच सुनना चाहते हैं, उन्हें बेचना अजनबियों को बाधा डालने से ज़्यादा प्रभावी होता है, जो आपकी बात नहीं सुनना चाहते।"

—सेठ गोडिन

मैं 2003 से 2016 के बीच उन लाखों डायरेक्ट सेलर्स में से एक था, जो इस उम्मीद में फ़ेसबुक पर पोस्ट करते थे कि मैं अपना ब्रांड बना रहा हूँ और आगे चलकर मैं सोशल मीडिया से बड़ा बिज़नेस बना लूँगा। मैं अपनी पोस्ट के हर लाइक और कमेंट को वैसे ही गिनता था, जैसे क्रिकेट प्रेमी किसी मैच के दौरान रन गिनते हैं। जब मेरे फ़ॉलोअर्स की संख्या बढ़ी, तो मैं पर्सनल प्रोफ़ाइल से बिज़नेस पेज पर पहुँच गया। मेरे लिए वह पल बहुत गर्व का था, जब मैंने संसार के सामने यह ऐलान किया कि अब मैं अपने बिज़नेस पेज पर सक्रिय रहूँगा। ऐसा महसूस हो रहा था, मानो मैंने ओलिंपिक का स्वर्ण पदक जीत लिया हो। मैं लगातार पोस्ट कर रहा था, मेरे फ़ॉलोअर्स मेरी सामग्री के साथ संलग्न हो रहे थे और मुझे बहुत से लाइक व कमेंट मिल रहे थे। मुझे बहुत अच्छा महसूस हो रहा था और मैं हर दिन सोशल मीडिया पर एक-दो घंटे ख़र्च कर रहा था।

हर चीज़ अच्छी थी, लेकिन मुझे कई महीनों में सोशल मीडिया से एक भी बिक्री नहीं मिली। तब मैंने यह पता लगाने के लिए ज़्यादा गहरी छानबीन की कि मैं क्या ग़लत कर रहा हूँ। मैंने वैश्विक लीडर्स का अध्ययन किया, बिज़नेस बनाने के लिए सोशल मीडिया का सफलतापूर्वक इस्तेमाल करने वाले डायरेक्ट सेलर्स से बातचीत की, ऑनलाइन कोर्स किए, बहुत सी पुस्तकें पढ़ीं और इसके बाद मेरी आँखें खुल गईं और मुझे सत्य दिख गया - *"अगर आपका लक्ष्य सोशल मीडिया से*

बिज़नेस उत्पन्न करना है, तो पोस्ट करना सिर्फ़ 20 प्रतिशत काम है। अगर आप बाक़ी 80 प्रतिशत काम नहीं करते हैं, तो आपको कभी परिणाम नहीं मिलेंगे।" मुझे अहसास हुआ कि सोशल मीडिया पर मेरे ज़्यादातर फ़ॉलोअर्स मेरी वर्तमान टीम के साथी थे और टीम के लाखों साथियों में से लगभग 10,000 फ़ॉलोअर्स हासिल करना वैसे भी कोई बड़ी उपलब्धि नहीं थी।

ज़रा पल भर सोचें कि हम अजनबियों को अपनी टीम का साथी बनाने के लिए लंबी बिक्री प्रक्रिया से गुज़रते हैं। हम लिस्ट बनाते हैं, प्रॉस्पेक्टिंग करते हैं, संपर्क करते हैं, अवसर या प्रॉडक्ट्स की जानकारी देते हैं, फ़ॉलो-थ्रू करते हैं और फिर लोगों को अपनी टीम में शामिल करने के लिए बिक्री को क्लोज़ करते हैं।

इनमें से कई लोग वे होते हैं, जिन्हें हम पहले से जानते हैं और ज़्यादातर काम आमने-सामने होता है। आमने-सामने विश्वसनीयता बनाना सोशल मीडिया पर ऑनलाइन विश्वसनीयता बनाने से ज़्यादा आसान होता है। मैं सोशल मीडिया से जो उम्मीद कर रहा था, वह दरअसल यह थी कि सिर्फ़ मेरी पोस्ट देखकर अजनबी लोग मेरी टीम का हिस्सा बनने के लिए व्याकुल हो जाएँगे। मैं आपके बारे में तो नहीं जानता, लेकिन मैंने लाखों लोगों को देखा है, जो ऐसा ही महसूस करते हैं। ये लोग सोशल मीडिया पर डायमंड खोजने की उम्मीद में बरसों तक पोस्ट करते रहते हैं।

मेरे दोस्त, नियम सरल है - अगर आप सोशल मीडिया से टीम बनाना चाहते हैं, तो आपको प्रक्रिया का अनुसरण करना होगा और सोशल मीडिया पर काम करने के सिद्धांतों पर अमल करना होगा, जिसे मैं सोशल मीडिया सेल्स फ़नेल कहता हूँ। यह 5 क़दमों की प्रक्रिया आपको अजनबियों को अपनी टीम का साथी बनाने में सक्षम बनाएगी। आपको इस प्रक्रिया के अनुसार चीज़ें सीखनी और करनी चाहिए। इसके बाद आपको सोशल मीडिया और ऑनलाइन बिज़नेस बनाने वाले टूल्स को धीरे-धीरे अपनी सकल बिक्री प्रक्रिया में शामिल करने की ज़रूरत है। यह प्रक्रिया आगे दिए गए डायग्राम में स्पष्ट की गई है।

क़दम #1. अपना ब्रांड बनाना

पहला क़दम सोशल मीडिया पर आपकी उपस्थिति दर्ज करना है। अकाउंट खोलें और पोस्ट करें। मूल्य जोड़ने वाली सामग्री तैयार करना और इसे सर्वश्रेष्ठ रणनीतियों के अनुसार पोस्ट करना फ़नेल का पहला क़दम है। इससे आपका ब्रांड स्थापित होने में मदद मिलती है। कुछ महीने तक लगातार पोस्ट करने के बाद लोग आपको गंभीरता से लेने लगते हैं और आपके ब्रांड मूल्यों को आपके नाम से जोड़ने लगते हैं। आपकी पोस्ट करने की निरंतरता से आपका ब्रांड बनता है। आपको सोशल

मीडिया पर अपना ब्रांड बनाने के लिए जो करने की ज़रूरत है, वह हर चीज़ इस पुस्तक में विस्तार से बताई गई है।

दीपक बजाज का सोशल मीडिया सेल्स फ़नेल

रेखाचित्र 9

स्रोत – *अल्टिमेट नेटवर्क मार्केटिंग मास्टरी,* दीपक बजाज का 91 **दिनों का ऑनलाइन कोर्स**

क़दम #2. लीड उत्पन्न करना

पोस्ट करने के बाद हम चाहते हैं कि लोग हमारी पोस्ट के साथ संलग्न हों। हमें अपनी पोस्ट्स पर लाइक और कमेंट की ज़रूरत होती है, लेकिन कृपया इस संदर्भ में एक महत्त्वपूर्ण फ़र्क़ को समझ लें – हमारी रुचि इसमें नहीं है कि *कितने* लाइक्स आए; हमारी रुचि तो यह पता लगाने में है कि *कौन* हमारी पोस्ट्स को लाइक कर रहा है और उन पर कमेंट कर रहा है। यहीं पर असली काम शुरू होता है। जो लोग लाइक और कमेंट कर रहे हैं, वे इस तरह से स्पष्ट संकेत दे रहे हैं कि आपमें और आपके काम में उनकी रुचि है। देखिए, जब कोई आपसे आँखों का संपर्क करता है या हाथ मिलाने के लिए अपना हाथ आगे बढ़ाता है, तो आप क्या करते हैं? आप तुरंत प्रतिक्रिया करते हैं। सोशल मीडिया पर भी आपको ऐसा ही करना

चाहिए। किसी पोस्ट पर लाइक का मतलब यह है कि सामने वाला आपसे हाथ मिलाने के लिए अपना हाथ आगे बढ़ा रहा है। आपकी पोस्ट देखने के बाद लोगों ने उसे लाइक करके अपना क़दम आगे बढ़ा दिया है। जिस तरह किसी के हाथ आगे बढ़ाने पर आप तुरंत अपना हाथ बढ़ा देते हैं, उसी तरह आपको लाइक्स या कमेंट पर भी तुरंत प्रतिक्रिया करनी चाहिए। जिसने भी आपकी पोस्ट लाइक की है, हर व्यक्ति को उसी दिन संदेश भेजने की नीति डाल लें।

"लाइक पाना आसान है। यह हल्का काम है। बाक़ी हर चीज़ में विश्वास की ज़रूरत होती है।"

—जॉन लूमर

क़दम #3. संबंध शुरू करना

जब कोई आपकी पोस्ट को लाइक करता है या उस पर कमेंट करता है और आप उसे संदेश भेजते हैं, तो आप संबंध शुरू करने की प्रक्रिया को शुरू करते हैं। उन्होंने आपकी पोस्ट पर कमेंट किया है, जो सार्वजनिक है। आप वहीं पर कमेंट का जवाब देकर बातचीत शुरू कर सकते हैं, लेकिन ज़्यादा समझदारी भरा तरीक़ा यह है कि आप इस बातचीत को सार्वजनिक स्थल से हटाकर निजी स्थल पर ले जाएँ। आप यह कैसे कर सकते हैं? उन्हें फ़ेसबुक मैसेंजर या इंस्टाग्राम डीएम पर निजी संदेश भेजें। जो भी आपकी पोस्ट लाइक करता है, उसे उसी दिन निजी संदेश भेजें। क्या यह बहुत मेहनत जैसा लगता है? हाँ। यह है, लेकिन अगर आप यह नहीं करेंगे, तो ज़बर्दस्त सामग्री तैयार करने और पोस्ट करने के सारे प्रयास पूरी तरह बरबाद हो जाएँगे। यह स्वर्णिम नियम कभी न भूलें :

पोस्ट करना + चर्चा = परिणाम

क़दम #4. अपने संबंध को मज़बूत बनाना

फ़ेसबुक मैसेजेंर या इंस्टाग्राम डीएम पर जो चर्चाएँ सकारात्मक दिशा में आगे बढ़ रही हों, उनसे फ़ोन नंबर्स का आदान-प्रदान करें और उन चर्चाओं को वाट्सएप या फ़ोन कॉल तक पहुँचा दें। पहले क़दम से चौथे क़दम पर पहुँचने में अलग-अलग लोगों को अलग-अलग समय लगेगा। कई लोगों के मामले में यह प्रक्रिया दूसरे क़दम पर रुक सकती है और बाक़ी के मामले में यह तीसरे या चौथे क़दम तक पहुँच सकती है। आपका काम सोशल मीडिया सेल्स फ़नेल पर चर्चाओं को आगे बढ़ाते रहना है। किसी चीज़ का दबाव न डालें। हर व्यक्ति अनूठा होता है और हर संबंध

अलग होता है। बस प्रवाह के साथ चलें। शीर्ष 1 प्रतिशत आय कमाने वाले यह यात्रा धैर्य के साथ करते हैं और उतावले नहीं होते। अगर आप अच्छी गुणवत्ता की सामग्री निरंतर तैयार करते तथा पोस्ट करते रहते हैं, तो आपको प्रॉस्पेक्ट्स की कभी कमी नहीं पड़ेगी और आप सभी नए प्रॉस्पेक्ट्स को इस सेल्स फ़नेल में आगे बढ़ाते रहेंगे।

"सामग्री से संबंध बनता है। संबंध विश्वास की नींव पर बनता है। विश्वास से आमदनी प्रेरित होती है।"

—एंड्रयू डेविस

क़दम #5. व्यवसाय के लिए उनसे संपर्क करना

जब भी आपको समय सही लगे, तो अपने व्यावसायिक अवसर या प्रॉडक्ट्स के बारे में बता दें। आपको उस व्यक्ति के हिसाब से जो नीति उपयुक्त लगे, उसका इस्तेमाल करें।

कृपया ग़ौर करें और गहराई से समझ लें कि व्यावसायिक अवसर के लिए लोगों को आमंत्रित करने का काम पहले नहीं, बल्कि पाँचवें क़दम पर हो रहा है। हर दिन इंस्टाग्राम, फ़ेसबुक और यूट्यूब पर सैकड़ों लोग मुझसे यह सवाल पूछते हैं : बिज़नेस के लिए अजनबियों को सोशल मीडिया पर आमंत्रित कैसे करें? मुझे यक़ीन है कि इस अध्याय में आपको जवाब मिल गया होगा। आप व्यावसायिक अवसर के प्रज़ेंटेशन के लिए लोगों को कभी सोशल मीडिया पर आमंत्रित नहीं करते हैं। सोशल मीडिया का उद्देश्य सिर्फ़ आपकी सूची का विस्तार और प्रॉस्पेक्टिंग है। सोशल मीडिया पर आप लोगों को पहचानते हैं, बातचीत शुरू करते हैं और धीरे-धीरे बातचीत को सार्वजनिक क्षेत्र से प्राइवेट मैसेजिंग, वाट्सएप और फ़ोन कॉल तक पहुँचाते हैं। इसके बाद उसी सामान्य बिक्री प्रक्रिया का अनुसरण किया जाता है, जिसका इस्तेमाल हम अपने नियमित प्रॉस्पेक्ट्स के लिए करते हैं। आमंत्रण सोशल मीडिया पर नहीं दिया जाता है। आमंत्रण फ़ोन कॉल, वीडियो कॉल या आमने-सामने की बैठक में दिया जाता है।

लोग सोशल मीडिया पर जो सबसे बड़ी ग़लती करते हैं, वह यह है कि वे अपनी मीटिंग का आमंत्रण और ज़ूम मीटिंग की लिंक सोशल मीडिया पेज पर डाल देते हैं। फिर वे उम्मीद करते हैं कि लोग इन लिंक्स पर क्लिक करेंगे और मीटिंग्स में आएँगे। मेरी सलाह है कि आप बीच के क़दमों को नहीं लाँघें। इससे किसी को भी अच्छे परिणाम नहीं मिले हैं और आपको भी नहीं मिलेंगे। मैंने हज़ारों डायरेक्ट सेलर्स को देखा है, जो शॉर्टकट की तलाश करते हैं और वर्षों तक असफल होते रहते हैं। क्यों न प्रक्रिया का अनुसरण किया जाए और ऐसा सिस्टम बनाया जाए

कि आपको प्रॉस्पेक्ट्स की कभी कमी न पड़े? जिस फ़नेल के बारे में मैं यहाँ बता रहा हूँ, वह अपने आप में शॉर्टकट है, इसलिए कृपया इससे ज़्यादा छोटे मार्ग की तलाश न करें।

"सोशल मीडिया पर सफलता फ़ॉलोअर्स की संख्या पर निर्भर नहीं होती; यह तो इस पर निर्भर होती है कि आप कितने लोगों के साथ जुड़ सकते हैं।"

—दीपक बजाज

जब आप सोशल मीडिया सेल्स फ़नेल में माहिर बनते हैं, तो आपको अपने व्यवसाय को ऑनलाइन बनाने और इसका प्रबंधन करने के लिए दो और चीज़ें करनी चाहिए :

1. ऑनलाइन टूल्स

टूल्स बहुत उपयोगी होते हैं और वे बिज़नेस बनाने की प्रक्रिया को तेज़ कर सकते हैं। टूल्स के बारे में सबसे अच्छी चीज़ यह है कि वे तब भी काम करते हैं, जब अप काम न कर रहे हों। टूल्स को आसानी से डुप्लीकेट किया जा सकता है और उनकी मदद से आप कम घंटों में कई गुना ज़्यादा काम कर सकते हैं। टूल्स का नियमित इस्तेमाल एक ऑटो-मोड बिज़नेस बनाने का एकमात्र तरीक़ा है, जो आपको पीढ़ी दर पीढ़ी निष्क्रिय आमदनी देता रहता है।

टूल्स क्या हैं? आपके प्रॉस्पेक्ट जो भी माँग सकते हैं या आपके हिसाब से जो भी चीज प्रॉस्पेक्टिंग तथा सेल्स क्लोज़िंग प्रक्रिया में ज़्यादा तेज़ी से बढ़ने में आपकी मदद कर सकती है, उसे टूल्स की श्रेणी में रखा जा सकता है। पुस्तकें, वीडियो, ऑडियो, कैटेलॉग, प्रज़ेंटेशन, ब्रोशर, ईबुक आदि टूल्स के अलग-अलग रूप हैं। इस बात का इंतज़ार नहीं करें कि लोग अपसे कोई चीज़ माँगें; अपनी टूलकिट पहले से ही तैयार रखें। अपनी टीम के साथियों को भी टूल्स का अधिकाधिक इस्तेमाल करना सिखाएँ।

2. ऑनलाइन मीटिंग्स और प्रशिक्षण

सोशल मीडिया ने सीमाओं को हटा दिया है और अब पूरा संसार आपके फ़ोन में आ गया है। आप नहीं जानते कि आपका अगला प्रॉस्पेक्ट कहाँ रहता होगा। इसलिए ऑनलाइन मीटिंग्स और प्रशिक्षण आयोजित करने की तकनीकों व सॉफ़्टवेयर्स के इस्तेमाल में माहिर बनें।

निष्कर्षतः, ऑनलाइन बिज़नेस बनाने के तीन घटक हैं, जिनमें आपको माहिर होना चाहिए :

1. सोशल मीडिया सेल्स फ़नेल
2. ऑनलाइन टूल्स
3. ऑनलाइन मीटिंग्स और प्रशिक्षण

इनमें माहिर बनना आसान नहीं होता। आपके सामने दो विकल्प हैं : या तो आप इसे अपने दम पर खुद कर सकते हैं या फिर मेरे सबसे लोकप्रिय तीन सप्ताह के ऑनलाइन प्रशिक्षण कार्यक्रम – *सोशल मीडिया ऐंड ऑनलाइन बिज़नेस मास्टरी* – की मदद ले सकते हैं। इस ऑनलाइन कोर्स में आपको मेरे प्राइवेट मेंटरशिप ग्रुप तक मुफ़्त पहुँच मिलती है, जहाँ आप संसार के हज़ारों अन्य डायरेक्ट सेलर्स के साथ काम तथा सहयोग कर सकते हैं और आजीवन चौबीसों घंटे समर्थन प्राप्त कर सकते हैं।

पिछले दो वर्षों में डायरेक्ट सेलिंग उद्योग में एक नया मिश्रित-कामकाजी मॉडल विकसित हुआ है, जिसे मैं सोटो वर्किंग मॉडल कहता हूँ। इस सोटो वर्किंग मॉडल के चार मुख्य घटक हैं, जो अब डायरेक्ट सेलिंग बिज़नेस में सफलता के लिए अनिवार्य हैं। पहले ये चार घटक वैकल्पिक थे, लेकिन 2020 के बाद, ख़ास तौर पर कोविड पैंडेमिक के बाद, डायरेक्ट सेलिंग बिज़नेस को बनाने के लिए इन चारों घटकों का इस्तेमाल अनिवार्य हो चुका है। इन चारों घटकों को नीचे डायग्राम में बताया गया है।

हर सफल डायरेक्ट सेलर के लिए नया सोटो हाइब्रिड वर्किंग मॉडल

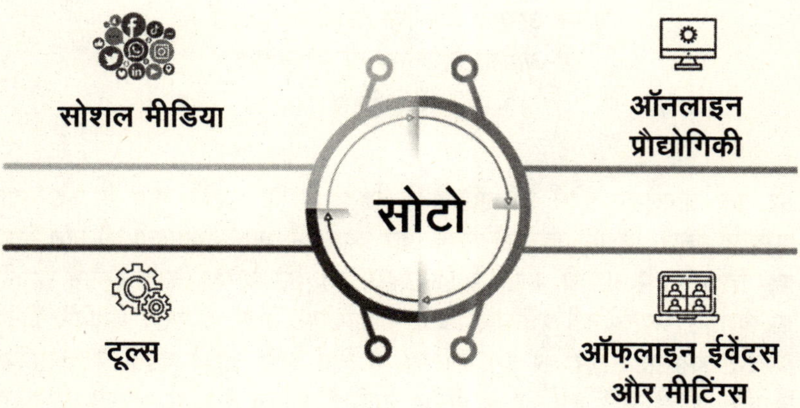

चार्ट 10

बहुत से लोगों ने मुझसे यह प्रश्न पूछा है - क्या ऑनलाइन बिज़नेस और सोशल मीडिया ऑफ़लाइन बैठकों तथा ईवेंट्स की जगह लेगा? जवाब है नहीं। जब आप सोशल मीडिया के साथ अपना बिज़नेस बनाना शुरू करते हैं, तो धीरे-धीरे आपके कुल व्यवसाय में आपके ऑनलाइन व्यवसाय की हिस्सेदारी बढ़ने लगेगी। आप अपने विद्यमान सिस्टम का इस्तेमाल करते रहेंगे और यथासंभव सोशल मीडिया सेल्स फ़नेल को बढ़ाते रहेंगे।

अब आपके पास ऑनलाइन और ऑफ़लाइन दोनों ही व्यवसाय बनाने वाले मॉडल व टूल्स हैं। आपके पास अपने व्यवसाय को बनाने और बढ़ाने का ज़्यादा लचीलापन और विकल्प हैं।

- लिस्ट का विस्तार करने, प्रॉस्पेक्टिंग, टीम को क़ायम रखने, प्रज़ेंटेशन्स, प्रशिक्षण, अपना ब्रांड बनाने, नए बाज़ारों की तलाश करने, अपनी उपलब्धियों को रेखांकित करने आदि के लिए सोशल मीडिया और ऑनलाइन टेक्नोलॉजीज़ का इस्तेमाल करें।
- संबंध बनाने, सेल्स क्लोज़ करने, विश्वास जमाने, प्रॉडक्ट के विस्तार, नए सहयोगियों के विकास आदि के लिए ऑफ़लाइन ईवेंट्स तथा मीटिंग्स का इस्तेमाल करें।

जो डायरेक्ट सेलर्स अपने बिज़नेस को बढ़ाने और फैलाने के प्रति समर्पित हैं, उनके लिए नए मार्ग और संभावनाएँ खुल गई हैं। आप इन्हें अपने बिज़नेस में कैसे लागू करते हैं, हर टूल और टेक्नोलॉजी की तरह यह भी पूरी तरह आपकी सृजनात्मकता पर निर्भर करता है।

"अगर आपका बिज़नेस इंटरनेट पर नहीं है,
तो आपका बिज़नेस ठप हो जाएगा।"

—बिल गेट्स

मेरे कई ऑनलाइन कोर्स प्रतिभागियों ने बताया है कि उन्होंने काम में एक नया परिवर्तन किया, जिससे उतने ही समय और प्रयास में अपनी आमदनी को पाँच गुना बढ़ा लिया है। मैं आपको बताता हूँ कि उन्होंने यह कैसे हासिल किया! आमने-सामने का बिज़नेस अपॉर्च्युनिटी प्रज़ेंटेशन किसी भी डायरेक्ट सेलर की मुख्य गतिविधि होती है। हर डायरेक्ट सेलर को इन मीटिंग्स के लिए यात्रा करनी पड़ती है। हालाँकि बिज़नेस प्रज़ेंटेशन में सिर्फ़ 60-90 मिनट लगते हैं, लेकिन यात्रा में एक-दो घंटे और लग जाते हैं। इसलिए हर बिज़नेस प्रज़ेंटेशन में औसतन 2-3 घंटे का समय लग

जाता है। कुछ मीटिंग्स रद्द भी हो सकती हैं। अगर आप अपनी सफलता की दर (कनवर्ज़न रेट) 20 प्रतिशत मानें, तो एक नई बिक्री पाने में आपका 12-15 घंटे का समय ख़र्च होता है। इसका मतलब है 1-2 सप्ताह का समय, क्योंकि पार्ट-टाइम डायरेक्ट सेलर अपने बिज़नेस में इतना ही समय लगाता है।

सोटो मॉडल के विभिन्न घटकों में माहिर बनने के बाद अब चतुर डायरेक्ट सेलर्स ऑनलाइन टूल्स और प्रौद्योगिकियों का इस्तेमाल करके काफ़ी ज़्यादा काम करने लगे हैं। सभी गतिविधियाँ ऑनलाइन होती हैं, जैसे प्रॉस्पेक्ट्स को बिज़नेस अपॉर्च्युनिटी के लिए तैयार करना, प्रॉस्पेक्टिंग करना, उन्हें व्यवसाय के लिए क्वालिफ़ाई करना, बुनियादी विवरण बताना, व्यवसाय या प्रॉडक्ट प्रज़ेंटेशन्स देना आदि। इससे यात्रा में लगने वाला सारा समय बच जाता है और ऐसे लोगों को प्रज़ेंटेशन्स देने में लगने वाला समय भी बचता है, जो बिज़नेस बनाने के बारे में सचमुच गंभीर नहीं हैं।

जब सारी बुनियादी जानकारी बता दी जाती है और एक-दो ऑनलाइन मीटिंग्स हो जाती हैं, तब नए युग के ये चतुर डायरेक्ट सेलर्स अपने सभी प्रॉस्पेक्ट्स के लिए सप्ताह में केवल एक बार आमने-सामने की मीटिंग्स करते हैं। ध्यान रखें, इससे पहले इन सभी प्रॉस्पेक्ट्स ने बुनियादी सामग्री पढ़ ली है और वे ज़्यादा जानकारी हासिल करना चाहते हैं। कई डायरेक्ट सेलर्स ने बिज़नेस अपॉर्च्युनिटी प्रज़ेंटेशन्स देने और सभी बुनियादी शंकाओं को स्पष्ट करने के लिए आमने-सामने की मीटिंग्स करना छोड़ दिया है। आमने-सामने की मीटिंग्स केवल सीआरएस के लिए की जाती हैं - विश्वास जमाने, आश्वस्त करने और सेल्स क्लोज़ करने के लिए। इस एक परिवर्तन ने उनके विकास और आमदनी को कई गुना बढ़ा दिया है। कल्पना करें कि वे उस सारे ख़ाली समय में कितना कुछ कर सकते हैं, जो हर दिन यात्रा में बरबाद हो जाता था।

सोटो मॉडल के सभी घटकों में माहिर हो जाएँ और अपने व्यवसाय को बहुत तीव्र गति से बढ़ाने के लिए हर चीज़ का सर्वश्रेष्ठ इस्तेमाल करें। परिस्थितियों के बदलने पर प्रयोग और अनुकूलन करने से पीछे न हटें। चीज़ों के बदलने का इंतज़ार नहीं करें। आप खुद परिवर्तन का कारक बनें और हर एक से ज़्यादा तेज़ी से बदलें, ताकि आप ऑनलाइन डायरेक्ट सेलिंग की नई क्रांति के अगुआ बन सकें।

"सोशल मीडिया के बेतरतीब पैंतरों से बेतरतीब परिणाम मिलते हैं। बेहतरीन परिणामों के लिए आपको एक रणनीति की ज़रूरत होती है।"

—स्टीफ़ैनी सैमन्स

याद रखें और बताएँ

- यदि आप सोशल मीडिया का इस्तेमाल करके अपनी टीम बनाना चाहते हैं, तो आपको पूरी प्रक्रिया का अनुसरण करने और सोशल मीडिया पर काम करने के सिद्धांतों पर अमल करने की ज़रूरत है।
- अगर आप लोगों को ऑनलाइन रिक्रूट करना चाहते हैं, तो सोशल मीडिया पर नियमित रूप से पोस्ट करना आवश्यक काम का सिर्फ़ 20 प्रतिशत हिस्सा है। अगर आप बाक़ी की 80 प्रतिशत गतिविधियाँ नहीं करेंगे, तो आप लोगों को रिक्रूट नहीं कर पाएँगे।
- अपनी सोशल मीडिया पोस्ट्स पर लाइक्स और कमेंट्स की जाँच करते समय इस बारे में चिंता न करें कि आपको कितने लाइक्स मिलते हैं, बल्कि यह निगरानी करें कि आपकी पोस्ट्स पर लाइक और कमेंट कौन कर रहा है।
- लोगों से संपर्क करें और बिज़नेस अपॉर्च्युनिटी के लिए उन्हें सिर्फ़ तभी आमंत्रित करें, जब आपके हिसाब से उन्हें प्रज़ेंटेशन बताने का समय सही हो। तब तक प्रॉस्पेक्टिंग जारी रखें।
- आप सोशल मीडिया का इस्तेमाल करके एक भी व्यक्ति को रिक्रूट नहीं कर सकते, अगर आप इन दो चीज़ों का इस्तेमाल नहीं करते हैं : ऑनलाइन टूल्स और ऑनलाइन मीटिंग्स।
- सोटो हाइब्रिड वर्किंग मॉडल डायरेक्ट सेलिंग का भविष्य है।

आपके करने के लिए ज़रूरी काम

- पहचानें कि सोशल मीडिया सेल्स फ़नेल के किस हिस्से को आप चूक रहे हैं और फिर इसका पूरी तरह अनुसरण करने की कार्य योजना बनाएँ।
- ऑनलाइन टूल्स से अपनी टूलकिट बनाएँ, जो प्रॉस्पेक्टिंग करने, सेल्स क्लोज़ करने और बिज़नेस को कई गुना बढ़ाने में आपकी मदद करेगी।
- पहचानें कि आप अपने दैनिक कामकाज में सोटो मॉडल के किन क्षेत्रों को शामिल करेंगे।

14

ऑनलाइन व्यवसाय बढ़ाने के 15 सिद्धांत और रणनीतियाँ

"अपने बिज़नेस को दोगुना करने के लिए ट्रैफ़िक दोगुना करने के बजाय अपना कनवर्ज़न रेट को दोगुना करना ज़्यादा आसान है।"

—जेफ़ आइज़नबर्ग

मैंने पिछले दो दशकों में पुस्तकें, लाइव ट्रेनिंग, वीडियोज़, सोशल मीडिया सामग्री और ऑनलाइन कोर्सेस आदि जो भी काम किया है, सारा काम एक ही मुख्य विषय पर केंद्रित है - परिवर्तन और कायाकल्प। मेरा मानना है कि अगर कोई कोर्स या प्रशिक्षण परिणाम नहीं देता है और वांछित कायाकल्प नहीं करता है, तो यह असफल है। यही पैमाना इस पुस्तक पर भी लागू होता है। इस पुस्तक को लिखने के पीछे मेरा लक्ष्य सरल है - आपको सोशल मीडिया पर अपना समय बरबाद नहीं करना चाहिए। आप सोशल मीडिया पर जितने समय का निवेश करते हैं, उससे आपको अधिकतम परिणाम मिलने चाहिए। इसलिए अगर आप इस पुस्तक में बताई गई हर चीज़ पर अमल करते हैं, तो आपको अपने सोशल मीडिया प्रयासों से ज़बर्दस्त परिणाम मिलना तय है। इसे और पुख़्ता बनाने के लिए मैं आपको 15 मुख्य सिद्धांत और रणनीतियाँ बना रहा हूँ, जिनकी मदद से आप अपने परिणामों को कई गुना कर सकते हैं।

"सेल क्लोज़ करने से पहले मार्केटर्स को डिजिटल संबंध और प्रतिष्ठा बनाने की ज़रूरत होती है।"

—क्रिस ब्रोगन

व्यवसाय बहुगुणक #1

समान रुचि के समूहों में सक्रिय हों

फ़ेसबुक पर बहुत सारे ग्रुप्स हैं और अच्छे प्रबंधन वाले समूहों में समान मानसिकता वाले लोगों का बढ़ता समुदाय होता है, जो उत्कृष्ट चर्चाएँ करते हैं। अगर आप सही समूहों को परख सकें और वहाँ होने वाली चर्चा में हिस्सा ले सकें, तो आपको संभावित प्रॉस्पेक्ट्स से जुड़ने के बेहतरीन अवसर मिल सकते हैं।

मैंने यह भी देखा है कि किसी भी ग्रुप में 80 प्रतिशत से ज़्यादा लोग मौन रहते हैं। वे कभी कोई पोस्ट या कमेंट नहीं करते हैं। बचे हुए 20 प्रतिशत में से सिर्फ़ 1-2 प्रतिशत ही समूह में सक्रिय योगदान देते हैं; बाक़ी केवल लाइक करते हैं या ईमोजी भेजते हैं।

जीवन के हर क्षेत्र की तरह ही फ़ेसबुक ग्रुप्स में भी इस शीर्ष 1 प्रतिशत समूह में पर्याप्त जगह रहती है, बशर्ते आप सक्रिय सदस्य बन जाएँ। मैं आपको इस एक नियम पर चलने की प्रबल सलाह देता हूँ, जिस पर मैं खुद चलता हूँ - या तो शीर्ष 1 प्रतिशत सबसे सक्रिय सदस्यों में से एक बनें या फिर ग्रुप को छोड़ दें। याद रखें, कोई चर्चा नहीं करेंगे, तो कोई व्यवसाय नहीं मिलेगा। और हाँ, सिर्फ़ चर्चाओं में संलग्न ही न हों, बल्कि ग्रुप का प्रचार भी करें। समूह के प्रचारक या स्व-नियुक्त प्रवक्ता बनें - इसका प्रचार करें, कमेंट करें, शेयर करें, पोस्ट करें और चर्चाओं में संलग्न हों। ग्रुप में हमेशा दिखते रहें। ये ग्रुप्स आपके लिए सोने की खान बन सकते हैं। उनका समझदारी से इस्तेमाल करें।

फ़ेसबुक ग्रुप्स के संबंध में एक और विशेषज्ञतापूर्ण सलाह - कृपया सही ग्रुप्स चुनें और कभी न भूलें कि अंतहीन ग्रुप्स उपलब्ध हैं, इसलिए अगर चर्चाएँ, विषय, सदस्यों की प्रोफ़ाइल आदि आपके उद्‌देश्य से मेल नहीं खाते हों, तो उस ग्रुप को तुरंत छोड़ दें।

व्यवसाय बहुगुणक #2

सही प्रश्न पूछें

जब आप सार्थक चर्चाओं की कला में माहिर बनते हैं, तो आपको सही प्रश्न पूछने की योग्यता भी सीखनी और बढ़ानी चाहिए। अजनबियों से संपर्क करने से लेकर प्रॉस्पेक्टिंग और फ़ॉलो-थ्रू तक आपका असली काम समझदारी भरे प्रश्न पूछकर उन्हें अंततः उस ओर ले जाना है, जहाँ आप उन्हें पहुँचाना चाहते हैं। सही प्रश्न आपके

ब्रह्मास्त्र हैं। चाहे चर्चा ऑनलाइन हो या ऑफ़लाइन, सही प्रश्न यह पहचानने में आपकी सहायता करते हैं कि उस अवस्था में कितना उजागर करना है और किसके साथ कितना तेज़ या धीमे चलना है। सही प्रश्नों से आपको अपनी विशेषज्ञता तथा विश्वास क़ायम रखने में भी मदद मिलती है।

व्यवसाय बहुगुणक #3

बाहर निकलने का विकल्प खुला रखें

प्रॉस्पेक्टिंग करते समय लोगों को बाहर निकलने का विकल्प भी दें। हर चर्चा को जीवन-मृत्यु का मामला न बनाएँ। इसे खुली रहने दें, मज़ेदार रहने दें और प्रवाह के साथ बहें। इससे आपके प्रॉस्पेक्ट्स आपका सम्मान करेंगे और आपके बारे में अच्छा महसूस करेंगे। इस तरह व्यावसायिक संबंधों के बिना भी आपकी मित्रता जारी रहेगी, वरना एक मीटिंग आपके सारे प्रयासों का अंत हो सकती है। यह विश्वास रखें कि आप बेहतर जीवन जीने में लोगों की सहायता करने के मिशन पर हैं। इस इरादे से काम करेंगे, तो बहुत से सही लोग आपसे जुड़ जाएँगे। याद रखें, चर्चा की शुरुआती अवस्थाओं में बहुत ज़्यादा दबाव डालने से कभी मनचाहे परिणाम नहीं मिलते हैं।

व्यवसाय बहुगुणक #4

प्रॉस्पेक्टिंग पूल

28 जून 2007 को मैंने अपनी नौकरी के साथ अपना पार्ट-टाइम नेटवर्क मार्केटिंग बिज़नेस शुरू किया। 3 महीने बाद 30 सितंबर 2007 को मैंने अपनी नौकरी से इस्तीफ़ा दिया, ताकि अपना पूरा समय नेटवर्क मार्केटिंग में लगा सकूँ। पहले दिन से ही मैंने दिन-रात काम किया, कई ग़लतियाँ कीं, कई टीमें खोईं, काफ़ी अस्वीकृति और मखौल का सामना किया, बहुत सी अलग-अलग कामकाजी शैलियों के प्रयोग किए, लेकिन अपना बिज़नेस शुरू करने के डेढ़ साल बाद मैं एक सिस्टम बनाने में कामयाब रहा, जिससे मुझे पैसिव इनकम होने लगी। जनवरी 2009 के बाद से मुझे अपने नेटवर्क मार्केटिंग बिज़नेस से पैसिव इनकम मिलने लगी। लेकिन मैंने व्यक्तिगत स्पॉन्सरिंग जारी रखी और हर सप्ताह अपनी टीम में 2-4 नए सहयोगियों को रिक्रूट करता रहा। मैं अपनी चौड़ाई और गहराई को बढ़ाता रहा। मैं हर दिन ईवेंट्स में व्यस्त रहता था, लेकिन मेरी व्यक्तिगत स्पॉन्सरिंग बगैर किसी ख़ास कोशिश के जारी रही। क्या आप इसका रहस्य जानना चाहते हैं?

उस क्षेत्र में 18 महीने तक अनवरत काम करने के दौरान मैंने 5,000 से ज़्यादा प्रॉस्पेक्ट्स का बैंक बना लिया था, जिनके साथ मैं संपर्क में था। हर सप्ताह मैं प्रॉस्पेक्ट्स के इस बैंक से 8-10 लोगों को चुनता था, जो मेरे बिज़नेस अपॉर्च्युनिटी प्रज़ेंटेशन के लिए तैयार होते थे। सैकड़ों लोगों के साथ ग़लतियाँ करने के बाद मैं गहराई से समझ गया था कि पर्याप्त प्रॉस्पेक्टिंग के बिना बिज़नेस अपॉर्च्युनिटी प्रज़ेंटेशन बताना समय की बरबादी के सिवाय कुछ नहीं है। मैं तब तक अपनी प्रॉस्पेक्टिंग करता रहता था, जब तक कि लोग मेरे साथ बिज़नेस करने को लेकर रोमांचित नहीं हो जाते थे।

मैं हर सप्ताह 8-10 क्वालिफ़ाइड प्रॉस्पेक्ट्स को अपना अवसर बताता था और उनमें से 2-4 नई व्यक्तिगत सेल्स क्लोज़ करता था। न सिर्फ़ मैं हर सप्ताह 2-4 नए लोगों को स्पॉन्सर करता था, बल्कि उन दिनों हर बिक्री का मतलब सिर्फ़ 1,000-2,000 रुपये की बुनियादी ख़रीदारी नहीं, बल्कि बड़ी ख़रीदारी होता था। मैंने प्रज़ेंटेशन दिखाने से पहले सेल्स क्लोज़ करने का अपना खुद का सिस्टम धीरे-धीरे तैयार कर लिया था।

मैं बहुत सारे डायरेक्ट सेलर्स से मिलता हूँ, जो उन प्रॉस्पेक्ट्स के पीछे पड़े रहते हैं, जो बिज़नेस प्रज़ेंटेशन देखने के बाद उनके फ़ोन नहीं उठाते हैं। ऐसे डायरेक्ट सेलर्स परिणाम न मिलने के लिए या तो बिज़नेस को या फिर बाज़ार की नकारात्मकता को दोष देते हैं। कृपया याद रखें, यह बिज़नेस की असफलता नहीं है; यह तो लोगों की असफलता है, जो बिज़नेस को सही तरीक़े से नहीं कर रहे हैं। ऐसे डायरेक्ट सेलर्स दरअसल डायरेक्ट सेल्स प्रोसेस की एक महत्त्वपूर्ण गतिविधि को नज़रअंदाज़ कर रहे हैं, जिसे मैं प्रॉस्पेक्टिंग पूल कहता हूँ।

मैं हमेशा कहता हूँ कि हमेशा बढ़ते प्रॉस्पेक्टिंग पूल के बिना आप विश्वास और खुशी के साथ बड़ा बिज़नेस कभी नहीं बना सकता। देखिए, प्रॉस्पेक्टिंग पूल लोगों का एक बड़ा समूह होता है, जिनके साथ आप चर्चा की अलग-अलग अवस्थाओं में होते हैं। अगर आप यह सीख लेते हैं कि अपना प्रॉस्पेक्टिंग पूल कैसे बनाएँ, तो इसके बाद आपको बात करने के लिए कभी प्रॉस्पेक्ट्स की कमी नहीं पड़ेगी।

जब मैंने अपने 91 दिनों के ऑनलाइन प्रोग्राम *अल्टिमेट नेटवर्क मार्केटिंग मास्टरी* में इस विचार को पहली बार शामिल किया, तो लोग संदेह कर रहे थे। ज़्यादातर नेटवर्क मार्केटिंग करने वालों ने प्रॉस्पेक्टिंग पूल या प्रज़ेंटेशन से पहले सेल्स क्लोज़ करने के बारे में कभी नहीं सुना था। इसके अलावा लोग सोचते थे कि नेटवर्क मार्केटिंग को 2-3 घंटों में ही सीखा जा सकता है, इसलिए इस काम में वे 91 दिन क्यों लगाएँ। लेकिन आज जब मैं अपने कोर्स के प्रतिभागियों से पूछता हूँ कि इस कोर्स से उन्होंने सबसे मूल्यवान चीज़ कौन सी सीखी, तो वे चाहे किसी

भी देश के हों, चाहे वे किसी भी प्रॉडक्ट, कंपनी या इनकम मॉडल के साथ काम कर रहे हों, ज़्यादातर प्रतिभागी कहते हैं कि अनंत प्रॉस्पेक्टिंग पूल बनाने की पूरी प्रक्रिया में माहिर बनना इस कोर्स से सीखी कई सबसे बड़ी बात है। जब 99 प्रतिशत डायरेक्ट सेलर्स महीनों तक बहुत सीमित संख्या में मौजूद प्रॉस्पेक्ट्स का पीछा करते रहते हैं, तो आप अपने जीवन और विकास की कल्पना कर सकते हैं, अगर आपके पास प्रॉस्पेक्ट्स का एक बड़ा समूह हो, जिनमें से आप यह चुन सकें कि आप किसे अपनी बिज़नेस अपॉर्च्युनिटी बताएँ। यह आपके खेल को पूरी तरह बदल सकता है। इसलिए आज ही अपना प्रॉस्पेक्टिंग पूल बनाना शुरू कर दें।

"मार्केटिंग सीखने में केवल एक दिन लगता है। दुर्भाग्य से इसमें माहिर बनने में पूरी ज़िंदगी लग जाती है।"

—फ़िल कॉटलर

व्यवसाय बहुगुणक #5

कभी अपना विश्वास नहीं खोएँ

विश्वास किसी डायरेक्ट सेलर का असली आभूषण है। पोस्चर या विश्वास का मतलब यह है कि आपके पास जो है, उसमें आपका पूर्ण विश्वास है, चाहे दूसरे कुछ भी सोचते हों। इसका मतलब है कि आपको किसी बाहरी अनुमोदन या मान्यता की ज़रूरत नहीं होती। इसका मतलब है कि जब कोई मित्र या परिवार का सदस्य आपसे कहता है कि आपका बिज़नेस दरअसल स्कैम या पिरामिड है, तो आप शर्मिंदा या रक्षात्मक हुए बिना आगे बढ़ते रहते हैं। विश्वास का मतलब यही है - हर एक के साथ और हर जगह लड़ने की ज़रूरत महसूस न करना, बल्कि यह जानना कि आपके पास जो है, वह सर्वश्रेष्ठ है। आपको यह यक़ीन होता है कि आप सही बिज़नेस में हैं और सही मूल्यों तथा सिद्धांतों के साथ अपना बिज़नेस बना रहे हैं।

व्यवसाय बहुगुणक #6

कहानियों की शक्ति का इस्तेमाल करें

सेल्स क्लोज़ करने में लोगों की सबसे बड़ी विभीषिका कौन सी होती है, ख़ास तौर पर अच्छी संवाद योग्यताओं वाले स्मार्ट लोगों की - वे अपने ज्ञान को अनंत काल तक बघारते रहते हैं और उसकी शान झाड़ते रहते हैं। लेकिन नेटवर्क मार्केटिंग

के शीर्ष लीडर्स कहानियाँ बताते हैं। बातचीत के दौरान सामान्य लोगों में आँकड़े, उदाहरण, प्रोत्साहन या जानकारी देने की प्रवृत्ति होती है। आपके बताए ज़्यादातर आँकड़े सच होते हैं, लेकिन वे सभी बिज़नेस शुरू करने के तार्किक कारण होते हैं। दूसरी ओर, कहानियाँ निर्णय लेने के भावनात्मक हिस्से को सक्रिय करती हैं। लोगों के साथ काम करने और उन्हें प्रशिक्षित करने के मेरे दो दशकों के अनुभवों के आधार पर मैं आपको बता सकता हूँ कि लोग तभी सक्रिय होते हैं, जब उनकी भावनाएँ सक्रिय होती हैं।

लोग भावनाओं की वजह से हमारा बिज़नेस शुरू करने का निर्णय लेते हैं; तर्क का इस्तेमाल तो वे सिर्फ़ अपने निर्णय की पुष्टि के लिए करते हैं। कहानियाँ उनके दिल तक पहुँचती हैं और उन्हें कर्म के लिए प्रेरित करती हैं। जिन लोगों से आप नेटवर्क मार्केटिंग के लिए संपर्क करेंगे, उनमें से ज़्यादातर ने पहले ही इसके बारे में सुन रखा होगा या एक या अधिक नेटवर्क मार्केटिंग कंपनियों में अपने हाथ भी आज़माए होंगे। ज़्यादातर मामलों में उन्होंने आपकी बताई जानकारी या आँकड़े भी किसी दूसरे के मुँह से सुन रखे होंगे। आपके बिज़नेस प्रज़ेंटेशन को जो चीज़ अनूठा बनाती है, वह हैं आप और आपकी कहानियाँ।

कहानी सुनाने की कला में माहिर बनें। अपनी कहानियों को संदेश पहुँचाने दें। हर मीटिंग में अपनी या अपने अपलाइन्स या टीम के साथियों की कहानी बताएँ। आपत्तियों का जवाब देते समय भी ऐसा ही करें। कृपया याद रखें कि कहानी सुनाने का उद्‌देश्य अपनी उपलब्धियों का बखान करना नहीं है; इसका उद्‌देश्य तो यह है कि वे आपके साथ गहराई से जुड़ जाएँ। जब आप अपनी कहानी बताते हैं, तो सबसे महत्त्वपूर्ण क्या होता है? यह आपकी पृष्ठभूमि है, जब आपने बिज़नेस शुरू नहीं किया था। यह वह कारण है कि आपने यह बिज़नेस क्यों शुरू किया। अपने संघर्ष और कमज़ोरियों के बारे में बताएँ। अगर आप जानना चाहते हैं कि सबसे प्रभावी अंदाज़ में अपनी कहानी कैसे बताएँ, तो मेरी पुस्तक *बी अ नेटवर्क मार्केटिंग मिलियनेयर* में कहानी बताने का सात क़दमों का फ़ॉर्मूला देखें।

जब आप सामने वाले के साथ असुरक्षित और ईमानदार बनने को तैयार होंगे, तो वे भी आपके प्रति ईमानदार रहेंगे और तभी आपकी चर्चा असली होगी। अपने संघर्ष बताने से आप लोगों के साथ ज़्यादा तेज़ी से संबंध बना सकते हैं, जो जीनियस और अजेय होने का नाटक करने से कभी नहीं होगा। कहानियाँ सुनाने का एक और लाभ यह होता है कि वे वास्तविक होती हैं और इससे आप सेल्सपर्सन जैसे नहीं दिखते हैं। जब आप उनमें से एक बन जाते हैं, तो वे अपना द्वार खोल देते हैं। हर आपत्ति का जवाब कहानी से दें। सर्वश्रेष्ठ नेटवर्क मार्केटर्स सर्वश्रेष्ठ कहानीकार होते हैं।

व्यवसाय बहुगुणक #7

परिणाम से खुद को भावनात्मक रूप से पृथक कर लें

अपने लक्ष्यों के प्रति समर्पित रहें। सर्वश्रेष्ठ परिणाम हासिल करने का लक्ष्य बनाएँ। लेकिन अस्वीकृतियों और माखौल को दिल पर नहीं लें। कुछ लोग इंकार करेंगे और "नहीं" कहेंगे। हर दिन बहुत सारी जगहों पर आप भी "नहीं" कहेंगे। इसे व्यक्तिगत न मानें। यह व्यावसायिक प्रस्ताव पर नहीं कहा गया है, आपको नहीं कहा गया है। नहीं का मतलब बस यह होता है कि यह उनके लिए सही समय नहीं है। उन्हें अपनी तिमाही की फ़ॉलो-थ्रू सूची में पहुँचा दें, संवाद क़ायम रखें और 3-6 महीने बाद फिर जाँच करें। परिस्थितियाँ बदलती हैं। मैंने अपने अपलाइन के साथ शुरुआती चर्चा के 13 महीने बाद यह बिज़नेस शुरू किया था। मैंने हमारी पहली बातचीत के 6 महीने से भी ज़्यादा समय बाद सैकड़ों लोगों को रिक्रूट किया है। मैंने सैकड़ों प्रकरण देखे हैं, जहाँ लोगों ने प्रज़ेंटेशन देखने के 3-5 साल बाद बिज़नेस शुरू किया है।

"आज आप जो सारी 'नहीं' सुन रहे हैं, वे आपकी
अगले साल की बिक्री की तैयारी हैं।"

—दीपक बजाज

मशहूर एसडब्ल्यूएसडब्ल्यूएसडब्ल्यूएसडब्ल्यू नियम को याद रखें - सम विल, सम वोन्ट, सो वाट? समवन इज वेटिंग (कुछ करेंगे, कुछ नहीं करेंगे, उससे क्या? कोई इंतज़ार कर रहा है।)

व्यवसाय बहुगुणक #8

हमेशा परामर्शदाता और शुभचिंतक की तरह काम करें

बिक्री को क्लोज़ करना लोगों पर दबाव डालना या उन्हें विवश करना नहीं है; यह तो उन्हें वह करने का मार्गदर्शन देना है, जो उनके लिए सही है। उन्हें यह विश्वास दिलाएँ कि आप उनके विरोध में नहीं, बल्कि उनके साथ हैं और मिलकर टीम के रूप में आप दोनों अपने सपने ज़्यादा तेज़ी से साकार कर सकते हैं। इस तरह की पंक्तियाँ बोलें, ताकि उनके लिए निर्णय लेना आसान हो जाए - "आइए मिलकर काम करते हैं," "इसे आज़माकर देखें," "आप और मैं," "आइए सहयोग करते हैं," "इसे करके देखें," "खोने के लिए है ही क्या" आदि। हमेशा ऐसे प्रॉडक्ट्स या सेवाएँ चुनने में उनकी सहायता करें, जो उनके लिए सबसे ज़्यादा उपयुक्त हों। उन्हें

ऐसे प्रॉडक्ट्स या सेवाएँ चुनने के लिए दबाव न डालें, जिनसे आपको सबसे ज़्यादा लाभ या बिज़नेस वॉल्यूम मिले।

"सेल्स क्लोज़ करना डायरेक्ट सेलिंग में प्रक्रिया का अंत नहीं है; यह तो शुरुआत है।"

—दीपक बजाज

व्यवसाय बहुगुणक #9

रिकग्नीशन पोस्ट्स के साथ अपनी टीम के साथियों को ऊँचा उठाएँ

जब आप नेटवर्क मार्केटिंग में अपनी आमदनी और नेतृत्व को स्थापित कर लेते हैं, तो अपने व्यवसाय को कई गुना बढ़ाने के लिए रिकग्नीशन पोस्ट्स का इस्तेमाल शुरू कर दें। रिकग्नीशन पोस्ट्स जादू की तरह काम करती हैं और इनसे आपको बहुत से लाभ होते हैं। रिकग्नीशन पोस्ट्स का मतलब है कि आप अपने पेज पर अपनी टीम के कुछ साथियों की उपलब्धियों को रेखांकित करते हैं। लेकिन अपनी पोस्ट या वर्णन में नेटवर्क मार्केटिंग न लिखें। फ़ोटो दिखाएँ, लाभों या परिणामों के बारे में बात करें, लेकिन कभी कंपनी, प्रॉडक्ट या बिज़नेस अपॉर्च्युनिटी का विवरण न दें। यह न लिखें, "मेरे साथ शामिल," "डायमंड," "ब्रॉन्ज़ डायरेक्टर," "नेटवर्क मार्केटिंग का कमाल," "इनकम स्टेटमेंट" आदि।

व्यवसाय बहुगुणक #10

अपना समुदाय बनाएँ

सोशल मीडिया अपना समुदाय बनाने का उत्कृष्ट प्लेटफ़ॉर्म है। समुदाय चर्चाओं से बनता है। लोग आपकी पोस्ट, फ़ोटो या वीडियो लाइक करते हैं और उस पर कमेंट करते हैं। आप भी दूसरों के साथ यही करते हैं। यह एक परिवार या कुनबे जैसा महसूस होता है, जो एक-दूसरे की परवाह करता है। जब आप अपनी पूरी टीम को सोशल मीडिया पर एक साथ लाते हैं, तो आप हर एक से संवाद करने में सक्षम होंगे, चाहे वे आपकी लाइन ऑफ़ स्पॉन्सरशिप में कहीं भी हों। सोशल मीडिया चौबीसों घंटे काम करता है और यह भौगोलिक सीमाओं के पार जाता है; इससे आपके लोग आपके ज़्यादा क़रीब महसूस करते हैं।

"अपनी सोशल नेटवर्किंग से परिणाम हासिल करने का रहस्य मार्केटर नहीं, बल्कि सदस्य की तरह काम करना है।"

— मैरी स्मिथ

व्यवसाय बहुगुणक #11

सही कार्यपद्धतियों को प्रदर्शित करने के लिए सोशल मीडिया का इस्तेमाल करें और नए टूल्स जल्दी बताएँ

जब आपका बिज़नेस अलग-अलग जगहों पर बढ़ने लगता है, तो आप अपनी टीम के साथियों को सही चीज़ों को तुरंत बताने के लिए सोशल मीडिया का इस्तेमाल कर सकते हैं, चाहे वे कहीं भी रहते हों और चेन में किसी भी जगह पर हों। अगर आप चाहते हैं कि आपकी टीम कोई गतिविधि करे, तो आप उस गतिविधि को करने के अपने फ़ोटो या वीडियो अपने सोशल मीडिया पेज पर दिखा दें। जब वे लगातार आपको वे गतिविधियाँ करते देखते हैं, तो वे खुद वही करने लगेंगे और आपको उन्हें ऐसा करने के लिए कहने या प्रेरित करने की ज़रूरत नहीं होगी। नेटवर्क मार्केटिंग में एक मशहूर कहावत है, लोग वह नहीं करते हैं, जो आप उनसे करने को कहते हैं; लोग तो वह करते हैं, जो आप करते हैं। जब आपकी टीम के साथी आपके काम को देखेंगे, तो वे तुरंत उसकी नक़ल करने लगेंगे।

सोशल मीडिया आपकी टीम की चौड़ाई और लंबाई के पार आपके संवाद की गति को तेज़ कर सकता है। मान लें कि आपको एक नया साक्ष्य या नया दस्तावेज़ मिलता है, जिससे आपकी टीम के साथियों को मदद मिल सकती है। बस इसे अपनी सोशल मीडिया प्रोफ़ाइल पर डाल दें और यह तुरंत आपकी टीम के साथियों तक पहुँच जाएगा। अपना नया वीडियो यूट्यूब पर डाल दें और यह पूरे संसार तक तुरंत पहुँच जाएगा। आप इसकी लिंक फ़ेसबुक तथा अन्य प्लेटफ़ॉर्म्स पर भी डाल सकते हैं, ताकि यह उनके लिए भी उपलब्ध हो जाए।

व्यवसाय बहुगुणक #12

अपने व्यवसाय का पूर्ण स्वामित्व लें

"आप इस बिज़नेस में तो संयोग से आ सकते हैं, लेकिन आप संयोग से करोड़पति नहीं बन सकते।"

—दीपक बजाज

चूँकि यह व्यवसाय लगभग शून्य निवेश से शुरू होता है और कोई जवाबदेही नहीं होती, इसलिए 99 प्रतिशत लोग कभी खुद को इस बिज़नेस का स्वामी नहीं समझते हैं और वे यह समझे बिना ही कारोबार से बाहर चले जाते हैं कि यह बिज़नेस उनकी ख़ातिर कितना कुछ कर सकता था। कभी इस बारे में न सोचें कि आपने यह बिज़नेस शुरू करने के लिए कितना निवेश किया है। इसके बजाय इस बारे में सोचें कि अगर आप इस बिज़नेस को गंभीरता से सही तरीक़े से बनाते हैं, तो यह बिज़नेस आपको कितना कुछ दे सकता है।

लगभग हर व्यक्ति पार्ट-टाइम नज़रिये के साथ यह बिज़नेस शुरू करता है, लेकिन ज़्यादातर लोग इस पार्ट-टाइम टैग का इस्तेमाल अपने कमज़ोर प्रदर्शन को छिपाने के लिए करते हैं। कृपया याद रखें, यह पार्ट-टाइम या फुल टाइम के बारे में नहीं है। यह तो सही सिस्टम के साथ सही समय पर सही गतिविधियाँ करने के बारे में है। बिज़नेस कभी पार्ट-टाइम या फुल टाइम नहीं होता; यह तो आपका नज़रिया है, जो महत्त्वपूर्ण है। मैं पुस्तकें लिखता हूँ, मैं सोशल मीडिया के लिए वीडियो और पोस्ट बनाता हूँ, मैं प्रशिक्षण तथा परामर्श देता हूँ, मैं लोगों को ज़्यादा तेज़ सफलता दिलाने वाले नए टूल्स बनाता हूँ। कौन सी गतिविधि फुल टाइम है और कौन सी पार्ट-टाइम है? सारे बहाने दूर फेंक दें और अपने व्यवसाय का पूर्ण स्वामित्व लें। आपका बिज़नेस आपके साथ शुरू होता है। इस नज़रिये के साथ काम करें - *"मैं या तो रास्ता खोज लूँगा या फिर बना लूँगा।"*

व्यवसाय बहुगुणक #13

स्मार्ट डे मैनेजमेंट

मैंने अपनी सारी लाइव टॉक्स और ट्रेनिंग ईवेंट्स में हमेशा यह बताया है कि नेटवर्क मार्केटिंग बिक्री के बारे में कम और टाइम मैनेजमेंट के बारे में ज़्यादा है। मैंने देखा है कि लोग अपने जीवन या 10 वर्षों के लक्ष्य तय करने में उत्कृष्ट होते हैं, लेकिन जब दिनों के प्रबंधन के मामले में काफ़ी कमज़ोर होते हैं। इस बिज़नेस और जीवन में भारी सफलता के लिए आपको एक योग्यता में माहिर बनने की ज़रूरत होती है और वह यह है कि आप अपने दिन का समझदारी से प्रबंधन करें। ख़ास तौर पर अगर आप पार्ट-टाइम काम करते हैं तो आपको अपने समय के मामले में बेहद कार्यकुशल होना चाहिए।

इस बिज़नेस को अपने जीवन का केंद्र बना लें और बाक़ी हर चीज़ को इसके इर्द-गिर्द व्यवस्थित रखें। कुछ आमंत्रणों को "नहीं" कहना सीखें। अपने समय की रक्षा करें। बुनियादी व्यावसायिक गतिविधियों को करने के लिए शाम के घंटों और वीकएंड्स का इस्तेमाल समझदारी से करें। जहाँ भी संभव हो, एक व्यक्ति से मिलने

के बजाय समूह बैठकें करें। व्यावसायिक कामों को पूरा करने के लिए ब्रेक्स का इस्तेमाल समझदारी से करें।

व्यवसाय बहुगुणक #14

सभी संभव स्रोतों से सीखते रहें

हर डायरेक्ट सेलर यह बात जानता है कि आप जितना ज़्यादा सीखते हैं, उतना ही ज़्यादा कमाते हैं। डायरेक्ट सेलिंग कंपनियाँ और टीमें भारी प्रशिक्षणों के लिए विख्यात हैं, लेकिन दुखद बात यह है कि ज़्यादातर प्रशिक्षण दोहराव भरे और पुराने हो चुके हैं। नेटवर्क मार्केटिंग कंपनियों के ज़्यादातर प्रशिक्षण कार्यक्रम धार्मिक सत्संग या प्रेरक सेमिनार से ज़्यादा नहीं होते हैं, जहाँ ज़्यादातर लोग प्रशिक्षण के नाम पर कहानियाँ सुनाते हैं। ज़्यादातर प्रशिक्षण इस एक पंक्ति के साथ शुरू और ख़त्म होते हैं, *"अगर मैं यह कर सकता हूँ, तो आप भी कर सकते हैं।"* यह अच्छी बात है और इससे आपको कुछ समय तक अच्छा भी महसूस हो सकता है। लेकिन आपकी टीम को बचे रहने और फलने-फूलने में जो चीज़ मदद करेगी, वह है योग्यताओं, मानसिकता, टूल्स और तकनीकों का पूरा प्रशिक्षण। यह अनिवार्य है कि नेटवर्क मार्केटिंग का प्रशिक्षण प्रेरणा और कहानियों से आगे बढ़कर असली योग्यताओं तथा रणनीतियों पर पहुँच जाए।

हम एक सूचना अर्थव्यवस्था में रह रहे हैं। सोशल मीडिया का उत्कर्ष, इंटरनेट की बढ़ती पैठ, नई प्रौद्योगिकियों के उछाल और बढ़ती पारदर्शिता ने सर्वोत्तम प्रशिक्षण को सर्वसुलभ बना दिया है। आपको बस यह तय करना है कि आपकी सफलता और खोज के लिए कौन से आवश्यक कौशल, उपकरण और तकनीक उपलब्ध हैं और पता लगाना है कि उसी के लिए सर्वश्रेष्ठ मेंटर्स और कार्यक्रम कौन से हैं। सबसे तेज़ी से बढ़ने वाले नेटवर्क मार्केटर्स उद्योग के विशेषज्ञों से पहले ही पेशेवर प्रशिक्षण और कोचिंग अपने अपलाइन और कंपनी से नियमित प्रशिक्षण के साथ लेना शुरू कर चुके हैं। सावधानी के लिए सिर्फ़ इतना कहना चाहूंगा - जब आप अपना चयन करने का निर्णय लेते हैं कोच और ट्रेनर, किसी ऐसे व्यक्ति को चुनें जो वास्तविक हो, जिसने वास्तव में वह किया हो जो वह सिखा रहा है और आश्चर्यजनक ट्रैक रिकॉर्ड किसके पास है।

"पसंद करना आसान है। यह एक मामूली क्रिया है।
किसी और चीज़ के लिए भरोसे की ज़रूरत होती है।"

—जॉन लूमर

व्यवसाय बहुगुणक #15

पूरी प्रक्रिया में माहिर बनें और शॉर्टकट की तलाश नहीं करें

हर दिन सोशल मीडिया पर लोग मुझसे बहुत से सवाल पूछते हैं। मुझसे इस तरह के सवाल पूछे जाते हैं - "मैं लोगों को कैसे आमंत्रित कर सकता हूँ," "अधिकतम सेल्स क्लोज़ कैसे करें," "लोगों को रोककर कैसे रखें," "मैं बेहतरीन लीडर कैसे बन सकता हूँ" आदि। इन सवालों का जवाब एक शब्द या एक लाइन में चैट में नहीं दिया जा सकता। लोग नेटवर्क मार्केटिंग में रातोंरात करोड़पति बनना चाहते हैं, लेकिन इस बिज़नेस में सफल होने के लिए आवश्यक सिद्धांतों और प्रक्रियाओं को सीखने में उनकी कोई रुचि नहीं है। यह बिज़नेस भी किसी दूसरे बिज़नेस जैसा है। इसमें भारी अवसर और संभावनाएँ हैं, लेकिन सिर्फ़ उन्हीं लोगों के लिए, जो इस बिज़नेस के नियमों को सीखने और उन पर अमल करने के लिए समर्पित होते हैं।

नेटवर्क मार्केटिंग फटाफट अमीर बनो की योजना या लॉटरी नहीं है। यह क़िस्मत या संयोग का खेल नहीं है। यह एक आज़माया हुआ बिज़नेस है, जो 1940 के दशक से लोगों की सफलतापूर्वक सहायता कर रहा है और आज संसार के लगभग 200 देशों में फैल चुका है। यह बिज़नेस लगातार बढ़ रहा है और डब्ल्यूएफ़डीएसए एन्युअल रिपोर्ट 2020 के अनुसार 2019 में इसने 13,50,000 करोड़ रुपये की आमदनी उत्पन्न की है। मैं सोचता हूँ कि इस बिज़नेस को गंभीरता और समर्पण से करना चाहिए, जो ज़्यादातर लोग आम तौर पर नहीं करते हैं।

इस व्यवसाय से क़रीबी रूप से जुड़ने का यह मेरा 15वाँ साल है और मैं 11 लाख से ज़्यादा डायरेक्ट सेलर्स को प्रशिक्षित कर चुका हूँ। मैं आपको पूरे यक़ीन के साथ बता सकता हूँ कि यह व्यवसाय आपके सपनों को पूरा करने का शॉर्टकट है, लेकिन इस व्यवसाय में सफलता का कोई शॉर्टकट नहीं है। उन लोगों, लीडर्स, प्रशिक्षकों और प्रोग्राम्स से दूर रहें, जो आपको फटाफट मुनाफ़े या शॉर्टकट के नाम पर कुछ बेचने की कोशिश कर रहे हैं। एक बड़ा बिज़नेस बनाने के प्रति समर्पित हों और नेटवर्क मार्केटिंग में दीर्घकालीन सफल करियर के लिए आवश्यक पूरी प्रक्रिया में माहिर बनें। हर दिन उठें और साथी डायरेक्ट सेलर्स के लिए शक्ति तथा प्रेरणा का स्रोत बनें। मिलकर हम इस अविश्वसनीय पेशे के गर्व और यश में वृद्धि करें।

"कभी सिर्फ़ पैसे कमाने के लिए कोई व्यवसाय शुरू नहीं करें। संसार में फ़र्क़ लाने के लिए व्यवसाय शुरू करें।"

— मैरी फ़ोरलियो

याद रखें और बताएँ

- आपको एक मुख्य योग्यता विकसित करने की ज़रूरत है और वह है अपने प्रॉस्पेक्ट्स या टीम के साथियों से ऑनलाइन और ऑफ़लाइन सही प्रश्न पूछने की कला।
- आज ही अपना प्रॉस्पेक्टिंग पूल बनाना शुरू कर दें। जब आपके पास पर्याप्त बड़ा प्रॉस्पेक्टिंग पूल आ जाएगा, जो हमेशा बढ़ता रहेगा, तो आपको कभी बात करने के लिए प्रॉस्पेक्ट्स की कमी नहीं पड़ेगी।
- विश्वास के साथ अपना बिज़नेस बनाएँ और अपने प्रॉस्पेक्ट्स के परामर्शदाता या शुभचिंतक की तरह काम करें।
- अपना समुदाय बनाएँ और सही कार्यपद्धतियों व टूल्स के साथ अपनी टीम के हर व्यक्ति को ऊपर उठाएँ।
- यह आपका व्यवसाय है। यह आपसे शुरू होता है। अपने व्यवसाय का पूर्ण स्वामित्व लें।
- बहुत से स्रोतों से सीखना जारी रखें, कभी शॉर्टकट की तलाश नहीं करें और बिज़नेस बनाने की पूरी प्रक्रिया में माहिर बनें।

आपके करने के लिए ज़रूरी काम

- इस अध्याय में बताई गई 5 मुख्य रणनीतियों को पहचानें, जिन पर आप अपने बिज़नेस में तुरंत अमल शुरू करेंगे।
- ये 5 सबक़ अपनी टीम को बताएँ।

15

सोशल मीडिया का इस्तेमाल सँभलकर करें – 5 गल्तियों से बचें

"सोशल मीडिया एक लत है, क्योंकि यह हमें वह देता है, जिसका असली संसार में अभाव है : यह हमें व्यक्ति के रूप में तात्कालिकता, दिशा और मूल्य देता है।"

—डेविड एमरलैंड

इस पुस्तक में मैंने अब तक सोशल मीडिया के लाभों और संभावनाओं के बारे में ही बताया है। इस बात में कोई शक नहीं है कि सोशल मीडिया एक अविश्वसनीय टूल है और यह निश्चित रूप से आपके व्यक्तिगत ब्रांड तथा व्यवसाय को सफलता की अभूतपूर्व ऊँचाइयों तक ले जा सकता है। लेकिन किसी भी अन्य टूल की तरह ही यहाँ भी चिंता के कुछ क्षेत्र हैं, जो आपको इस अद्‌भुत संसाधन का पूरा लाभ लेने से रोक सकते हैं। मैं इस अध्याय में चिंता के ऐसे कुछ क्षेत्रों को संक्षेप में रेखांकित करना चाहता हूँ, ताकि आप सोशल मीडिया का प्रभावी इस्तेमाल कर सकें और इसके द्वारा इस्तेमाल न हों।

#1. दिखने वाली हर चीज़ पर भरोसा न करें

सोशल मीडिया और इंटरनेट ने सारी जानकारी हमारी अँगुलियों की पहुँच में ला दी हैं। एकमात्र चुनौती यह है कि आप सोशल मीडिया और इंटरनेट पर जो देखते हैं, वह हर चीज़ सच नहीं होती। दरअसल, इस बारे में कोई जाँच नहीं होती कि कौन लिख रहा है और क्या लिख रहा है। हर तीसरा व्यक्ति विशेषज्ञ या गुरु होने का दावा करता है। आप इंटरनेट और सोशल मीडिया पर जो देखते हैं, उसका ज़्यादातर हिस्सा विज्ञापनों और डिजिटल मार्केटिंग द्वारा आपको परोसा जाता है। जानकारी की

प्रामाणिकता की जाँच करने और इसका सही तरीक़े से इस्तेमाल करने का काम पूरी तरह से उपयोगकर्ता का होता है।

इसीलिए मेरी प्रबल सलाह है कि वर्तमान समय में विकसित करने वाली एक मुख्य योग्यता यह निर्णय लेने की परिपक्वता और बुद्धिमानी है कि किसकी सुनें और किसका अनुसरण करें। जानकारी केवल विश्वसनीय स्रोतों से ही लें और सावधानी से चुनें कि किसका अनुसरण करना है। वैसे भी आपको सफल होने के लिए बहुत ज़्यादा जानकारी और बहुत ज़्यादा कोचेस की ज़रूरत नहीं है। कुछ विश्वसनीय स्रोतों तथा उद्योग के लीडर्स को पहचानें और उनसे सीखी बातों पर अमल करने पर ध्यान केंद्रित करें।

#2. अपने समय की रक्षा करें

जब आप सोशल मीडिया पर हों, तो आपको इस बारे में ख़ास सावधान रहना चाहिए कि आप सोशल मीडिया पर कितना समय ख़र्च कर रहे हैं। आपको सोशल मीडिया पर अपने समय की रक्षा करनी होती है। सोशल मीडिया का प्रवेश द्वार तो होता है, लेकिन इससे बाहर जाने वाला कोई द्वार नहीं होता। अगर आप यहाँ 5 मिनट के लिए आए थे, तो 2 घंटे तक नहीं रुकें। सोशल मीडिया पर ज़्यादा समय बिताने से आपकी सफलता का कोई सीधा संबंध नहीं होता।

#3. कभी दूसरों से अपनी तुलना नहीं करें

दूसरे जो पोस्ट कर रहे हैं, उसे देख-देखकर हीन भावना नहीं लाएँ। कोई भी सोशल मीडिया पर अपनी असफलताएँ या संघर्ष पोस्ट नहीं करता है। मैं इस बारे में कोई सामान्य टिप्पणी या कथन नहीं कहना चाहता हूँ कि क्या अच्छा या बुरा है, लेकिन मैं यह बात शर्तिया जानता हूँ कि आप अनूठे हैं और आपकी यात्रा भी अनूठी है। आप किसी दूसरे की यात्रा के बारे में कभी नहीं जान पाते हैं - उन्होंने कब शुरू किया, उनका उद्देश्य क्या है, वे जो कर रहे हैं क्यों कर रहे हैं आदि। हर व्यक्ति अनूठा है और हर व्यक्ति अपनी खुद की यात्रा कर रहा है। दूसरों की आलोचना नहीं करें और इसके अलावा कभी दूसरों से अपनी तुलना नहीं करें। हमेशा अपने खुद के मिशन को याद रखें और अपने लक्ष्य की दिशा में बढ़ते जाएँ।

"अपना और अपने रचयिता का आप जो सबसे बड़ा अपमान कर सकते हैं, वह है दूसरों के साथ अपनी तुलना करना।"

—दीपक बजाज

#4. सोशल मीडिया जीवन नहीं, बल्कि इसका हिस्सा है

कभी भी इस फ़र्क़ को न भूलें कि सोशल मीडिया आपके जीवन का एक छोटा हिस्सा है, पूरा जीवन नहीं है। यह देखना बहुत दुखद है कि इतने सारे लोग सोशल मीडिया में खो चुके हैं कि वे अपने आस-पास के हर व्यक्ति को भूल जाते हैं और सच्चा मानवीय संबंध स्थापित करने में असफल रहते हैं।

आप रेस्तराँ में बहुत से दंपतियों को देखेंगे, जिन्होंने डिनर के लिए आने का समय निकाला है, लेकिन एक-दूसरे के साथ रहने के बजाय वे अपने मोबाइल में जुटे रहते हैं। भोजन का आनंद लेने के बजाय वे पोस्ट करने में तल्लीन रहते हैं और फिर वे अपने फ़ोटो पर लाइक और कमेंट का इंतज़ार करते हैं। आप ऐसे माता-पिता को देखेंगे, जो अपने बच्चों को डांस करते देख रहे हैं, लेकिन डांस देखने के बजाय वे वीडियो बनाने में व्यस्त रहते हैं, ताकि वे उसे सोशल मीडिया पर पोस्ट कर सकें। लोग प्यारी जगहों पर जाते हैं, लेकिन उन जगहों के सौंदर्य का आनंद लेने के बजाय वे चित्र लेने और पोस्ट करने के बारे में ज़्यादा चिंतित होते हैं। फ़ोटो और वीडियो पोस्ट करने के बाद लाइक्स और कमेंट्स गिनना अगली बड़ी चिंता होती है।

कृपया ध्यान दें कि मैं फ़ोटो या वीडियो लेने और सोशल मीडिया पर उन्हें पोस्ट करने के ख़िलाफ़ नहीं हूँ, लेकिन मैं अपने सबसे प्रिय लोगों के साथ वर्तमान पलों का त्याग करने के ख़िलाफ़ हूँ, जबकि आप उन लोगों की चिंता कर रहे हैं, जिन्हें आपके फ़ोटो और वीडियो की परवाह हो भी सकती है और नहीं भी हो सकती। मैं चाहता हूँ, आप यह बात याद रखें कि हर चीज़ पोस्ट करना अनिवार्य नहीं है। आप सोशल मीडिया पर पोस्ट किए बिना भी ज़िंदगी जी सकते हैं। इस दबाव में न रहें कि आपको हर चीज़ पोस्ट करने की ज़रूरत है। एक संतुलन खोजें। हर पल का आनंद लें। स्मृतियों को अपने फ़ोन में क़ैद करें और अगर आपको पसंद हो, तो इसे पोस्ट करें। रील लाइफ़ के बजाय असली जीवन को ज़्यादा प्राथमिकता दें। आपके सामने बैठा व्यक्ति निश्चित रूप से उस व्यक्ति से ज़्यादा महत्त्वपूर्ण है, जो सोशल मीडिया पर आपके फ़ोटो या वीडियो देखेगा।

"सोशल मीडिया के बारे में सबसे महत्त्वपूर्ण चीज़ों में से एक यह जानना है कि फ़ोन को कब नीचे रखकर जीवन का अनुभव करना है।"

—टेलर स्विफ़्ट

#5. मिलने वाले लाइक्स या कमेंट्स की संख्या से कभी अपना और अपने काम का मूल्यांकन नहीं करें

मैं आपको एक और बात याद दिलाना चाहता हूँ कि आपका अनूठापन आपकी सबसे बड़ी शक्ति है। आप कभी नहीं जानते कि आपके पास जो है, उसकी किसे ज़रूरत है। कृपया खुद को मिलने वाले लाइक्स या कमेंट्स की संख्या से अपना या अपने काम की गुणवत्ता का आकलन नहीं करें। यह खुद के मूल्यांकन का सरासर ग़लत पैमाना है। मैंने बहुत से वास्तविक लोगों को देखा है, जिन्होंने अपना संदेश बताना सिर्फ़ इसलिए छोड़ दिया, क्योंकि उन्हें बड़ी संख्या में ऑडिएंस नहीं मिली।

"आपकी ऑडिएंस का आकार कई घटकों का परिणाम होता है, जो आपके नियंत्रण में नहीं होते, लेकिन आप जो काम करते हैं, उसकी गुणवत्ता पूरी तरह से आपके नियंत्रण में होती है। इसलिए अपना ध्यान उसी पर केंद्रित करें, जिसे आप नियंत्रित कर सकते हों।"

—दीपक बजाज

सोशल मीडिया टूल नहीं, क्रांति है। यह मानव विकास का प्रमाण है। जब हम सभी एक साथ विकास करेंगे, तो सोशल मीडिया भी विकास करेगा। इसके साथ-साथ विकास करते जाएँ और अपने खेल को ऊपर उठाने तथा प्रभाव व योगदान का जीवन जीने के लिए इस अविश्वसनीय साधन के अधिकाधिक उपयोग सृजनात्मक तरीक़े से खोजें।

याद रखें और बताएँ

- सोशल मीडिया एक अविश्वसनीय साधन है, इसका इस्तेमाल करें, लेकिन इसके द्वारा अपना इस्तेमाल कभी न होने दें।
- सोशल मीडिया मुफ़्त है, लेकिन आपका समय और जीवन नहीं हैं। यह निर्णय लेने की परिपक्वता और बुद्धिमत्ता विकसित करें कि किसकी बात सुनना है और किसका अनुसरण करना है।
- अपनी और अपने काम की तुलना कभी किसी से नहीं करें।
- लोगों की लाइक्स या कमेंट्स आपको परिभाषित नहीं करते हैं।
- सोशल मीडिया आपके जीवन का एक हिस्सा है, पूरा जीवन नहीं है।

आपके करने के लिए ज़रूरी काम

- आत्म-अवलोकन करें और यह जाँच करें कि इस अध्याय में हमने जिन 5 जालों के बारे में बात की है, क्या आप इनमें से किसी में फँसे हैं।

अगले क़दम

"मैं वो काम कर सकती हूँ, जो आप नहीं कर सकते, आप वो काम कर सकते हैं, जो मैं नहीं कर सकती; हम मिलकर महान काम कर सकते हैं।"

—मदर टेरेसा

इस पुस्तक को पूरा करने पर बधाई। इससे यह स्पष्ट हो जाता है कि आपमें सीखने और विकास करने की ललक है। मैं आपके समर्पण की क़द्र करता हूँ। लेकिन मेरा विश्वास है कि हममें से प्रत्येक में ज़्यादा सीखने और ज़्यादा विकास करने की असीमित क्षमता होती है। इस पुस्तक ने आपको एक बहुत अच्छी नींव दे दी है, लेकिन मैं नहीं चाहता कि आप यहीं रुके रहें। मैं चाहता हूँ कि आप ज़्यादा ऊँचाई पर पहुँचें और उड़ान भरें, इसलिए मैं आपको यहाँ कुछ त्वरित अनुशंसाएँ देता हूँ, ताकि आप अच्छे से बेहतर और फिर बेहतरीन की अपनी यात्रा जारी रख सकें।

#1. काम करें – ज्ञान शक्ति नहीं है। ज्ञान तब शक्ति बनता है, जब उस पर अमल किया जाता है। आपने जो सीखा है, उस पर अमल करने का काम करें। अलग-अलग अवधारणाओं पर प्रयोग करें और सोशल मीडिया पर अपने खेल को ऊपर उठाएँ। अमल करते वक़्त अगर आपके मन में कोई प्रश्न या चुनौती आए, तो मुझसे और मेरी टीम से हमारे किसी भी सोशल मीडिया अकाउंट पर संपर्क करें या हमें ईमेल करें। हमें आपकी दोबारा सेवा करने में ख़ुशी होगी।

#2. शेयर करना परवाह करना है – अगर इस पुस्तक से आपको कुछ बेहतरीन विचार और मूल्यवान बातें मिली हों, तो उन्हें ज़्यादा से ज़्यादा लोगों को बताएँ – अपने परिवार के सदस्यों, मित्रों, टीम के साथियों और हर उस व्यक्ति को, जिसकी आप परवाह करते हैं। आप वाट्सएप, इंस्टाग्राम, फ़ेसबुक, टेलीग्राम, यूट्यूब और किसी भी अन्य प्लेटफ़ॉर्म पर इस पुस्तक के बारे में जानकारी देकर असंख्य लोगों की सहायता करते हैं। इसके लिए मैं आपको अग्रिम बधाई देता हूँ।

#3. हमारे सोशल मीडिया मास्टरी प्रोग्राम में शामिल हों – अगर आप अपना ब्रांड बनाने और अपने जीवन तथा बिज़नेस का विस्तार करने के लिए सोशल मीडिया का इस्तेमाल करना शुरू करने के अन्य तरीक़ों की पड़ताल करना चाहते हैं, तो मैं हमारे ऑनलाइन प्रोग्राम *सोशल मीडिया ऐंड ऑनलाइन बिज़नेस मास्टरी* की बहुत ज़्यादा अनुशंसा करता हूँ। यह अपने क़िस्म का अनूठा कार्यक्रम है, जिसमें

23 वृहद सबक़ शामिल हैं। इनमें आपको अपना ब्रांड बनाने और सोशल मीडिया पर ऑनलाइन बिज़नेस बनाने के बारे में हर चीज़ सीखने को मिलेगी। हर दिन हम एक अलग विषय पर बात करते हैं, जिसके साथ निश्चित काम और असाइनमेंट होते हैं। अनूठी एनएलपी आधारित पद्धति की वजह से आपको आश्चर्यजनक परिणाम मिलते हैं और कायाकल्प होता है। आप www.deepakbajaj.biz पर क्लिक करके सीधे इस कोर्स में मेरे साथ जुड़ सकते हैं।

#4. समीक्षा करें और फ़ीडबैक दें - अगर आप इस पुस्तक पर या मेरे किसी दूसरे काम पर अपना मूल्यवान फ़ीडबैक प्रदान करें, तो मैं सचमुच शुक्रगुज़ार रहूँगा। कृपया एमेज़ॉन और फ़्लिपकार्ट पर इस पुस्तक का रिव्यू लिखें। इस पुस्तक या हमारी किसी अन्य पुस्तकों, वीडियो आदि में आपको जो भी कमी-बेशी नज़र आती है, उसके बारे में आपके सुझावों का तहेदिल से स्वागत है।

#5. हमारे समुदाय में शामिल हों - अलग-अलग सोशल मीडिया प्लेटफ़ॉर्म्स पर हमारा समान मानसिकता वाले लोगों का एक बड़ा वैश्विक समुदाय है, जहाँ मैं नियमित रूप से अमूल्य नवीनतम जानकारी तथा टूल्स बताता हूँ। यह पूरी तरह मुफ़्त है और आप इस वैश्विक समुदाय से बहुत कुछ सीख सकते हैं। हमसे हमारे इंस्टाग्राम, फ़ेसबुक और अन्य मुख्य सोशल मीडिया अकाउंट्स के माध्यम से अभी मुफ़्त में जुड़ें।

"वास्तविक निर्णय इस तथ्य से तौला जाता है कि क्या आपने कोई नया कार्य किया है। अगर कोई कार्य नहीं किया गया है, तो इसका मतलब है कि आपने सचमुच कोई निर्णय नहीं लिया है।"

—टोनी रॉबिन्स

हमारे पास टूल्स की व्यापक श्रंखला है। हमारे पास जीवन तथा बिज़नेस में उत्कृष्टता के लिए कई ऑनलाइन कोर्स और ट्रेनिंग प्रोग्राम्स हैं, ख़ास तौर पर नेटवर्क मार्केटर्स के लिए - ऑनलाइन कोर्सेस, मुफ़्त वीडियो ट्रेनिंग्स, मुफ़्त ई-बुक्स, लाइव वर्कशॉप्स, पुस्तकें, उच्च प्रदर्शन कोचिंग और कई अन्य। सफलता की आपकी यात्रा में आपकी सेवा और सहायता करने में मुझे और मेरी टीम को बहुत खुशी होगी।

आपके सपनों के जीवन की ओर आपकी यात्रा के हर क़दम पर हमेशा आपके साथ।

आपका मित्र, पार्टनर और शुभचिंतक

—दीपक बजाज

Feedback/queries – support@deepakbajaj.biz
www.deepakbajaj.biz

जीवन और व्यवसाय में उत्कृष्टता के लिए दीपक बजाज के उच्च प्रदर्शन समाधान

सफलता का हर अगला स्तर आपके एक भिन्न संस्करण की माँग करता है।

लगभग दो दशकों से मेरा जुनून और जोश यह है कि मैं लोगों को **उनके सपनों तक आसानी से और ज़्यादा तेज़ी से** पहुँचाने के लिए टूल्स और प्रशिक्षण तैयार करूँ। लोगों को प्रेरित करना और सशक्त बनाना दरअसल मेरे जीवन और मेरे संगठन का मिशन है। मेरी पुस्तकें, व्याख्यान, ऑनलाइन कोर्स, वर्कशॉप और मेरा हर काम इस मिशन पर केंद्रित है। मेरा दृढ़ विश्वास है कि हममें से प्रत्येक के भीतर महानता के बीज होते हैं और सही प्रेरणा, मार्गदर्शन, प्रशिक्षण तथा शिक्षण से हम सभी अद्भुत उपलब्धियाँ हासिल कर सकते हैं। मेरी टीम और मैं सफलता, खुशी तथा समृद्धि की आपकी इस यात्रा में योगदान देना चाहते हैं। हम अपने शोध-आधारित, व्यावहारिक, प्रमाणित और लगातार विकसित होने वाले टूल्स तथा समाधानों के ज़रिये ऐसा करना चाहते हैं।

मेरे सभी टूल्स और प्रशिक्षणों का एक स्पष्ट लक्ष्य होता है - इसकी वजह से **तुरंत परिवर्तन और स्थायी रूपांतरण** होना चाहिए। कोई भी परिवर्तन और अगले स्तर का रूपांतरण तभी संभव होता है, जब आप अपने ज्ञान, योग्यताओं, मानसिकता, टूल्स और भावनात्मक बुद्धि को उन्नत करते हैं। आपको सिर्फ़ उत्प्रेरण की ही ज़रूरत नहीं होती, बल्कि संपूर्ण मानसिकता और योग्यता आधारित प्रशिक्षण की भी ज़रूरत होती है। उत्प्रेरण अल्पकालीन होता है; योग्यताएँ और रूपांतरण स्थायी होते हैं। दीपक बजाज की टीम के पास डायरेक्ट सेलिंग और जीवन के किसी अन्य क्षेत्र में सफलता दिलाने वाले संसाधनों की बहुत ही व्यापक रेंज है। आपको हमारी वेबसाइट www.deepakbajaj.biz और हमारे सोशल मीडिया अकाउंट्स पर ज़्यादा विस्तृत विवरण मिल सकते हैं। यहाँ हमारे मुख्य टूल्स और समाधानों की झलक देखें :

"सफलता का कोई रहस्य नहीं है; सफलता का हमेशा एक सिस्टम होता है।"

—दीपक बजाज

#1. मुफ़्त वीडियो प्रशिक्षण – दीपक बजाज के यूट्यूब चैनल को सबसे विश्वसनीय, रूपांतरकारी और सबसे बड़ा मुफ़्त ऑनलाइन प्रशिक्षण संसाधन माना जाता है। यहाँ आपको जीवन बदलने वाले बहुत से वीडियो मिलेंगे, जो आपको अगले स्तर तक ले जाने वाले ज्ञान, टूल्स, विचारों और तकनीकों की जानकारी देंगे। आप www.youtube.com/ deepakbajaj पर डायरेक्ट सेलिंग या नेटवर्क मार्केटिंग, संबंध, टीम बनाने, सफलता, लक्ष्य, सोशल मीडिया में महारत, नेतृत्व, टाइम मैनेजमेंट, लाइफ़ मैनेजमेंट, सार्वजनिक संभाषण, संप्रेषण और बहुत से अन्य विषयों पर वीडियो देख सकते हैं। यह पुस्तक लिखे जाने तक 100 से ज़्यादा देशों के 6,50,000 लोग इस चैनल पर हर दिन सीख रहे हैं और विकास कर रहे हैं।

#2. ऑनलाइन कोर्स – हमारे ऑनलाइन कोर्सों का एक फ़ायदा यह है कि आप अपने घर के आरामदेह माहौल में ही सर्वश्रेष्ठ अंतरराष्ट्रीय ज्ञान, टूल्स, योग्यताओं और विचारों में महारत हासिल कर सकते हैं। इन कोर्सों को अनूठी एनएलपी आधारित पद्धति से बनाया और सिखाया गया है तथा ये गतिविधि-केंद्रित होते हैं, इसीलिए आपको हर कोर्स से मनचाहे परिणाम मिलते हैं। आप हमारी वेबसाइट और मोबाइल एप्स पर कहीं भी किसी भी समय इन तक पहुँच सकते हैं।

#3. पुस्तकें – आपके हाथों में इस समय जो पुस्तक है, वह दीपक बजाज की तीसरी पुस्तक है। दीपक की दो अन्य पुस्तकें *एचीव मोर, सक्सीड फ़ास्टर* और *बी अ नेटवर्क मार्केटिंग मिलियनेयर* डायरेक्ट सेलिंग उद्योग में सबसे ज़्यादा पढ़ी जाने वाली पुस्तकों में है, जिन पर लोग सबसे ज़्यादा अमल करते हैं। ये अनिवार्य मार्गदर्शिकाएँ हैं, जिन्होंने अंतरराष्ट्रीय स्तर पर हर कंपनी के लाखों डायरेक्ट सेलर्स को उत्कृष्ट परिणाम दिए हैं। आप उन्हें ऑनलाइन ख़रीद सकते हैं या अपने नज़दीकी किसी भी बुकस्टोर से ख़रीद सकते हैं। दीपक ने कुछ बेहतरीन ई-बुक्स भी लिखी हैं, जिन्हें आप हमारी वेबसाइट www.deepakbajaj.biz से मुफ़्त में डाउनलोड कर सकते हैं।

#4. लाइव वर्कशॉप्स – दीपक की लाइव वर्कशॉप्स अविश्वसनीय ऊर्जा और जीवन के रूपांतरण के लिए मशहूर हैं, जो वर्कशॉप के दौरान ही शुरू हो जाता है। यह लिखे जाने तक 11 लाख से ज़्यादा लोग इन वर्कशॉप्स/ट्रेनिंग ईवेंट्स में हिस्सा ले चुके हैं। ये वर्कशॉप्स हमेशा हाउसफुल रहती हैं, क्योंकि इनकी सिखाने की पद्धति

अनूठी है, परिणाम दिलाने वाली गतिविधियाँ हैं, सर्वश्रेष्ठ अंतरराष्ट्रीय कोर्स सामग्री है, रूपांतरणकारी टूल्स और असली जीवन की तकनीकें हैं।

 # 5. उच्च प्रदर्शन कोचिंग – जो लोग सर्वश्रेष्ठ हासिल करना चाहते हैं और वह भी तूफ़ानी गति से, उन लोगों के लिए उच्च प्रदर्शन कोचिंग प्रोग्राम है, जहाँ दीपक व्यक्तिगत रूप से आपको या आपके संगठन को आपके चुने हुए क्षेत्र में उत्कृष्टता के अगले स्तरों पर पहुँचाने के समाधान बताते हैं – स्वास्थ्य, ख़ुशी, मुनाफ़े या बिज़नेस को बहुगुणित करना, भावनात्मक चुनौतियाँ आदि।

 # 6. मुख्य व्याख्यान – दीपक को नियमित रूप से कंपनियों, विश्वविद्यालयों, सरकारी संगठनों और बहुत सी संस्थाओं द्वारा उनकी अनूठी जोशीली तथा रूपांतरणकारी शैली में व्याख्यान देने के लिए आमंत्रित किया जाता है, जो न सिर्फ़ ऑडिएंस को प्रेरित करेंगे, बल्कि मनचाहे परिणाम भी देंगे। ये व्याख्यान आम तौर पर 30 मिनट से 2 घंटे के होते हैं और इन्हें व्यवस्थापकों की आवश्यकताओं के अनुसार ढाला जा सकता है। दीपक हर व्याख्यान से अचूक सफलता हासिल करने के लिए 6 घटकों वाले एक अनूठे फ़ॉर्मूले के साथ काम करते हैं।

 # 7. कस्टमाइज़्ड प्रशिक्षण – दीपक और उनकी टीम कंपनियों, विश्वविद्यालयों, डायरेक्ट सेलिंग कंपनियों और डायरेक्ट सेलिंग टीम्स के लिए बहुत से विषयों पर कस्टमाइज़्ड प्रशिक्षण आयोजित करते हैं। दीपक का कॉरपोरेट अनुभव, अंतरराष्ट्रीय एनएलपी सर्टिफ़िकेशन और 11 लाख से ज़्यादा लोगों को 18 वर्ष तक प्रशिक्षण देने का अनुभव उनके द्वारा आयोजित हर प्रशिक्षण में तुरंत परिवर्तन और स्थायी रूपांतरण ला सकता है। दीपक सभी मुख्य नेटवर्क मार्केटिंग कंपनियों के लिए प्रथम विकल्प हैं।

 # 8. कॉरपोरेट परामर्श – दीपक अपने कस्टमाइज़्ड परामर्श के ज़रिये कंपनियों को उनके लक्ष्य तक ज़्यादा तेज़ी से पहुँचने का तरीक़ा बताते हैं, जिनमें ब्रांड बनाना, कॉरपोरेट पहचान, सोशल मीडिया, बिक्री, संगठनात्मक नीतियाँ, व्यवसाय बहुगुणित करना और कई अन्य मुख्य क्षेत्र शामिल हैं।

समस्त आवश्यक जानकारी के लिए यहाँ जाएँ : www.deepakbajaj.biz

"एक यात्रा का अंत दूसरी यात्रा का प्रारंभ है।"

—दीपक बजाज

आपसे एक बार फिर जल्दी ही मिलने की प्रत्याशा में।

कृतज्ञता

मेरे हर पाठक, यूट्यूब सब्सक्राइबर, सोशल मीडिया फ़ॉलोअर, मेरी वर्कशॉप्स के हर प्रतिभागी, मेरे कोचिंग क्लाएंट्स, मेरी टीम के साथियों और आपमें से हर व्यक्ति के प्रति मैं बहुत आभारी हूँ, जिन्होंने अपनी उपस्थिति तथा बुद्धिमत्ता से मेरे जीवन को स्पर्श किया है। आपके साथ हुए हर संपर्क का मुझ पर गहरा असर हुआ है और उसी की बदौलत मैं वह बन पाया हूँ, जो मैं आज हूँ। आप मुझ पर हमेशा प्रेम, समर्थन और दुआएँ बरसा रहे हैं। आप सभी ने मेरे प्रति जो किया है, वह अमूल्य है और मैं उसके लिए आपको जितना भी धन्यवाद दूँ, कम है। यह पुस्तक पूरी तरह से आपकी है। बहुत-बहुत धन्यवाद।

मैं जो भी करता हूँ, उसके पीछे एक अविश्वसनीय 24/7 समर्थन तंत्र है - मेरा परिवार। मेरा सौभाग्य है कि मुझे अपने परिवार में ये सब मिल गए हैं - मेरे सबसे अच्छे मित्र, साथी, साझेदार, परामर्शदाता, चियरलीडर और मेरे सबसे बड़े समर्थक। मैं उस प्रेम, परवाह, समर्थन, स्नेह और प्रेरणा के बिना कुछ नहीं होता, जो आप सभी मुझे देते हैं। पापा, मम्मी, तनिमा, गौरव, दिव्या, देवांशी, चिरायु, प्रशंसा, निर्भय और सक्षम को बहुत-बहुत धन्यवाद।

मेरे भाई और साझेदार गौरव बजाज के प्रति मेरी विशेष कृतज्ञता। वे हमारी समूची उपलब्धियों की बुनियाद हैं। मेरा मानना है कि वे इस संसार के सर्वश्रेष्ठ डायरेक्ट सेलिंग लीडर हैं।